珍藏本·增订本

纪念版

汉译世界学术名著丛书

价值问题的论战

〔英〕伊恩·斯蒂德曼
〔美〕保罗·斯威齐 等著

陈东威 译

商务印书馆
SINCE 1897
The Commercial Press

Ian Steedman, Paul Sweezy and others

THE VALUE CONTROVERSY

Verso Editions and NLB, 1981

根据维尔索出版公司和新左派图书公司 1981 年版译出

汉译世界学术名著丛书
（120 年纪念版·珍藏本）
增订本出版说明

2017 年 10 月，为纪念商务印书馆创立 120 周年，本馆推出“汉译世界学术名著丛书”（120 年纪念版·珍藏本），计七百种。近五六年来，仰赖学界同人倾力支持，订正旧译，增补新译，拓展新著，积累日多。为满足读者需要，本馆在七百种的基础上，继续推出“汉译世界学术名著丛书”（120 年纪念版·珍藏本·增订本）三百种。至此，“汉译世界学术名著丛书”累计出版已达千种。

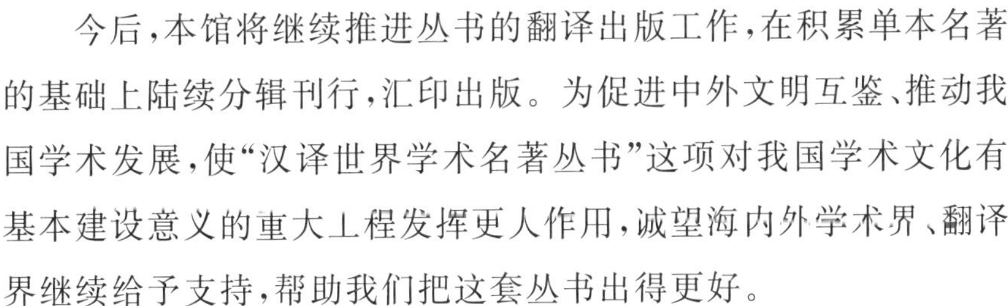

今后，本馆将继续推进丛书的翻译出版工作，在积累单本名著的基础上陆续分辑刊行，汇印出版。为促进中外文明互鉴、推动我国学术发展，使“汉译世界学术名著丛书”这项对我国学术文化有基本建设意义的重大工程发挥更大作用，诚望海内外学术界、翻译界继续给予支持，帮助我们把这套丛书出得更好。

商务印书馆编辑部

2024 年 2 月

汉译世界学术名著丛书
（120年纪念版·珍藏本）
出 版 说 明

2017年2月11日，商务印书馆迎来120岁的生日。120年前，商务印书馆前贤怀揣文化救国的理想，抱持“昌明教育，开启民智”的使命，立足本土，放眼寰宇，以出版为津梁，沟通中西，为中国、为世界提供最富智慧的思想文化成果。无论世事白云苍狗，潮流左右激荡，甚至战火硝烟弥漫，始终践行学术报国之志，无改初心。

迻译世界各国学术名著，即其一端。早在20世纪初年便出版《原富》《天演论》等影响至今的代表性著作，1950年代后更致力于外国哲学和社会科学经典的译介，及至1980年代，辑为“汉译世界学术名著丛书”，汇涓为流，蔚为大观。丛书自1981年开始出版，历时三十余年，迄今已推出七百种，是我国现代出版史上规模最大、最为重要的学术翻译工程。

丛书所选之书，立场观点不囿于一派，学科领域不限于一门，皆为文明开启以来，各时代、各国家、各民族的思想与文化精粹，代表着人类已经到达过的精神境界。丛书系统译介世界学术经典，引领时代思想，为本土原创学术的发展提供丰富的文化滋养，为推动中国现代学术和现代化进程做出了突出的贡献。

为纪念商务印书馆成立120周年，我们整体推出“汉译世界学术名著丛书”120年纪念版的珍藏本，寄望既利于文化积累，又便于研读查考，同时向长期支持丛书出版的译者、编者和读者致以敬意。

两甲子后的今天，商务印书馆又站在了一个新的历史时间节点上。我们不仅要铭记先辈的身影和足迹，更须让我们的步伐充满新的时代精神。这是商务人代代相传的事业，更是与国家和民族的命运始终紧密相连的事业。我们责无旁贷，必须做好我们这代人的传承与创造，让我们的努力和成果不仅凝聚成民族文化的记忆，还能成为后来人可以接续的事业。唯此，才能不负前贤，无愧来者。

商务印书馆编辑部

2017年10月

译者前言

本书是美国、加拿大、英国、比利时、日本等国一批激进的经济学家所撰写的讨论马克思主义劳动价值论的文集。

这本文集提供的便利之处，就是以不大的篇幅，相对集中地从一个侧面反映了当代西方一些各具不同立场和目的介入“马克思学”研究的学者对马克思劳动价值论的基本观点。

众所周知，马克思是在完善劳动价值论的基础上，通过对资本运动的分析，创立了剩余价值理论，而正如列宁所说：“剩余价值学说是马克思经济理论的基石。”* 因此，从马克思主义的劳动价值论《资本论》问世以来，马克思主义政治经济学的论战焦点集中在捍卫劳动价值论和攻击它的两派上。

马克思在《资本论》中的理论阐述，遵循的是从抽象上升到具体的逻辑进程，从商品抽象一般的规定性出发首先确立劳动价值论，然后对资本主义商品经济制度和运动规律的每个现实环节进行逐步深入的解剖分析。这里，很重要的一个方面是价值如何转化为生产价格，又进而转化为现实的“竞争价格”，也就是所谓的“转型问题”(the transformation problem)。马克思主义者认为，

* 《列宁选集》第2卷，第444页。

劳动价值论是科学的抽象，转化过程揭示的是在资本主义商品经济条件下价格与价值、利润与剩余价值的内在联系，反映的是实际的历史的社会转化过程；攻击劳动价值论的人则认为价值论是玄虚的黑格尔式的抽象。“转型问题”作为一个形式上的数学论证问题，证明劳动价值论是错误的，既不具备抽象的真理性，又不具备分析和指导社会经济活动的现实性。由此可见，这场表面上是纯学术讨论的论战具有何等深刻的阶级性和现实的政治经济意义！

目前，为了捍卫和发展马克思主义经济学，为了全面深入地认识当代资本主义，为了对当代西方经济学做出正确的批判分析，为了自觉地正确指导社会主义初级阶段的有计划的商品经济的改革与建设的实践，我们都要对马克思主义的劳动价值论进行重新学习和深入的再认识。翻译这本文集的目的，正在于希望对从事这方面研究的同志提供一点儿帮助。

借此机会，我愿对商务印书馆经济编辑室吴衡康、程秋珍同志付出的辛勤劳动表示衷心感谢。

陈东威

1988 年 9 月 30 日

目　　录

编　者　按

过去十年间社会主义经济理论的复兴带来的问题之一，是对卡尔·马克思的劳动价值论展开的范围广泛的讨论。处于这种讨论中心位置的是皮埃罗·斯拉法的理论著作，特别是他所写的《用商品生产商品》，以及其他一些经济学家从中所得到的结论，如伊恩·斯蒂德曼在其《按照斯拉法思想研究马克思》中所表述的观点。开始时有关的讨论局限于专家们所组成的相当小的圈子，随后关于价值论的争论在左派中相当大的范围内展开了。然而，尽管现在广泛意识到了这场辩论的结果对所有的社会主义者都至关重要，但是对这里面所涉及的问题的理解却不像所需要的那样普遍。本书的意图，就是要为时至今日的这场讨论提供一个全面的而又易于理解的概述。

1979 年 11 月，在伦敦由《新左翼评论》、《剑桥经济学报》以及出版《资本与阶级》期刊的社会主义经济学家联合会联合召开了一次讨论会，出版这本文集的想法源于这次会议。文集中一些文章是由提交那次会议的论文扩展而成的；另有几篇是针对会议论文而写的，余下的文章则是与讨论会无关而独立完成的。

尽管编者尽了最大努力收集所有主要观点的代表作并力求反映出所有涉及的中心议题，但这样做并不是表示这场争论已经完结。相反，辩论正在继续，许多参加者都在努力进一步澄清各自的立场和讨论问题的内容与范围，以及它们对马克思主义的含义。在此意义上，本文集也是对要继续进行的论争做出的一份贡献。

维尔索和新左派图书公司

第一章　李嘉图　马克思　斯拉法

伊恩·斯蒂德曼

所有严肃的政治思想，不管其倾向如何，都是直接或者间接地植根于某种理论基础之上的；而政治经济学理论又总是构成这种理论基础的重要组成部分。对左翼的政治态度，又总是包含着对马克思的政治经济学的态度在里面，不管是赞成还是反对，也不管表现形式上是公开还是隐蔽，情况都一样。因此，本文将简明扼要地列举出一些最近的论据，证明马克思政治经济学无疑是正确的主要方面，可以完全与任何“劳动价值论”无关。由于价值的劳动理论所引起的根深蒂固的困难总是（也是很自然地）构成严肃认真地考虑马克思政治经济学的障碍，所以很清楚，这种证明的意义十分重大。

当然，某些马克思主义经济学家会不愿承认劳动价值论是多余的，但是现在已普遍认为，证明这一点从逻辑上说是无懈可击的（下面会提到对此论点的某些仍然存在的疑问）。我将进一步阐述“价值的非劳动理论”；然后简略地回答一下对我所提出的处理方式的某些质疑；最后，对某些更为广泛的含义加以提示。

简短的历史评述

如果了解一点历史，就会更加充分地领略到下面所要表述的观点的力量所在。对马克思政治经济学的批判中最有影响的恐怕要算奥地利经济学家庞巴维克了，尽管英国经济学家威克斯蒂德*也颇具影响。他们两人所发动的批判，是基于一种从根本上不同于马克思(也不同于马克思引证过其著作的重农学派、亚当·斯密以及李嘉图)的经济理论观点。马克思和他的古典前驱一样，把经济过程想象为某种剩余产品的产生，这些在满足了替换投入和工人消费的需要之后而剩余的产品，被用作利润、利息以及租金。与此相反，庞巴维克和威克斯蒂德将经济过程看作是各种不同的"要素"之间相互合作而进行生产，在劳动和其他"要素"之间不存在任何不对称的因素。因而，对马克思整个分析的批判，就很强地与既否定"劳动价值论"又采纳后一种对经济过程的看法这两点联系在一起。

然而，虽然不曾引起广泛注意，也有并不想完全推翻将经济过程视为剩余挪用这种观点的作者对马克思的论点进行批判。例如，俄国经济学家德米特里也夫在 1898 年以及波兰统计学家和经济学家鲍特基维茨在 1906 至 1907 年间所做的研究工作，一方面在剩余的观点指导下证明马克思对利润和价格的分析存在着缺

---

* 他使萧伯纳信奉了杰文斯的经济学，并在费边主义思潮中起了重要作用。——译者注

陷，同时另一方面也表明这种缺陷可以在不抛弃总的观点的前提下加以修正。德米特里也夫和鲍特基维茨所做出的贡献均被忽视了许多年，尽管斯威齐在他的《资本主义发展论》（1942 年）一书中为鲍特基维茨的著作能够得到认真地对待而做了不懈的努力。

1960 年，斯拉法发表了他所写的《用商品生产商品》一书。这本书的直接目的，是为对所有那些预先就设定具有某种给定价值总量的资本作为一种“生产要素”而存在的经济理论而进行的批判，奠定一种具有内在逻辑的基础。

不久事情变得很清楚，斯拉法的著作不仅就其直接目的而言是成功的，而且为确定不移地证明在剩余框架之内对工资、利润以及价格进行的理论分析是整个独立于“劳动价值论”之外的提供了基础；事实上，任何有关价值的劳动理论只能对以剩余为基础的理论的发展构成障碍。因而，至此人们清醒地认识到，把与“劳动价值论”的对立和与经济过程的“剩余占用”理论的对立等同起来——从巴沃克和威克斯蒂德的著作中人们很自然地会得出这样的印象——是错误的。根据德米特里也夫、鲍特基维茨以及斯拉法等人的研究，对任何一种“劳动价值论”的否定，都可以坚定地植根于剩余理论框架之中。

斯拉法之后的剩余理论

在表述我所理解的现代剩余理论以及与之相联系的对“劳动价值论”的否定之前，首先需要做以下说明：我曾经在相当程度上参与捍卫和扩展上述的观点，这主要表现在我所写的《按照斯拉法思想研究马克思》一书之中（新左翼书刊社，1977 年）。因此我要说清楚的是一方面在近来的辩论中我不是一个中立的观察员，另一方面下面所讲的结论并不是我个人的研究结果。

在非经济学家中，常常把“劳动价值论”归结为下述命题：“在通常的资本主义条件下，商品的相对价格趋向于与生产这些商品所需要的劳动时间的相对数量相等。”这样一种对劳动价值论的解释，稍加推敲就会发现是站不住脚的，也不会有严肃的经济学家会接受这样一种理论。不管是亚当·斯密、李嘉图还是马克思，都不曾认为在发达的资本主义条件下商品是按其内含劳动的比例相互交换的。事实上，他们每个人都明确地否认这一点。尤其是马克思，他特地在《资本论》第三卷第二篇中解释了为什么说商品并不是按内含劳动量的比例进行交换。尽管马克思的解释有缺陷，但就这个问题来说，毕竟他试图提出解释。如果仍然坚持“劳动价值论”，那就必须将前面提到的那种看法修改为这样的说法：即在资本主义条件下，利润率与通常的价格能够依据劳动量加以**说明**。粗略地讲，马克思所坚持的正是刚才这种提法。现在，让我们考虑一下马克思错在哪里。

在阐述已经提到的观点的过程中（见《资本论》第三卷第二篇），马克思认为如果工资与非工资资本相配合而使用，则利润率 r 由下式决定：

$$r=\left(\frac{S}{C+V}\right),$$

其中 S、C 以及 V 分别表示为生产归属于资本家的商品，需替换的消耗掉的生产资料，以及工人工资所能得到的商品而直接或间接所需要的劳动总量。所谓直接或间接所需要的劳动可用例子来说明：生产一辆汽车不但包含着汽车工人的直接劳动，而且包含着在生产中所需的钢、橡胶、玻璃等材料的生产工人的间接劳动，以及为生产钢、橡胶、玻璃而生产铸铁、煤炭、化工品的工人的间接劳动等。然后，马克思用这个表达利润率的公式证明前面我们提到过的那个论点，即除非在非常特殊的情况下，商品价格并不和生产它们所需要的劳动数量成比例。但是，如果说价格并不与劳动含量成正比，那么依据劳动含量确定剩余产品和全部所用资本而得到的比值$\left(\frac{S}{C+V}\right)$，就不会和依据价格确定剩余产品和全部所用资本所得的比值$\left(\frac{S}{C+V}\right)$相等（巧合除外），而后者才恰恰应被认为是利润率。这也就是说，与马克思的论证相反，依据劳动价值的$\left(\frac{S}{C+V}\right)$并不是利润率，马克思有关利润率和通常价格的论述是内部自相矛盾的。

从形式上来讲，马克思的错误在于试图首先确定利润率，然后再得出商品的通常价格（或者马克思所谓的“生产价格”）；然而理论来讲利润率和生产价格必须被同时加以确定。假设遵照剩余占用理论，直接目的是检验利润与价格（因而自然不包括任何更基本的含义），并且给定了每一行业及构成实际工资的商品组合的投入产出的实物数据，包括劳动的时间。从这些实物数据出发，我们可以证明三件事（例如可参考《按照斯拉法思想研究马克思》一书的第三、四章）。第一，用这些数据足以近似地确定利润率和生产价格。第二，事实上利润率并不是和所有这些数据都有关，而是仅仅取决于实际工资以及那些用于工资的商品的直接或间接的生产条件。不进入实际工资消费的，并且不用于生产进入工资消费的商品的生产条件，对利润率**没有**影响。第三，在确定利润率和生产价格时，凝结的劳动量不起任何缺之不可的作用。即使在以剩余为基础的理论中，凝结的劳动量也可以讲是整个无用的。用不着深入论证的技术细节就很容易看出这一点。凝结于某一商品的劳动量，或者说为生产这一商品所直接或间接需要的劳动量，可由我们取作数据的实物数量来精确决定。但是这同一批数据足以确定利润率和生产价格，因此凝结劳动量就必然是冗余的了。

的确，人们发现这种劳动量不仅是冗余的，而且当进而讨论诸如资本家在竞争压力下对不同的生产方法做出选择的问题，固定资产分析，以及研究在石油提炼、化学工业中具有极重大意义的使用的同时可获得几种不同产品的生产过程这种现象时，发现这种劳动量的定义是有很大缺陷的，或者会具有使人困惑的性质（如变成负的）。所有这些当代资本主义经济的重要的复杂问题，均可在剩余理论方法的实物数量形式下得到解决，并可相应地估计到它们对利润率及生产价格的影响。而错误定义的或负的凝结劳动量，很明显不可能对这种分析做出什么贡献。虽然在这里插入十分技术性的论证很不恰当，但是必须注意到通过采纳新的线性规划方法对凝结劳动量进行定义，肯定是能够避免出现凝结劳动量变为负量这类怪事的；对我们当前的目的来说，重要的是这些新定义的数量在解释利润率和生产价格方面仍然起不了什么作用。

对马克思政治经济学的进一步评论

一旦确立了对利润和价格的剩余处理方式绝对不需要任何“劳动价值论”，很自然地会问这种处理的“实物量”方式是否能够对遵照马克思主义传统的作者们所致力解决的那些问题有所帮助。这里将简要地考虑四个方面的课题：劳动的异质性；“劳动过程”；“利润率下降的趋势”以及“剥削”。

运用直接和间接劳动数量的马克思主义理论总是被下面的问题所困扰：怎样处理不同类型的劳动，例如熟练劳动和非熟练劳动？能否将它们从这一种劳动“化简”为另外一种劳动，然后将其相加？对于剩余分析的实物量处理方式来说，这类问题纯属多余。可以证明每种类型的劳动时间均可就其本身进行处理，用不着实行任何一种“化简”，这样做不会在有关利润率和生产价格的理论中产生重大的困难。其次，尽管实物量处理方式本身并不网罗在讨论劳动过程时马克思主义经济学家所涉及的一切（还差得远），但是它显然提供了一个能用于理顺这类讨论的明确的框架，并且至少表达出了某些讨论的结果。实物量处理当然不可能对马克思主义者有关“利润率下降的趋势”的讨论有太大的帮助，因为马克思自己关于这个问题的讨论实际上是完全没有说服力的，这一点长久以来就是公认的事实。马克思十分合理地指出某个单个的要素趋向于把利润率拉下来，同时他又追随穆勒，指出多个要素合起来又会把利润率推上去；但是，他却毫无根据地把前者称为“趋势”而把后者仅仅称为“起反作用的影响”；看来这两个标签倒过来用

恐怕更合理一些。然而，如果硬要把这种无结果的讨论继续下去的话，那至少应该承认$\left(\frac{S}{C+V}\right)$不是利润率，而利润率仅仅取决于生产的条件。

在马克思主义的讨论中，总是极为强调“剥削”。在这里，这个词不是指它在日常生活里的多方面的含义(诸如挣钱糊口、生活条件、劳动纪律的严酷等方面)，而是另有一种狭义的技术性的含义在里面。按后一种含义，“剥削”是指这样一种事实，即工人要付出比仅仅要求生产出他们的实际工资所得(以及替换到此为止在生产中用掉的生产资料)还要多的劳动。其差额，或“剩余劳动”用于生产净归于资本家的商品(并替换出相应的生产资料)。现在，剩余理论的实物量处理方式自然不会去否认“剩余劳动”的存在；事实上它还为明晰地思考“剩余劳动”的数量提供了必不可少的基础。然而，它的确清楚地表明了这样一个事实，即(狭义定义的)剥削的存在与利润的存在无非是同一块硬币的两个方面：一个是用“劳动”，另一个是用“货币”来表示实物剩余。马克思主义者常常认为通过把利润和(狭义的)剥削联系起来，他们就*解释*了利润的存在。实际上他们并没有做到这一点；他们只是简单地意识到了剩余产品的两种表达方式而已！解释利润的存在和解释(狭义的)剥削其实是一回事。这里的任务是要讲清楚为什么在实际工资和生产条件之间存在着，而且总是存在着这样一种关系，使剩余产品、利润、(狭义的)剥削能够持续地存在。当然，很多理论吸引不了马克思主义者的原因，在于它们老是用什么“资本稀缺”、“时间偏好”以及诸如此类的概念来解释这种持续的关系。但是，如果马

克思主义者打算拿出一种更高超的理论来的话，作为一个前提条件，他们必须停止想象（狭义的）剥削的存在就解释了利润的存在，因为事实上并不如此。

印证和疑问

现在我来考虑三个问题。对于剩余理论方法的实物量处理方式以及与之相联系的对“劳动价值论”的否定，可能很自然地会提出这些问题，尽管要全面周到地回答这些问题肯定要超出这里的有限篇幅。

首先可能问到的问题是：“人们怎能满足于一个把多种可能的生产方法和实际工资都当作既定的理论？”答案很简单：没人能满足，也不该满足。有关利润率和生产价格的实物剩余分析，不过是有关资本主义经济运转的一个更全面的理论的一个重要部分。这种分析是不充分的这一点，改变不了它是重要的这一事实。

第二个疑问通常是由马克思主义者提出的，可以这样来表述：“你反复提到凝结的劳动数量而闭口不谈‘价值’，这就无意之中暴露了一个事实，即你只证明了李嘉图的劳动价值论是无足轻重的，而不是马克思的。马克思所用的‘价值’一词的含义要广泛得多，并不仅限于生产某一商品时所需的直接与间接劳动。因此，你的批判无损于马克思的理论。”要充分评论这一反对意见至少需要写一整篇文章，这里只想指出两点：一、在马克思的著作中，“价值”一词的确经常用以表达比“凝结的劳动量”更多的意思；二、同时，马克思也的确经常在那种简单的意义上使用“价值”一词。如果仅仅为了“挽救”马克思的价值论，马克思主义者就去切断马克思的“价值”概念与凝结劳动量之间的一切联系，那么他们就会在解释马克思的许许多多非常明确的论断以及保留马克思的价值论中有意义的内容方面遇到极大的困难。看来，马克思价值论的捍卫者还得在将其暴露给上面进行过的批判与抹掉其一切实质性内容之间，找到一条中间道路才行。

有时与上面所谈内容相联系而可能提出的第三个问题，是实物剩余分析能否对理解货币的复杂性、有效需求的波动、长期变化分析等问题有所裨益。当然，指望一种分析的一个方面就解决一切问题是不可能的，但是，也不要就急着得出结论说对利润率的分析及其近似确定对理解资本主义经济中的主要长期变化，例如某种重大技术进步像微处理机的出现所造成的效应没有关系。认真讲起来，所有这类进展对利润、工资、相对价格所造成的可能后果，都应该耐心地加以分析研究才对。

更广泛的含义

古典经济学家和马克思的剩余理论能够不依仗着“劳动价值论”，这一事实本身自然并不具有任何直接的狭隘的党派政治意义；然而，对属于左翼的所有的人来说，它的的确确有着更广泛的涵义。一方面，它意味着不能再认为拒绝“劳动价值论”就必然意味着接受了“资本（边际）贡献”的概念，从而不应再原谅（如果说以前应该原谅的话）夸夸其谈什么“劳动价值论”了。特别是必须抛弃（狭义的）剥削的存在是对利润的解释这一说法，同时必须发展坚持剩余占用的正确理论。另一方面，划清剩余占用理论和"劳动价值论"之间的界限的做法，肯定对所有那些受前者吸引而怀疑后者的人是一种鼓舞。与其让劳动价值论阻碍思考，不如干脆将它丢在一边而集中精力发展一种内部连贯一致的资本主义发展理论。除了其他来源外，这种理论可以从生产和分配的剩余分析以及有效需求理论中吸取很多东西。

第二章　马克思主义价值论与危机

保罗·斯威齐

I

我认为，价值论与危机之间，或某些人想用以取代价值论的价格理论与危机之间，并不存在直接的联系。马克思主义者通常在广义上用“危机”这个词来指一类极为复杂的现象，这些现象彼此之间是如此不同，以致带有普遍性的理论——简单的理论就不用说了——也只能为对任何一个给定的危机局面进行认真的分析提供初步的线索。然而不管怎么说，只有结合着对资本主义积累过程的性质及功能的总体概念来看待危机，才有可能正确地理解危机。我赞成这样一种意见，即价值论是这种总体概念得以建立的唯一基础。

或许我应该讲价值论是这种总体概念得以建立的目前可用的唯一基础。我注意到有一些人，例如伊恩·斯蒂德曼，想要完全地甩掉劳动价值论。他们一方面承认价值论提供了一种处理方式从而保证了马克思对积累过程的理解，另一方面却仍然不认为价值论为这个成就所必需。他们说，你可以像斯拉法那样用价格理论取而代之而不妨碍你就所关心的问题沿着马克思主义的路线做进一步的探索。用斯蒂德曼的话来说(见他最近的著作《按照斯拉法思想研究马克思》):“强调以下一点绝不过分,即对资本主义社会的唯物主义研究依赖于马克思的价值数量分析这个论断,只应从反面去加以理解,也就是说对后者的继续坚持只能构成对前者发展的桎梏。”①

我猜想当提到马克思的“价值数量分析”时,可能斯蒂德曼的意思是指存在着另外一种价值分析,即定性的价值分析,它关心的是社会关系而不是经济数量;这种分析会有助于而不是妨碍“对资本主义社会的唯物主义的研究”。果真如此的话,我对斯蒂德曼表示赞同。但是即便如此,同时我还相信定性和定量分析的有机结合正是马克思的最成功之处;将二者割裂开来是危险的,正像将双胞胎切开反而会伤其性命一样。

在多年的写作和教学生涯里(二者也不应被分开),我发现我这种立场要解释清楚是很困难的,在多数情况下甚至是不可能的。在资本主义社会里成长起来的人,几乎无一例外地完全习惯于这种社会所带来的日益精巧的劳动分工;这种分工反映在相应的知识门类划分上,并在对待知识问题上形成了职业式的专业化倾向。在这种背景下,很自然地容易把一个理论体系看作是可以分割的,可以保留其中某一部分而丢弃其他部分,多少像是在吃晚饭时面

① 斯拉法本人是否会赞同这个观点颇值得怀疑。斯蒂德曼就曾说过:“斯拉法的《用商品生产商品》没有对马克思的批判。”该书副标题是“经济理论批判导言”,这里的经济理论当然是指新古典正统派的理论。琼·罗宾逊和斯蒂德曼一样贬低价值论,并且也对斯拉法的著作做出过她自己的解释,但她警告过不要将她的观点混同于斯拉法的观点。她曾说:“斯拉法总是靠近纯粹的马克思而对我的修正持怀疑态度。”见“劳动价值论”,《每月评论》,1977 年 12 月号,第 56 页。

对的北欧式冷餐桌,你可以挑出自己喜欢的菜点而不必管别的。持这种态度的人会毫不犹豫地把马克思对资本主义的分析分解开来,按照他的特殊喜好,保留或抛弃其中某一组成部分。这些人压根不会想到理论体系可能更像是一部机器或一个有机体,需要它的所有组成部分都起作用才能运转。①

光是类比可能流于空泛。还是让我讲得更直接具体一些。粗略地说,《资本论》第一卷的前两篇加上第三篇前三章的大部分内容(大约占第一卷篇幅的1/4)主要是定性的,也就是说集中在确定和阐明一般商品社会和特殊的资本主义社会中的基本关系。在此之后,包括第二卷和第三卷,更偏重于将这些关系定量化,或者说偏重于阐述表现这些关系的经济变量及其相互联系。纵观全书,整个论证都是依据价值论进行的,并且无意在价值的定性和定量两方面划上一条明显的界限。对于马克思,定性渗透于定量,而定量表现出定性。

就我所理解的这种处理方式的美妙之处,在于它使我们对于作为一个历史过程的资本主义有一个清楚的、首尾一贯的认识。资本主义的早期历史不再被看作(或仅仅看作)一个充满劫掠和暴力的混浊世界,而被视为独具特色的资本主义生产方式诞生的过程,在这个过程中,一种新型阶级社会中的资本与劳动的关系取代了领主与农奴的关系而成为主要的剥削关系。每一种阶级社会的特点都是将必要劳动和剩余劳动分开,因而不言而喻都存在着某

① 注意不要误解:这样说并不意味着不可能改进其中某一部分或者作为一个整体的作用方式,也不意味着否认在理论体系之中有可能存在某些可以去掉的部分,就像在人体中存在着阑尾那样。

种程度的剥削;但是,只有在资本主义社会里,所有这些都采取价值形式,而剥削程度则表现为剩余价值率。剩余价值率,而不是利润率(如斯蒂德曼及其他等人似乎相信的那样),才是关键性的变量,并使马克思从而牢牢把握住了资本主义的历史。通过把剩余价值分为绝对剩余价值和相对剩余价值(两者都离不开剩余价值率的概念),马克思就能够揭示出资本主义从一开始就独自具有的阶级斗争的特殊生理结构。这个任务是由《资本论》第一卷的第三和第四篇完成的,尤其是其中无与伦比的第十三章“机器和大工业”。①

从这里出发,应用已经取得的结论,马克思进而分析了资本的积累过程,除其他之外还证明了:(1)由于劳动后备军(或相对过剩人口)发挥的使劳动供求规律起作用的关键性枢纽作用,劳动力价值转化为工资的机制十分不同于其他商品的价值转化为价格的机制;②(2)资本积累的通常结果如何造成贫富两极分化;(3)为什么

① 马克思为其分析所构造的框架是如此牢固,以致一百多年以后,哈里·布雷弗曼在《劳动与垄断资本》一书中就现代这个问题所做的研究,对此并未改变。

② 这个机制本身,更不用说其对资本主义运行的多方面的含义,肯定没有引起诸如斯蒂德曼这样一些人的注意;他们自称限于关注“充分发展了的资本主义商品经济,在这样的经济中所有的生产活动都是由资本家所组织和控制的。”(见《按照斯拉法思想研究马克思》,第16页)然而,对现实世界上的资本主义经济来讲,这个讲法恰恰是错误的,因为其中最为重要的一种商品即劳动力的生产,就不是由资本家所组织和控制的。在马克思对资本主义的分析中最为突出又最为可贵的一点,就是他一刻也未忽视过劳动力和其他商品之间的这个重要区别。尽管此处无法进一步详细阐述,但我还要指出一点,那就是如果理解了劳动力的特殊性就不会像斯蒂德曼那样对马克思的理论发生全盘的误解。例如斯蒂德曼写道:“本书将和马克思一样,把工资看作是在特定时期和特定的经济中由外部原因所决定的……”(见上书,第20页)。事实上,我可以确定无疑地表明,马克思认为劳动力的价值是外因决定的,但从来不认为工资也是如此。

资本积累过程总是采取大起大落周期性循环的方式而不是线性渐进；以及(4)通过聚敛和集中，资本的竞争肯定会导致其反面即垄断。

我不知道是否已经表达清楚了我的观点，即马克思通过运用定量和定性相结合的价值论，清晰地阐明了在他身前身后的理论家都无法看清的资本主义发展史。如果我表达得还不够清楚，或许引证一下熊彼特所讲过的话也会有所帮助；熊彼特尽管是马克思的劲敌，但他对马克思的意图的理解却要胜于大多数自我标榜的马克思主义者。下面一段话引自熊彼特所写的《资本主义，社会主义和民主》一书(英文版第44页)，如果我理解正确的话。它用一套十分不同的术语讲的正是我试图表达的马克思所取得的成就：

> 在马克思实际运用的经济研究方法论中，有一点带有根本性的重要意义。以往经济学家们也都要涉猎经济史上的问题，他们或者自己投身其中，或者引述他人的有关研究成果。但他们的做法往往是把理论研究和历史机械地混杂在一起，经济史时常被割裂开来，在经济理论中仅仅起着说明或在可能的情况下验证结果的作用。而马克思却把二者“化学”地结合在一起，也就是说他使经济史成为论证工作的一部分用以产生理论结论。马克思是第一流的经济学家中做到这一点的第一个人，他不但看到了而且系统地提出了如何才能使经济理论研究成为历史的分析，以及如何才能使历史的简单记述

变为历史的系统归类。

很难期待熊彼特会赞成说马克思的价值论是他探索成功的关键，但是无论是他还是其他任何人都很难否认正是价值论引导马克思步步前进的。同样，在马克思之后，也很难找得出一位不需价值论而又取得可与马克思相比拟的成就的理论家。[①] 同样，我也根本不相信任何遵从斯蒂德曼、罗宾逊等人的建议，为迎合斯拉法式的价格理论而砍掉价值论的人，会对解决所谓马克思的“难题”做出什么有意义的贡献。

我想在这里我们触及到了对价值论的批判中的最根本的对立观点。马克思本人自然是已经充分注意到了，在现实世界中经济数量是通过生产价格，而不是价值得以表现的。从一个马克思主义者的观点来看，这样一个事实本身的存在，不但不说明理论本身存在弱点或谬误，而且是恰恰相反。现实是由现象和本质构成的。生产价格属于现象范畴，而价值属于本质范畴。除非我们能沟通二者，否则的话我们充其量不过对资本主义有一点肤浅的表面认识。但是，反对派批判道，你们只有依赖非常特殊的假定才能在二者之间搭起桥来，如果去掉这些假定，就会深深陷入迷途。

---

① 熊彼特本人倒是曾被认为有可能获得这种荣誉的，他自己的理论著述之博大精深也使得这种说法听起来不无道理。但是，正如我曾在别处（见《现代资本主义及其他》，第140至141页）评论过的那样，自从熊彼特初次形成自己的观点的半个多世纪以来，历史并未证实他的那一套有关资本主义发展的理论；对这一点，马克思主义者当然不会奇怪，因为没有阶级对抗或阶级斗争的理论必然会使熊彼特对历史规律的看法流于空泛。参见我写的“熊彼特的创新理论”一文，刊载于《作为历史的现在》一书，第274至282页。

以上就是我所理解的斯蒂德曼的论证思路。他的这个思路集中表现在《按照斯拉法思想研究马克思》一书中第48页的一张图表中。在这张图上，左边有一个标着“实物生产和工资数据”的方框；从这个方框出发有两个箭头（a）和（b），（a）指向右上方的标着“全部价值量”的方框，（b）指向右下方的标着“利润和价格”[①]的方框。在右边的价值方框和价格方框之间，有一虚线而又间断的箭头（c）。斯蒂德曼解释说：“虚线描的间断箭头（c）用以表明这样一个事实，即一般地讲不能从总的价值理论出发根据价值量来解释利润和价格……因此，我们不得不使我们的理论结构在图形上表现为‘叉状’，一个齿（a）指向价值，一个齿（b）指向利润一价格。总的说，在两齿之间不存在通路”（见上书第49页）。如果我没有误解的话，这就是斯蒂德曼要抛弃他所谓的价值数量分析的全部原因。

我的回答实质上很简单，尽管全面阐述无疑也要作相当的篇幅。不管斯蒂德曼怎么讲，从价值“齿”到价格一利润“齿”的确存在着一般的方法。在马克思主义的文献中，这些方法一般通称为转型问题。正如现在大家都知道的，马克思本人所提出的方式是有缺陷的（由于近年来有大量的文献讲到这个问题，斯蒂德曼其实用不着用那么多的篇幅再来强调这个问题）。但是，仍然存在着逻辑上完善的其他方法。其中之一是鲍特基维茨提出的解决路线，沿此方向有许多不同的解决问题的方法；另外一种解法可称为迭

① 这里的“价格”，斯蒂德曼的意思是马克思所谓的“生产价格”；这两个名词在这里都不是指的市场价格。

代法，塞克对其表述得最为充分。[①] 的确。一般地讲，在逻辑上较完善的对转型问题的解法，与用马克思的不完善解法相比较，两者所得的结论在某些方面是不同的。全部价格不再等于全部价值，价格利润率也不再和价值利润率相等。但是，这些不同仅是尺度不同，而不是实质不同；没有理由认为在价值基础上分析积累过程所得出的结论，由于转向价格而有任何重大的改变。

你可能会说，既然如此，那为什么我们还需要价值分析呢？现实是价格在起作用，既然也能依据价格进行分析，为什么还要操心什么所谓的价值“实质”，绕那么大的圈子再将其转型为价格？但是，先别着急！我并没有说可以依据价格来对现实世界进行分析：我说的是分析的结果当转向价格时不会有重大的改变。我不相信根据价格就能够进行此种分析，其原因就在于分析中的关键性概念和变量，决定一切的重心是剩余价值率，而依据价格所做的分析中，消失得无影无踪的恰恰是这个剩余价值率。[②]

这里我想强调指出的是（尽管由于本篇文章篇幅的限制不可能进一步展开），和剩余价值率相比，利润率不仅是个第二位的概

① 见杰西·施瓦茨编著的《资本主义的精细解剖》一书（加利福尼亚桑塔莫尼卡，1977 年）中的“马克思的价值论与‘转型问题’”一文。为了备查起见，这里我应该提到我已故的朋友哈蒙·亚历山大，是他在多年以前的一份未发表的手稿中提出了迭代解法的一种算术形式。亚历山大当时是一位剧作家，以后当他已经 50 多岁时，才获得经济学的正规训练。

② 大约四十年前当我写《资本主义的发展》一书时，我对这一点还没有理解透。因此，在该书论述转型问题的一章的第五和第六节（题目分别是“价格计算的意义”和“为什么不从价格计算开始？”）中，尽管论述本身没有什么错的地方，但是并未触及问题的核心，也就是剩余价值率在整个马克思关于资本主义的理论中所起的最最关键性的作用。

念，而且其本身极易引起拜物教式的思维方式。认为与剩余价值率不同，利润率作为一种“可实际运用”的概念可使资本家据以做出决策的想法，是完全没有根据的。资本家们并不了解整个利润率是多少，因而只能依据自己个别的利润率做出各自的决策。这些利润率恰好等于整个利润率的情况是极其偶然和罕见的。如果我们抛弃使个别的利润率围绕着作为准绳的整个利润率上下波动的竞争假定的话，那情况就更是如此。利润率讲的是利润与全部资本而不是利润与可变资本之间的关系；资产阶级的整个经济思想史表明，这样一个情况极易导致产生资本具有生产能力的理论，而这种理论只能被看作是拜物教思想的典型。

II

对危机问题的分析研究，当然必须在有关积累过程的某个理论框架之中进行。在这种限制条件下，价值论对危机分析是必不可少的。对积累过程的了解告诉我们为什么危机的产生是可能的，甚至是不可避免的。但是，由于涉及的因素众多，如果我们要理解个别的、特定的危机，我们就不得不考虑价值论中没有的大量其他因素。这里，着重考虑我认为在带有资本主义发展现阶段特点的危机中起着特殊重要作用的两个因素，这两个因素在当前资本主义世界正在经历着的危机中也是同样重要的：(1)垄断(包括寡头垄断)；(2)财政金融(货币和债务)。下面我尽可能简明地概述一下。

正如上面指出过的，资本的竞争，通过其孪生的积聚和集中

(两者在积累过程中是不可分割的),导致以各种形式的垄断取代了自由竞争,这又进而意味着平均利润率的形成机制不再按所假定的方式运行;而如果没有平均利润率的话,就不再有任何理由去假定价值与生产价格之间存在着有序对应。在起始阶段(竞争的资本主义)经济现实依据生产价格得以表现;在现阶段(垄断资本主义)却是由垄断价格起着这种作用。垄断价格是被转型的生产价格,就如同生产价格是被转型的价值一样。[①] 然而,这里存在着差别。将垄断价格与生产价格联系起来,不像将生产价格与价值联系起来那样有着一般的规则。首先是垄断价格在各种不同的行业里都倾向高于生产价格,并且一般正比于新资本进入有关行业的难度;相应地很自然会出现一个利润率分布的层次结构,最高利润率存在于那些最难打进的行业,最低利润率属于自由进出的行业(在竞争的资本主义中的情况就属此类)。其次,尽管仍旧存在数学意义上的某种平均利润率,但是和竞争条件下的平均利润率不同,既不使个别资本的利润率趋向于它,也不控制着在整个系统中的剩余价值分配。

我从出版《资本主义发展论》(1942年)一书开始,之后又在不同的场合,长期以来一直坚持一个观点,就是从竞争的资本主义向垄断资本主义的过渡对积累过程产生了深刻的影响。[②] 有利于

① 所以垄断价格也是被转型的价值,分析垄断价格并不意味着否定价值论(正如巴兰的论战文章以及我所写的《垄断资本》一书中所断言的那样)。但是,在《垄断资本》和下文中,我证明从价值转换为垄断价格的确对积累过程有重大影响,而从价值转化为生产价格就没有这种影响。

② 例如见《资本主义发展论》第九章;《现代资本主义及其他》(1972年)第39至42页;"资本积累理论的若干问题",载于《每月评论》1974年5月号,第40至42页。

大型垄断资本组织而不利于小型竞争性组织的剩余价值再分配，极大地增强了系统的积累潜力。然而就在同时，资本投放的吸引人的前景却变得日趋暗淡，换句话说，大规模垄断促使利润变得极为丰厚，能使积累加速；但同时大垄断资本家又害怕过头的投资会干扰他们自己的市场，因而在扩展其生产能力时放慢了步伐。为了保护他们的垄断地位。他们竭力设置障碍来阻止外来者侵犯他们的市场（最有效的手段之一是保持相当一部分储备力量以便对不速之客进行迅速反击）。这种典型的垄断行为积累起来，使经济增长速度比按经济内在的潜力所应有的速度慢得多；这种现象的另一名字就是停滞，目前全球的资本主义体系发现自己恰恰就面临着这样一种局面。

按照这条思路进行推理，意味着在发达的垄断资本主义经济中（尤其是当这种经济的垄断进程仍在继续甚至正在加速的时候，就像美国和西欧在 20 世纪一直所处的那种状态），停滞（即缓慢增长、严重失业、大量闲置的生产能力）必须被视为一种正常状态，而绝不是偶然的例外。因此，需要做出解释的不是停滞，而是为什么在第二次世界大战后我们生活在西方的人所经历的却是一段具有活力的迅速扩展的时期。

这正是巴兰和我在《垄断资本》一书中提出并且试图解决的问题。很清楚，要解决这个问题仅仅把注意力集中在积累过程的内部逻辑上是不够的。有关积累过程的一般理论是只着重于少数变量的抽象，而这个问题的解决需要同时考虑到积累过程在其中展开的整个历史环境。在解释百年来美国资本主义的发展时，巴兰和我一方面赋予铁路和汽车等“划时代的发明”以决定性的重要意义，另一方面也考虑到一些主要的战争及其后果。我们指出，19世纪后半叶的铁路大繁荣，中断于1907年的恐慌，随后直到1914年这段时间都以出现不久的停滞衰退为特征；当第一次世界大战结束后，出现了战后繁荣，汽车工业导向的繁荣存在于20年代的前大半时间里；随后虽经百般努力终未能阻止1929—1933年的螺旋式下跌，停滞衰退持续了整个30年代；第二次世界大战打断了这一进程，相应地带来了逆转的趋势及重建的繁荣。

然而在此之后，主要由于战争引起的世界资本主义的结构和组织的巨大变化，积累过程所走的历史进程，由于历史因素的改变，在很多重要的方面发生了变化。毫无疑问，垄断资本主义体系的内在逻辑仍然按着久已确立的通常方式在起作用，但是这种内在逻辑在其中起作用的环境却是新的并且变得极其复杂。巴兰和我当初并没有试图深入分析这种新的相互作用方式的细节，有关这个问题所做的一点评论，基本上是凭印象的和不系统的。①

当然，我在这里也并不是试图弥补这个被忽略掉的方面。我想做的仅是提一下通过回溯过去而在现在能够看清的一些主要因素。这里我想强调一点，就是债务的巨大增长，我认为这个重要现象被人们不恰当地忽略掉了；目前正是巨大的债务增长造成了我在别处曾提到的“危机之中的危机”；②这一点需要加进有关积累

---

① 之所以如此，至少部分原因在于《垄断资本》一书的构思与写作，主要是在“二战”后繁荣的早期进行的；当时我们就写道：“整个这样的动向何时失去势头，目前还说不好”（第245页）。事实上，在我们写下上面那段话之后，这股势头一直持续了十几年之久。

② 见《每月评论》，1978年12月号。

过程的理论中去，然而据我所知，至今甚至还没有人打算这样做。

“二战”后至今最重要的发展动向，是加在资本主义世界之上的美国霸权。自从19世纪末大不列颠的霸权衰落以来，国际资本主义体系第一次处于一个单个大国的管辖领导之下。这一情况除其他影响之外，还产生了下面一些后果：1.以美元与黄金相联系为基础，建立了一种新的国际金融体系；美元起着价值标准、储备货币以及国际支付手段的作用。2.广泛消除了在第二次世界大战之间增加的贸易和金融壁垒，大大促进了世界市场的发展，包括资本市场和（规模稍小但重要的）劳动力市场。3.在美国建起了一个史无前例的庞大军事机器，它具有双重功能：充当资本主义世界的警察；与由苏联一统天下的“社会主义”阵营的军事力量相抗衡。为了履行其全球责任，美国被迫在朝鲜和越南打了两场主要的地区性战争，以及卷入在其他地方的规模较小的武装对抗之中。

在这种新的历史环境下，资本主义经历了一种可与其早期历史相比拟，甚至在很多方面超过了那个时期的长期迅速增长时期。世界范围内的资本积累，已从30年代大衰退所造成的瘫痪性限制下解脱出来。从其霸主地位得到好处，并且其经济不断受到巨额军费预算刺激的美国，在整个资本主义体系中起着动力中心的作用，毫无喘息地把它向前向上拱动。在这种时候，而且现在比以往更甚，在资产者中间总是弥漫着一种乐观的气氛；各种牌号的“新经济学”提供了似乎是科学的依据，从而进一步增强了这种乐观的气氛。所有这些“新经济学”都旨在证明一件事，即恐慌与萧条都已成为过去的事情，今后会是无穷尽的扩展，尽管由于小的挫折或衰退会有些暂时的停顿。既然如此，看起来对有利可图的资本投放数量就不会有什么限制，唯一的问题不过是下一年还是要晚几年才得到回报而已。在这些条件下，竞争的需要支配着眼前的行动，而所有竞争者的复合活动为各自的产品相互提供市场；显然这种活动是可以自我维持的，从而保证不会有过去那种生产过剩的灾难出现。

但是，实际发生的事当然仍和过去发生过无数次的情形一样：在自我维持的增长的表象后面，是累积过剩生产能力的过程。最能说明问题真相的是1974年的循环式下跌，在1973年赎罪日战争之后石油价格的暴涨使这种局面更加恶化并造成更多的创伤。一夜之间经济风向大变，多余的生产能力在一个接一个的行业中显现出来，诸如钢铁、汽车、造船、纺织、重化工等等，不胜枚举。资本积累步履维艰；失业增加到战后从未有过的水平；工业生产增长率跌至战后平均值之下，甚至在有把握的循环上升阶段也无大的变动。使人联想到30年代的一段新的停滞时期显然已经到来。

然而，在这种格局中有一极为显著的例外，这就是美国本身。从1975年初开始循环上升，到1976年年底它的工业生产增长率已达到战后的平均水平，并从那时起一直保持在高于平均值的水平上。失业率在1975年曾达到劳动力的8.5%，从那时起到写作本文的时候(1978年11月)为止，已经稳定地降至6%。[①]

为什么产生这样一种例外的情况？答案很清楚：美国经济扩

① 显然正是由于美国经济情况要比其他发达的资本主义国家强得多，才使后者避免了更为激烈的震荡。如果没有相对有力的美国经济恢复，世界资本主义体系的状况要比目前的实际状况糟糕得多。

展的动力来源于公共和私人债务的急剧膨胀。引用美国最有声望的商业金融杂志上的话来说:“1975年后期以来,美国已经产生了一种新的债务经济。信贷膨胀是如此疯狂和离谱,以至使20世纪70年代初的借债风显得相形见绌”(《商业周刊》,1978年10月16日)。这种现象的关键特征是消费者债务的增长,这种消费者债务的增长导致并反映了在当前的经济复苏中消费的牵动作用(正好和投资牵动的复苏这种通常的模式相反)。另外一个重要的现象是联邦政府赤字(1978年差不多将近500亿美元),连续到了这次复苏的第四个年头还下不来,这也是几乎没有先例的。

但是,财政金融部门在近年来资本主义体系运转中所起的关键性作用并不局限在单个国家的水平上。借助其霸主地位,美国通过保持其国际收支的逆差,能够满足迅速扩展的世界资本主义经济在清偿能力方面的要求。注入其他国家中央银行和金融系统中去的美元,十多年来一直起着世界金融和贸易中的润滑剂作用,同时给予美国本身以支配资源和控制全球系统中各子单位命运的似乎不受限制的权力。这种持续不断的美国国际收支逆差也是众所周知的欧洲美元的主要来源;欧洲美元实际代表着一种不受任何中央银行或政府权力控制的跨国货币形式。这种欧洲美元反过来又成为某种信贷扩张的基础,使流于美国之外的美元总数又增加了上百亿美元。上面所说的情况进一步表明了这种现象的不可控制的性质特点(也是前所未有的特点);恐怕没有人知道这笔美元总数到底有多大,但可以肯定其总额有数千亿之巨。有人估计约为6000亿美元。

从这笔巨款中借贷的人,不仅有公司和金融机构,而且包括世界各国的政府。上面引用过的那篇《商业周刊》的报告中写道："从国际金融市场涌流而来的巨额资金使各个国家几乎可以无限度地还旧债借新债。仅仅四年之中，世界上的工业化国家在欧洲金融市场上的债务翻了一番。非石油出口国中的不发达国家在欧洲市场上的债务扩大了3倍；现在甚至很多石油输出国组织国家也大规模举债，1974年这些国家的债务仅为9.9亿美元，而到今年年底的债务总额将会接近100亿。"

在国家一级及国际水平上的这种债务的极大膨胀，当然会对1974年的急剧下降所造成的冲击起到缓冲的作用：否则毫无疑问，战后长期繁荣的终结会成为至少可与20世纪30年代早期的大萧条相比拟的危机的开端。

强调债务扩张在从1974至1975年的衰退中复苏过来的过程中所起的作用是有必要的，但是这一点也可能造成一种误解，似乎这意味着我们碰到的是一种仅在近些年才在资本主义经济运动中变得重要的因素。事实上，正如马克思曾多次观察到并多次提到的那样，债务（或信贷，这不过是从另一方面看的同一事物）从一开始就对资本主义起着至关重要的作用。没有一种发达的信贷制度，远距离贸易的增长几乎是不可想象的；公债起着原始积累的杠杆作用，并总是构成各种现代银行制度的基础；在资本主义历史不时出现的大的投机性躁动，不论是18世纪的英国南海公司大骗局、法国兴业银行的兴衰，还是20年代华尔街股票市场的大起大落，无不与利用或错用信贷有关；甚至可以认为，正如萨米尔·阿明最近论证的那样，要使一个马克思在《资本论》第二卷中想用扩大再生产模式加以勾画的那种充分发展了的、高度复杂的资本主义生产流通过程运转起来，如果缺少信贷是不可能的。[①] 然而，的确很难否认，随着第二次世界大战后美国建立起其霸主地位并从那时起这一因素变得越来越重要以来，不管是在量上还是在质上都增加了一些新的东西。

显然这里不是试图解释清楚这样一个既重要又复杂的问题的地方。我只打算指出某些要点，这些都是我们不得不加以考虑和掂其分量的问题：(1)首先在美国出现的，由于通信和信息处理技术的改进而加快的一个无所不包而又灵活多变的财务设施网络的发展；这个网络的不停运转完全服务于巨型公司以及支持和保卫这些公司的政府的需要。(2)随着工业和商业资本的跨国化而出现的银行业的跨国化。(3)资本主义国家直接或通过中央银行采取旨在防止再度出现类似30年代那样的严重萧条的财政和金融政策；全体居于统治地位的资产阶级都认识到这种大萧条对于资本主义的继续存在是种潜在的致命威胁。这类财政金融政策是在30年代才开始有意识地制定的，第二次世界大战后成为资本主义国家所接受的正常职能。这些政策开始时被认为是一些反周期的措施（例如在周期的下降时期的政府赤字与上升阶段的政府财政盈余相匹配），以后逐渐扩展为以反停滞为目标，换句话说，就是对产品和服务的总需求施加不间断的扩充压力。在率先制定这类政策的美国（在形成贯彻这些政策的设施方面它也是带头的），在60年代末以前政府赤字就已成为一种常规；作为扩展性财政金融政策的主要后果之一的私人债务的暴涨，也在发生1974至1975年

① 见萨米尔·阿明：《价值规律和历史唯物主义》，纽约，1978年，第22页。

的衰退之前很久就已出现了。

可能会有人认为,按照凯恩斯理论的逻辑,持续不断的执行这类财政金融政策至少能克服停滞的趋势。但是,与表面上看去相反,事实并不如此。根本原因在于对于构成全球资本主义体系核心部分的发达资本主义国家来说,其经济命脉现在是由能够控制价格和产出的巨型垄断公司主宰的;而这些巨型垄断公司的价格与产出政策又是服从于获取最大利润的利益的。扩展的财政金融政策的相当大的一部分作用结果,不是增加了实际的产出而是采取了通货膨胀的形式。而且通货膨胀一旦在数量上和时间上达到一定的强度,就会倾向于通过它对成本(包括工资的主要决定因素生活费用)和人们对涨价的预期的影响而不断重复下去。

所有以上所说,并不是说暴增的债务对于反周期或反停滞不起作用,而是说它象征了一组非常复杂的财务和政治机制。没有这种反周期或反停滞的效应,资本主义可能早就陷于崩溃的边缘了。但是,或迟或早——很可能不会很迟,事实就会表明治疗所产生的问题并不比疾病本身轻。扩充的垄断、暴增的债务、风行的通货膨胀等因素的交杂,已经造成了极大而又不断恶化的不稳定和紧张的局面,这种局面尤其反映在世界外汇金融市场的飘忽不定上面。只有时间能告诉我们未来会发生什么事情,但现在看来可以有把握地说世界资本主义的危机只是处在刚刚开始的阶段,很多大的冲击和令人惊讶的事还在后面,我们可以拭目以待。

第三章　关于价值的争论和社会研究

埃里克·奥林·赖特

有关劳动价值论的辩论通常都是在最抽象的理论层次上进行的。[①] 这些辩论经常专注于进行社会分析的适当方法论问题，如从认识论角度争论对某种社会过程进行“解释”的含义是什么，或争论从一组概念经过形式上的推导得出另一组概念的不同数学方法的优点。问题的提出很少考虑到社会科学家所从事的对社会生活的具体调查。本文的中心议题将是：劳动价值论的含义和它对经验调查的评判。为了使讨论尽可能集中，我的分析主要围绕于劳动价值论的一个重要方面——在资本主义社会里它在利润确定中的作用。[②] 在某种意义上说这并不是在劳动价值论的争论中最

---

① 我要感谢安瓦·赛克、安德鲁·莱文、萨姆·鲍尔斯、迈克尔·布拉沃等人对本文的草稿的极有帮助的批评建议，特别是赛克帮助我澄清并深化了许多基本论点。同时，我要感谢威斯康星大学社会学系召开的“阶级分析和历史改变”课程专题讨论会的参加者，这个讨论会不但为我阐述这些想法提供了讲坛，而且迫使我将有关的问题提得更加明确和全面。

② 这个分析集中于利润数量的确定而不是利润率的确定。之所以做这样的选择主要是为了阐述论点的方便，因为使用比率（利润率）会使分析更为复杂。但是做这样的选择并无逻辑上的不同，只要做适当的变动，可以依据利润率重述这里阐明的论点。（在整个讨论中假定货币利润都用固定的货币单位加以适当的标定，因此在计量方式上的任意改动不会影响到有关的论述。）

基本的问题，因为对利润确定的分析首先就要涉及对蕴含的劳动时间（价值）对商品价格的关系的争论。尽管如此，因为利润分析在整个马克思主义理论中起着中心作用，并且它具有特别重要的直接经验上的含义，所以我们将集中讨论这一特定的问题。

在确定不同理论观点的经验含义时所碰到的困难之一是从形式上讲，每一种不同的理论立场都使辩论本身沿着不同的方向进行。因此，这篇论文的基本任务，就是将有关劳动价值论的辩论中的各种不同的立场归结到一个共同的概念范围中来，从而有可能依据一个共同的框架来确定它们的经验含义。在做这种归结工作时，绝不像路易斯·阿尔萨瑟爱说的那样“纯然”，而是或多或少地偏向于辩论中的某一种理论立场。在这篇论文里，对每种立场的评述都是从马克思高瞻远瞩的劳动价值论出发的。

下面我将简要地表述对利润确定问题的三种看法：在安东尼·卡特勒、巴里·欣迪斯、保罗·赫斯特以及阿萨·哈塞等人的著作中提出的“原因不可知论”；[①]在伊恩·斯蒂德曼等人著作中阐述的“斯拉法式”的观点；[②]以及在劳动价值论的基础上对传统马克思主义观点的一种新的表述方式。在三种情况下我并不想论述每种理论立场的所有技术性细节，而是分别用一个利润确定的实质性模型来代表。然后，我们将考虑每种模型对在经验研究中会提出的问题有何含义。随之我们将通过讨论近期对

① A. 卡特勒、B. 欣迪斯、P. 赫斯特、A. 哈塞：《马克思的〈资本论〉与当代资本主义》，一至二卷，伦敦：1977 年，1978 年。

② 伊恩·斯蒂德曼：《按照斯拉法思想研究马克思》，伦敦：新左派图书公司，1977 年。

劳动过程性质的研究与劳动价值论的关系来表明前面所做的分析。

下面所做的分析应该更多地被看作是试图以某种批判的方式对辩论的问题的重新确立，而不是试图对辩论的所有问题给出确定的解答。①

因此，在某种意义上我是想对理论（和经验）研究提出另一种不同的考虑方法，并且在这样做的时候为判定劳动价值论的恰当与否确立更为系统的条件。在论述中的不同地方我将指出需要引起注意的未解决的问题。

记住这些限制条件，现在让我们转向论述不同的理论观点。

对利润确定问题的不同看法

尽管从历史发展来看，马克思主义关于利润确定的模型是我们所要考虑的三种模型中出现最早的，先讨论“原因不可知论”这

① 特别是我并不试图处理联合生产这个棘手问题（即如何计算单个劳动活动同时生产出两种商品时的劳动价值问题）。因为联合生产问题是近来对劳动价值论所做的斯拉法式的批判的重要组成部分，因此可能会有反对意见提出，认为回避了这个问题会破坏我的论述。我承认在我的分析中存在这种局限性，但同时重要的是要注意到，不管在计算联合生产条件下的价格和利润时斯拉法所用的数学方法如何精巧雅致，仍然不能说这就是有关联合生产的真正的理论。如果说一种理论意味着确立会产生某种结果的真实机制，那么仅仅提供一种计算出这些结果的满意方法是不够的（虽然计算也很重要）。计算的结构必须本身反映出或勾画出它所要解释的过程的结构。用于计算出联合生产条件下一组相容价格的斯拉法方法甚至谈不到是对产生这些价格的资本主义生产过程的真实机制的一种看法。所以，斯拉法主义者也许对计算联合生产条件下的价格和利润的马克思主义者的简单方法进行了适当的批评，但是我并不认为已经发展出了一种和劳动价值论不一致的实质性理论。

种有关利润的概念上最简单的模型，会使对不同立场的表述更容易一些。随后我们再依次转向斯拉法主义的和马克思主义的看法。

“原因不可知论”

为了在资本主义社会中生产出利润，必须具备许多必要条件。资本家必须组织他们的投资和金融交易，生产过程中生产资料必须和劳动力相结合，气候和地理条件必须有一定的限制，如此等等。之所以强调这些是必要条件，是因为如果它们超出了一定的限制，利润就不可能产生。例如，如果天下大雨洪水滔滔，或者发生大规模强烈地震，那就不会有利润。对资本家的活动、工艺过程、劳动力以及其他因素来讲，情况也是这样。当然，并不能将所有的必要条件都认为是利润的真正决定因素。例如，地球上没有氧气，利润就不可能，因此可以说氧气的存在是利润发生的必要条件。只有那些具有“相关效应”的必要条件，即在其变化范围之内对利润产生真正效应的条件，才能在理论上被考虑为有关的必要条件。因此，“原因不可知论”的论点支持者提出，给定所有这样的相关必要条件的情况下，将其中任何条件提到利润的“实质”原因的特殊地位，或如马克思主义的典型用语利润的“起源”的特殊地位，都只能是武断的。

这个基本论点可用图 3.1 的图形表示。利润被划为众多原因的产出。其中有些原因可能更重要一些，即它们特定的变动范围会使利润产生较大的波动。然而，由于所有这些都是利润的相关必要条件，因此没有一个可以得到特殊地位。

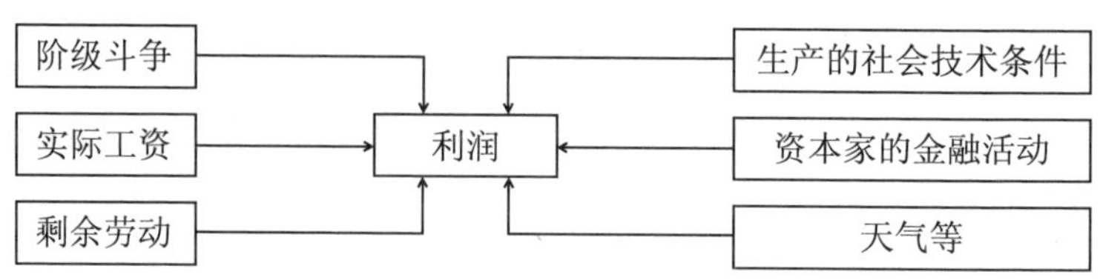

图 3.1 利润确定的“原因不可知论”

卡特勒等人用了大量的篇幅论证这种立场。① 他们坚持认为把任何利润的决定性因素视为利润的“起因”的做法都是理论上的武断：“如果不去寻找一个单一的，一般的利润确定因素，拒绝马克思主义和正统学派关于利润起因的说法，并且承认资本主义企业实际挣得的利润并无单个的‘起因’（即不能归结为生产过程中任何一类因素，而是许多决定因素的产物），那就不存在这样来想象交换过程的先验理由（即把交换过程想象为相同劳动量的均衡互换）。”②这并不是说在生产中起作用的剩余劳动量对利润没有影响，而是说剩余劳动在分析利润问题时并不具备特殊地位。因为剩余劳动总是伴随着特定的技术、资本家的活动、劳动分工以及其他因素在起作用，利润在理论上只能被理解为整个此类过程的而不是此过程中任何要素的产物：“如果承认原材料的转换媒介是复杂的过程（包括机器、集体劳动、技术和知识等每一种要素），那么

① 卡特勒等人并没有把他们的立场称为“原因不可知论”。他们是用否定的方式确定其看法的，即拒绝所有的一般因果论：“我们对之挑战的不仅仅是马克思主义的经济一元因果论，而且包括所有此类因果论的一般范畴以及赋予某些原因以特殊地位而忽略其他的做法。”（第 128 页）似乎将他们的对利润问题的看法称为“多元因果论”比较恰当，但是因为多元因果论本身被其认为是因果关系的“一般教义”（即绝不存在特殊的决定性原因），更适当的是把他们的观点称为不可知论为好。

② 见卡特勒等：《马克思的〈资本论〉与当代资本主义》，第一卷，第 19 页。

所得的产品就只能归于过程本身而不能只是劳动或劳动时间。”[1]

从这些论述中搞不清楚是否利润的所有相关必要条件都在概念上作为相同的确定因素来对待，或者其作者们是否局限于分析生产中的必要条件。他们也没有讨论到例如是否气象条件或政治体制应该被包含在决定利润的过程之中。从他们的讨论中同样不完全清楚他们是否在原则上相信为众多的相关必要条件提出某种理论上的排序是不可能的。无论如何，在他们的书中，作者在论述过程中未对利润的不同起因的顺序问题提到一字一句。正是由于这个原因，他们对利润的看法可被称为“原因不可知论”。

斯拉法派的看法

与“原因不可知论”对利润确定问题的立场不同，持斯拉法派观点的理论家们认为影响到利润的不同原因，从理论上讲能够以一种系统的方式排出顺序。特别是这种观点的支持者认为利润可被考虑为两个因素的直接结果：生产的社会技术条件和支付给工人的实际工资。[2] 利润的其他起因只是通过对这两个因素的影响而起作用。这样一种观点如图 3.2 所示。

① 同前，第 44 页。

② 在这里的讨论中我将使用“社会技术条件”这一说法，而不是简单地说“技术”或“物质”条件。这样做只是为了强调技术条件绝不能被简单地理解为物质投入产出关系，而是总包含有社会内容在里面。从技术投入产出分析的角度看，劳动日的长短和生产中劳动活动的强度都是生产活动的“物质”性质，尽管这些最明显地打着社会关系的烙印。甚至对于机器来讲，技术性投入的社会内容也和狭义的技术内容一样“真实”和重要。遵循斯拉法学派传统的某些理论家的确是在事实上把社会技术条件仅仅当作生产的物质系数来对待，但是我们这里将要考虑的主要理论家伊恩·斯蒂德曼却细心地避免了这种技术性的蜕化，并且明确地认识到生产的物质条件具有一定的社会内容。

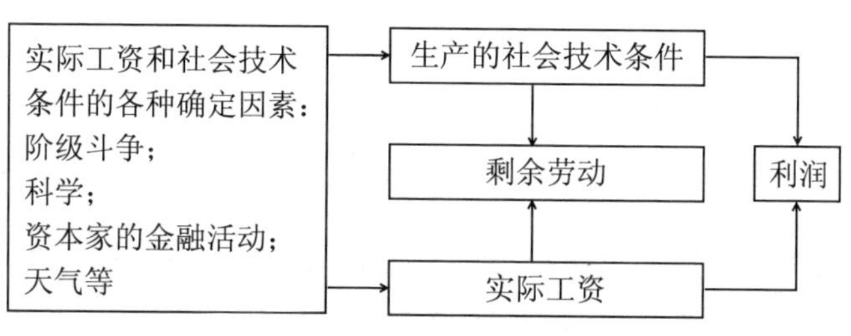

图 3.2　对利润确定问题的斯拉法学派观点

斯拉法学派的观点基于对必要条件的数学分析，而这涉及从一组初始条件出发对利润的形式推导计算。斯蒂德曼和其他一些人以斯拉法的著作为出发点，认为只要知道了实际工资率和生产的社会技术条件，就有可能计算出一个唯一的利润率来。他们认为，劳动价值论这个理论范畴根本就没进入到这个计算中去。事实上，为了确定价值数量本身，首先必须规定生产的社会技术条件。因此，分析价值范畴充其量也不过是一个冗余的步骤，对于利润的二个确定因素的系统分析方法来讲是不必要的弯路。[①]

① 斯蒂德曼同时认为在一定的情况下(如联合生产和固定资本)，从价值计算利润不仅是不必要的，而且会给出错误的答案。在表明价值方法会给出利润率的错误计算结果之后，斯蒂德曼却又进而去证明如果价值本身用一种多少复杂一点的方法去计算的话，正如森岛提出的那样，又有可能正确计算利润率了。因此，他所进行的批评的核心，无非是表明价值对利润计算无关罢了。

不管是马克思主义者还是非马克思主义者都对森岛计算劳动时间的方法提出了反对意见，认为这种方法与马克思自己的方法相差如此之大，以致在此方法基础上所做的证明推导与劳动价值论绝对没有任何关系。这种反对意见的核心在于：在马克思的分析中，劳动价值量总是可加的，即两个商品的劳动价值量总是每个商品的劳动价值量之和；而按森岛的方法劳动价值量却可以是不可加的。这样一来问题就变成了在马克思主义理论中，不可加的价值量到底有无意义？在我看来在能够肯定地回答这个问题之前还需要做更为深入的研究工作。无论如何，正如前面说过的那样，这里我不打算处理有关联合生产的问题。

这种分析的逻辑基于两个基本前提。第一，数学计算具有论证因果过程的地位。数学推导过程可被看作一种思维实验，在思维中再现一组在现实社会中不可能观察到的纯粹状态的真实条件。如果构成这种推导过程的各种设定都很合理，那么在计算推导中多余的步骤可被视为在现实世界中的因果过程中也是多余的。第二，这种形式上的论证得到有关在所研究的过程中人的选择和决策性质的行为论证的支持。因为人本身基于实际工资和生产技术条件做出选择，并且因为这些条件足以用于推导出利润的数量，因此数学上的论证过程可以被解释为联系现实中人的行为和结构化产出（利润）的过程。

重要的是要注意到对利润确定问题的这种看法并不认为生产的社会技术条件和实际工资率两者就足以构成一个有关利润的完整理论了，它只是认为这两者是确定利润的最为直接的条件。例如，阶级斗争贯穿于生产的技术条件和实际工资的实现过程之中，因此在利润确定的动态过程仍然起着关键性的作用。举例来说，在引入新式机器时在生产领域就有斗争，而在劳动力市场中的冲突肯定会对实际工资产生影响。

这个模型的要点不在于把利润理论简单地缩减为一种二元论，而是认为所有其他因素都要通过影响实际工资和技术条件的方式来对利润产生影响。因此如果某种形式的阶级斗争对这两个因素没有影响，那就不可能影响到累积的总利润。

马克思主义的观点

传统的马克思主义在这个问题上的观点和斯拉法学派的看法

是一致的，即认为要把确定利润的多种因素加以归类，组成一个有序的决定因素的结构。但不同的是马克思主义在这样一个决定因素的结构模型中把剩余劳动（以剩余价值的形式）[①]放在首位。按照马克思主义的理论，实际工资和生产的技术条件通过对产生剩余价值的影响，间接地影响利润。其他使利润变化的原因就更为间接了，例如天气情况，首先影响的是社会技术条件和实际工资，这两者反过来又通过对剩余价值的作用而影响到利润。基本模型如图 3.3 所示。

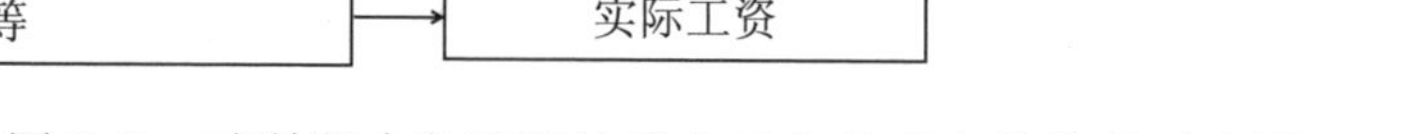

图 3.3　对利润确定问题的马克思主义观点的简单示意图

根据这种观点，对剩余价值没有影响的商品组合、实际工资、社会技术条件的变化，对利润总量的大小没有影响。只有当它们影响到剩余价值时才能影响总利润。正是依据对利润确定过程的这种整体结构的认识，马克思主义者才把剩余价值称为利润的“起源”。

以斯拉法和其他一些人的著作为基础进行的一些关键性的讨

① 为了方便起见，在讨论中我凡是提到“以剩余价值的形式表现的剩余劳动”的地方，一般都简单地写为“剩余价值”。在所有的阶级社会中统治阶级总是占用剩余劳动，但是只有在资本主义社会里剩余劳动才具有剩余价值的形式。应该注意的是即便在资本主义社会中，某些剩余劳动也不表现为剩余价值（例如在国家行政机构中挣工资的人，尽管并不生产商品，但是仍然可能贡献剩余劳动）。只有在经济生产部门进行的剩余劳动才凝聚在商品之中表现为剩余价值并构成马克思主义理论中的利润基础。因此为简单化起见，在论述中我将在一般情况下直接引述剩余价值。

论，表明图3.3上的模型所表示的简单说法是不正确的。例如，可以证明，如果存在生产技术的不同选择，则即使产生的剩余价值量没有改变，也有可能增加(或减少)利润总量。至少初看起来，这使图3.3的利润确定模型无效而有利于图3.2所表示的模型。

事实上，可以稍稍改动一下传统的马克思主义理论中的利润确定模型，就可以使之既保留原理论的要点又可消除反对意见。为了做到这一点，必须超出前面那些模型中表现的同类确定因素的简单观念而代之以一种更为复杂的因果观念，即理论的各要素之间具有不同类型的因果关系。这些不同类型的因果关系，我曾在别的地方将其称为不同的"确定方式"。①

对我们当前的目的来说，有两种确定方式显得特别重要：

(1)结构性限制。即一种结构或要素对另外一种结构或要素的可能变化系统地加以限定。在这些限制条件之内，可以有不同的结果，但限制本身是确定的。

(2)从一定范围内的受到结构性限定的可能结果中选择特定的结果。在某种意义上，这是一种在限制之中进一步限定的确定方式。取决于所研究的特殊过程的性质，有可能会有几种互相交叉的选择过程叠加在一起。

现在依据确定方式对图3.3的利润确定模型进行修改。图3.4是这种更复杂的模型的第一级近似的表示。为简化起见，在此模型中只考虑四个要素：实际工资、生产的社会技术条件、剩余

① 见埃里克·奥林·赖特：《阶级、危机和国家》，伦敦，新左派图书公司，1978年，第一章广泛讨论了确定方式问题。

价值以及利润。生产的社会技术条件对剩余价值的创造施加基本的限制。由于在生产中付出的全部劳动是生产的社会技术条件的一个方面,因此这些条件明确地规定了剩余价值的最大可能数量(当实际工资为零时剩余价值为最大)。在这些限制之内,实际工资精确地规定了付出的全部劳动的多大比例会变成“剩余”价值,因而实际工资是在生产的社会技术条件所建立的限制条件之内起着选择确定剩余价值的作用。

此模型的令人感兴趣之处是在剩余价值、实际工资、社会技术条件以及利润之间的相互依赖关系。如图 3.4 所示,剩余价值对利润可能的变动范围确立了根本性的限制。剩余价值量一旦给定,利润的可能数量就有一绝对上限。如果剩余价值为零,则不会有任何利润;随着剩余价值量的增加,可能的最大利润量也单调上升。[①] 而在这些限制范围之内,生产的社会技术条件和实际工资对利润产生选择效应。这意味着如果我们保持投入的剩余劳动量

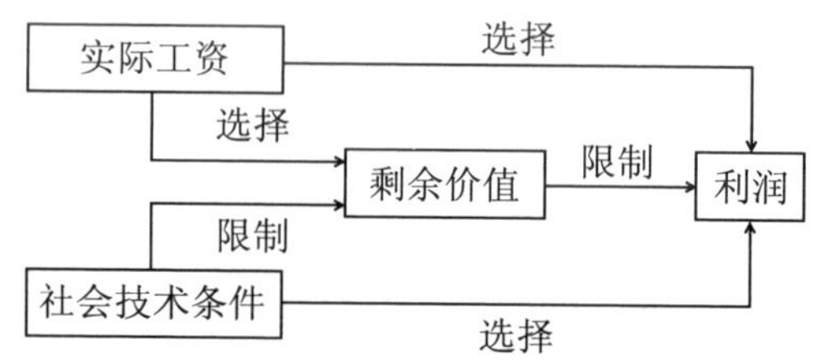

图 3.4　马克思主义的利润确定模型第一级近似

① 斯蒂德曼引证森岛的分析来支持以下论断:“如果并仅仅如果剩余价值是正的(如森岛新近所定义的那样),则利润率和增长率就都是正的。”(第 204 页)正的剩余劳动产生正的利润值。因为给定投入的水平,使用任何生产技术都有一有限的最大可能利润,所以给定一定量的剩余劳动(剩余价值)所得的最大利润也会是正的和有限的。这些意味着当剩余劳动增加时,最大可能的利润量也会增加。

不变(即剩余价值量不变),并且同时变动生产技术或实际工资(限制条件是这种变动不会影响剩余劳动量),则事实上在确定的限度之内我们能变动总利润的数量。[①] 因此,剩余价值将保持其利润的“起源”的地位,这不是因为剩余价值是利润的唯一确定因素,而是因为所有其他的确定利润的因素或者要通过对剩余价值的作用来产生影响,或者其效应的发挥必须局限于由剩余价值所确立的限度之内。

图 3.5 表示这种限定过程的结果(限制边界的形状在此图中是随意设定的)。对生产中任一给定的剩余劳动量,存在着产生的利润量的上限和下限。剩余价值量解释了哪些利润水平是不可能的;而生产的社会技术条件和实际工资则解释(或“预见”)了哪一种可能的利润水平实际产生了。

这种剩余价值确定可能的利润范围的说法,初看起来可能不那么直观。在现实世界中(与纯数学形成对照),剩余价值如何能确定利润的可能范围呢? 理解这个问题的一种方式,是把边界内的可能利润范围看作某种社会过程的结果,在这种社会过程中价值(劳动时间)被转换为价格。在所有经济部门都具有同样的“资本有机构成”的条件下(即用劳动时间表达的生产技术条件都一样),则价格将直接正比于价值并且利润的上限与下限将重合在一

① 这里的论证并不涉及资产所有者实际上是如何在不同技术中做出选择的问题。对资本家来说,也肯定不会去使剩余劳动量“保持不变”。这里进行的论证是关于资本家所做的不同选择所可能产生的效应受到一个结构性限制的问题,而与他们实际上如何做出选择的问题无关。也就是说,资本家通过改变生产技术所能获得的最大可能利润受到在生产中产生的剩余劳动量的限制。

图 3.5　剩余价值与可能的及不可能的利润

注:这个图中界限的形状只是任意推测的。为简单起见这里将它们画成了直线,但绝不能认为正式的理论已经表明它们就是如此。安瓦·赛克当前正在做确定这些界限形状的形式推导。

赛克在一次个人交流中曾提出这两条界限线之间的角度取决于两个因素:(1)部门间资本有机构成的均一性。如果各部门的有机构成都一样,则此角变为零,两条线合成一条直线。部门间有机构成差别越大,此角越大。在现代经济中各部门相互联系极为密切,因此各部门间有机构成不可能差别很大。(2)积累率(作为全部可能的积累的比率)。生产的社会技术条件一旦确定(即生产部门间的资本有机构成的分布一旦给定),则界限之间的角度随着积累率而变化。如果所有的剩余价值都转化为积累,则无论资本有机构成的差别如何,此角也将为零。当积累率为零时,即所有的剩余价值都从生产循环中取出时,此角度变得最大。(安瓦·赛克在 1973 年提交给哥伦比亚大学的博士论文《价值论和分配理论》中,证明了一个与此密切相关的命题。)

如果这些论断是正确的,则可推论出以下结论:由于在现代经济中各部门之间高度相互依赖使资本有机构成的分布比较均匀,同时积累率趋向于最大,因此对可能利润的限制范围将相当窄。要依据限定利润的理论对这些论断进行充分的论证尚待进一步的努力。

起。满足这些条件，图3.4可归并为图3.3，并且图3.5中利润与剩余价值量的关系将成为一条直线。

当然在通常条件下，各部门的资本有机构成并不一样，因而价格以某种规律性的方式偏离价值。在资本有机构成高的部门（如石油化工），价格将高于价值；在有机构成低的部门（如纺织），价格将低于价值。由于没有必然的原因使正偏差和负偏差在总量中精确地相互抵消（即使在"平衡"的情况下也是如此），实际的总社会利润量将取决于这种偏差的特殊分布。因而，图3.5中的上限和下限可被看作在价值量转换为实际价格的过程中产生的价格对价值的正负总偏差的最大可能边界。这样看来，转型"问题"应被理解为转型"过程"，即一种实际发生的客观过程，这个过程对利润的实际水平发生实际的影响。剩余劳动的总量确定了通过这种转型过程能够转变为利润的数量界限；而经济部门间资本有机构成的实际分布决定了能够在这些界限之内所获取的实际利润。①

对图3.4的利润确定模型提出的两个主要反对意见是：(1)因为剩余价值本身取决于社会技术条件和实际工资，它本身在过程中并不起独立存在的作用，因而仍旧是"冗余"的；(2)剩余价值确立了产出的基本限制范围的说法是主观随意的，因为如果使任何"生产要素"保持不变，都会使利润有一上限。第一种意见从根本上误会了这个模型的要点。这里并没有说剩余价值是利润的单独

① 应该注意到这里谈的内容与剩余价值的"实现"问题无关，"实现"问题涉及的是实际销售凝聚着剩余价值的商品。

起作用的或初始的原因，也不是说它在利润确定过程中是某种“不变的驱动因素”。相反，恰恰因为剩余价值在此过程中是内在因素，我们才把它看作一种首要的决定因素。如果我们看一下图3.3，上述的观点就会更简单易懂。图3.3的模型成立的条件是所有经济部门的资本有机构成都一样。在这个模型中，剩余价值仍被整体视为生产的社会技术条件和实际工资所产生的结果。但是这里我们能看到这两个因素是通过对剩余价值起作用才对利润产生影响的。你尽可以改变实际工资和技术条件，但是如果这些改变没有影响到剩余价值的数量，则利润量将保持不变。因此，在图3.3中，由于改变剩余价值是改变利润的必要充分条件，我们可以说剩余价值是利润的根本来源。

在图3.4中模型变得更为复杂这一事实，并没有改变这种基本的关系。剩余价值的变化不再是实际利润变化的充分条件了，但仍然是可能的利润界限的变化的必要与充分条件。

第二种反对意见提出了一种不同性质的问题。确实，在实际可利用的资源给定的情况下，如果其中特殊的生产投入受到严重限制，在实际中可能得到的利润的最大数量会少于图3.5中的最大限定数量。因此，特定资源的短缺会对利润产生比在生产中付出的剩余劳动更窄的限制范围。而且，某种原材料的缺乏或限制会使实际的生产性劳动无法增加并从而无法增加剩余价值和利润。依据这些观察的确可以争论说，从界限的形式计算的角度看，只以对劳动的限制条件为基础而不是以其他生产要素的限制条件为基础是过于主观随意了。特别是非劳动限制可能会比劳动限制对利润产生更大的影响(如能源危机)。

说到底，为了回答这个反对意见我们必须超出图3.4所表示的简单模型的范围。选择剩余价值作为关键性限制过程的原因，不在于在所有的情况下都是由剩余价值去确定利润的实际界限。在某些情况下很有可能是原材料、能源或其他生产要素的短缺造成了利润的上限，这种限制甚至超过剩余价值所造成的限制。之所以选择剩余价值作为关键性限制要素的中心理由，在于它使我们能够构成一种关于社会确定利润过程的理论，特别是一种能够把阶级结构、阶级斗争和利润系统地联系起来的理论。

为了理解这种说法的合理性，我们需要简单地阐述一下马克思理论关于阶级的概念，从而搞清楚关于利润的特殊理论在关于阶级的一般理论中起着怎样的作用。对我们当前的目的来说，关键是要记住阶级的划分首先是由它们在生产关系中所处的地位，而不是由它们在市场关系或其他方面的社会关系中所处的地位决定的。这些在生产关系中具有决定意义的方面又集中在一个阶级能够强迫另一个阶级即直接生产者付出比再生产出直接生产者本身还要多的劳动，并且占有“剩余劳动”所生产的产品。在所有的阶级性的生产方式中，统治阶级由其占有剩余劳动的地位所确定，被统治阶级由其剩余劳动被占有的地位所确定。①

① 这里不可能进一步论证依据社会生产关系，尤其是依据控制劳动和剩余劳动的社会关系来确定阶级划分的问题。这里的定义不单纯是为了理论家们分析问题的方便，而是提供了理解社会斗争和社会变化的实际动态过程的方法。要了解更多的有关这种阶级概念的内在逻辑，可参考埃里克·奥林·赖特所著《阶级结构和收入确定》，纽约，1979年，第1和第2章；以及讨论论文“马克思主义关于阶级结构概念的不同流派”，威斯康星大学贫困问题研究所，麦迪逊，1978年。

不同的生产方式，具有不同的产生和占有剩余劳动的机制。正像人们常提到的那样，在封建主义社会这种机制是一目了然的：封建农民被迫以劳役的形式直接为封建领主提供剩余劳动。到了资本主义社会，工人不再被强迫服劳役了，资本家阶级又是怎样占有工人的劳动呢？一般的劳动价值论以及特殊的剩余价值论为理解这种关系提供了一个框架，资本家的利润即剩余产品的货币价值的发生过程体现了资本家从工人那里侵吞剩余劳动的机制。因此，把着重点放在剩余劳动上，认为是它限定了利润大小的范围的观点，是对一般的剥削以及在资本主义条件下剥削的特殊形式进行阶级分析所得出的结论。

如果仅仅针对如何计算利润这个特殊问题而言，并且认为这是利润确定理论的唯一内容的话，则认为把剩余价值选为限制条件的做法是“主观随意”的反对意见是有一定道理的。的确，没有根据撇下其他因素而随意把剩余价值挑出来作为限制因素。而且，在计算利润时应在原则上否定任何有关限制条件的先验提法；简单的经验观察表明生产要素的紧缺始终对利润产生重大影响。但是，如果我们从更广泛的理论角度出发，即依据生产的社会关系去理解阶级和阶级斗争，并且将阶级斗争问题与对通过剩余价值和利润实现的剩余劳动占有的资本主义机制所做的特殊分析联系起来考虑，则选择剩余价值作为限制条件就绝不是主观随意的了。我们之所以要寻求一个允许我们把阶级和利润联系起来的确定利润的模型，是因为我们感兴趣的是理解阶级关系和阶级斗争，而不是脱离开有关的社会决定因素和社会后果仅对利润本身有什么兴趣。从这种意义上说，构造计算利润的模型的特殊方式，在概念上都应附属于使利润具有社会内容的有关社会关系的定性理论。[①] 利润确定理论是阶级理论中的一部分内容，而不是相反。

图 3.4 本身并没有体现出这种包容面更宽的理论结构。首先，在模型中没有明确出现阶级斗争，而作为研究的指导，它必须在形式上和模型结合在一起。第二，模型构想是非辩证的，意思是模型中的各种确定因素都只单向起作用，在模型内部缺乏一种使其各要素重新组合的机制。马克思主义的关于利润的理论绝不能只满足于列举出确定利润的各个“变量”，而应把握住整个社会进程，从而理解作为其一个特定方面的利润确定过程。

为了有一辩证的模型，这里有必要引进一种新的确定方式：转换或改造。这种确定方式是指个人和阶级的实践活动在社会过程中对其各部分进行的重新组合（转换或改造）。在马克思主义理论里，“实践”这个概念必须根据作为确定关系的转换或改造的过程才能理解：实践是指一种活动，通过这种活动自然界、社会关系以及人的经验都得到改造（或转换）。和“选择”类似，转换关系只在结构化的确定界限之内发生；在一种社会结构的发展历史上某一

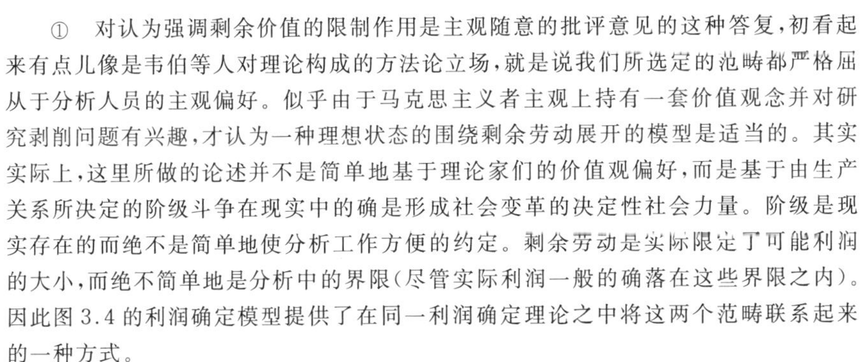

① 对认为强调剩余价值的限制作用是主观随意的批评意见的这种答复，初看起来有点儿像是韦伯等人对理论构成的方法论立场，就是说我们所选定的范畴都严格屈从于分析人员的主观偏好。似乎由于马克思主义者主观上持有一套价值观念并对研究剥削问题有兴趣，才认为一种理想状态的围绕剩余劳动展开的模型是适当的。其实实际上，这里所做的论述并不是简单地基于理论家们的价值观偏好，而是基于由生产关系所决定的阶级斗争在现实中的确是形成社会变革的决定性社会力量。阶级是现实存在的而绝不是简单地使分析工作方便的约定。剩余劳动是实际限定了可能利润的大小，而绝不简单地是分析中的界限（尽管实际利润一般的确落在这些界限之内）。因此图 3.4 的利润确定模型提供了在同一利润确定理论之中将这两个范畴联系起来的一种方式。

给定的时期，并不是任何一种转换或改造都是可能进行的。和“选择”不同，转换或改造涉及的是阶级和个人的自觉行动，而绝不仅限于结构化要素之间的关系。[①]

有了对转换或改造的这种理解，现在我们能把阶级斗争和阶级结构包括在内而进一步扩展利润确定模型。图3.6展示的就是这个模型。在这个模型里，在基本的生产社会技术条件所限定的界限之内，阶级斗争的形式起着实际工资的转换确定因素的作用。在给定的技术约束条件下，只可能发生在某一范围内的实际工资水平的转换。相似地，阶级斗争改造了生产的技术条件本身，特别是以在劳动过程和技术改变过程中进行斗争的形式。当然，阶级斗争同时也改造阶级结构。阶级斗争反过来又受到阶级结构的结构性限制，并且受到利润水平的选择性影响：当利润偏低时，资本家阶级的阶级实践是降低实际工资水平，同时为增加剩余价值而改造生产的技术条件；当利润率偏高时，工人阶级将能更有效地为增加实际工资水平和在劳动过程中的无产阶级化而斗争，从这种意义上说，利润对阶级斗争，特别是阶级斗争的经济形式具有某种选择机制。在由阶级结构确定的界限之内，实际工资和生产的社会技术条件也对阶级斗争起着选择确定因素的作用。

这个模型值得注意的一个特点是阶级斗争并不直接影响剩余价值和剥削，而是通过对生产的社会技术条件（特别是付出的劳动总量即工作日的长短和强度）和工人的实际工资的影响而起作用。

① 要了解有关作为确定方式的转换或改造过程的进一步讨论。可参见赖特的《阶级、危机和国家》，第21—23页。

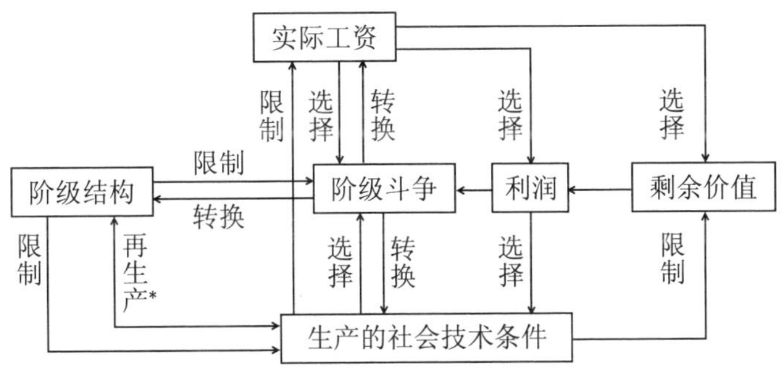

* 有关再生产作为一种确定方式的讨论，参见赖特的《阶级、危机和国家》，第18—21页。

图3.6　马克思主义利润确定模型中的确定方式复杂近似

这正是资本主义的显著特点之一。在资本主义以前的生产方式中，阶级斗争直接围绕着剩余劳动即被统治阶级占有的那部分社会劳动的多少而展开；当这种占有是通过强迫劳动而实现时，情况更是如此。在资本主义条件下，由于剩余劳动是在交换过程和作为资本主义劳动过程的生产组织中隐蔽地进行的，因此阶级斗争和剩余劳动之间的关系就不那么直接。

然而，如果图3.6的模型是正确的，则通过对剩余价值的作用，阶级斗争对利润仍具有决定性的影响。本文后面还会讲到，这一点对于因此模型而引起的各种经验研究有特殊重要的含义。

目前的这个模型在许多方面还需要进一步发展。首先，这个模型完全没有国家、阶级组织形式、意识形态等关键性的因素。尤其当需要确定阶级结构和阶级斗争的关系时，都是这些要素起着中心作用。[①] 其次，此模型的要素之间仍有许多联系没有表现出

① 见赖特：《阶级、危机和国家》，第97—100页。

来。举例来说，除了能通过阶级斗争而起作用外，利润还对生产的技术条件可能具有选择效应，原因是在某一确定水平的利润条件下，某些技术发明得到应用，而另一些则受到压制。在这个模型中标出的联系，并不包括各要素之间所有的可能有的联系。最后，这个模型本身并没有使不同的确定关系具体化，而只是指明了它们的一般特点。例如，模型并没有表明由剩余价值所框定的利润实际限定范围的宽窄，也没有规定由生产的社会技术条件所决定的实际工资的可能范围，以及由基本的阶级结构所决定的阶级斗争的形式。为了增加这些具体内容，必须对我们至今所讨论的这个高度抽象的模型进行改造，并且用它指导研究特殊的阶级结构。生产的社会技术条件以及阶级斗争的形式等。从这种意义上说，这个模型与其说是研究结果的总结，不如说它为进一步的研究工作提供了指南。

理论评价

从马克思主义劳动价值论的高度来看，有关利润确定问题的原因不可知论模型和斯拉法模型都只部分地正确又都不完全。说它们部分正确，是因它们以不同的方式和在不同的抽象水平上的确规定了实际的关系，实际的效应；说它们不完全，是因为它们对事实上代表了利润确定实际过程的条件进行了不适当的理论概括。

原因不可知论模型是对所有对利润确定有影响的因素的简单罗列。图 3.1 实际上是最低抽象水平上的一个因果图示，在这种水平上是不可能按任何系统的确定结构对原因做出排序的。在这种情况下所能做到的只是列举出各种有效应的不同“因素”。

斯拉法学派对利润的看法要比以上那种简单的描述性模型高出一筹。它在中等抽象水平上规定了利润水平的确定过程。在给定了反映在剩余劳动水平上的由基本阶级关系结构和阶级力量对比所决定的对利润的基本限制之后，斯拉法模型提供了利润的选择确定过程。如果研究利润问题的兴趣仅限于计算出利润，则这里的抽象水平就足够了。和在任何因果关系中一样，仅仅基于对所有的选择过程所做的分析，就有可能完全预见到所产生的结果。①

然而，对结果的完整社会解释要求理解结构性限制的社会决定因素，而这又要求进入更高的抽象层次。马克思主义的利润确定模型在分析剩余劳动与利润的关系时恰恰就是这么做的。这种分析在两个关键方面要比斯拉法模型深入一步。首先，它规定了斯拉法学说的选择过程在其中起作用的结构性限制条件；用斯拉法学派的理论能够精确地计算特定的利润水平，而马克思主义理论进而解释了这些利润的社会可能性。其次，马克思主义观点认

① 说明这个看法的一种简单方式是将（政治）多元论和对资本主义国家的马克思主义分析做一比较。有关选举政治的多元结构理论可能能够十分精确地预见到特定的选举结果，美国国会中相互竞争的“利益集团”结成联盟的方式，以及某项给定的法案获得通过的可能性。作为一种政治理论的多元结构论（至少是它的高级形式）事实上可以对国家的政策产生的选择过程做出内容丰富的判断。但是，一旦要它提供一种能够确定立法机构所考虑的可能政策的范围或选举中可能候选人范围的限定过程理论，它就变得完全无能为力了。而马克思主义有关国家阶级特点的理论，恰恰是关于这种限定过程的。如果所要求的只是预见（计算）某一立法机构会采纳哪一种政策，则多元结构理论对完成这样的任务是绰绰有余的；但是如果要对结果进行解释，则必须具有一种限定性理论，而这正是马克思主义关于国家的理论所完成的任务。

为它的关于利润确定问题的分析不过是范围更大的有关社会关系和确定因素的理论的一个组成部分，其中利润本身不仅是结果，而且也是原因。

这样一个更为深广的理论要优于原因不可知论和斯拉法派的理论。它使我们不仅仅限于对现存社会做出简单的正面描述，而是发展出了一种能揭示其之所以如此的重要社会学说。由此看来，对作为一种确定方式的结构性限制所做的分析是非常重要的，因为正是由于掌握了在一种给定的社会结构中对各种可能性的限制条件，我们才能开始科学地理解由于社会结构本身的改变所形成的可能性的变化。

必须强调，对原因不可知论和斯拉法模型所做的这些论断，都基于马克思主义的观点是正确的这样一个前提。从卡特勒等人提出的原因不可知论的观点看来，马克思主义和斯拉法派的理论关于给各种原因排出轻重次序的做法完全是主观武断的。特别是，卡特勒等人认为马克思主义把剩余劳动放在中心地位纯粹是出于一种意识形态上的考虑。他们认为在分析中之所以要引进剩余劳动这一范畴，无非是由于它对把资本主义作为一种剥削制度来分析是必要的；但是他们坚持认为，没有任何科学基础说剥削或剩余劳动对包括利润在内的任何产出有着特殊明显的影响。因此，确实没有理由把这些因素抬高到“根本性的”确定因素的地位。

同样地，拥护斯拉法框架的人也会提出反驳。他们会说，由于“确定”和“计算”是同一的，并且由于数学的思维实验表明完全依据生产的技术条件和实际工资就可以计算出利润，所以在利润确定模型中剩余劳动不能起任何作用。而由于在计算过程中的冗余就意味着在客观上没有实际的作用，因此“结构性限制”的提法完全是不相干的玄学空谈。

如果接受了原因不可知论或者斯拉法学派观点的方法论，则剩余劳动或剩余价值不是被看作许多原因之一(第一种观点)就是被当作不相干的范畴(第二种观点)。但是，如果我们否定了这些方法论本身，并且证明了不但各种确定原因以系统的方式组合起来而且某些原因建立限定范围，其他原因在这些限制范围内起作用，则我们就有可能重申剩余价值所起的关键作用。

这里，我不打算抽象地辩论有关方法论原则的问题，而是转向以上几种模型的经验研究基础。因为归根结底，在社会科学中为某种特殊的方法论或认识论立场所进行的辩护是否具有说服力，很大程度上取决于它能否推动研究的深入，以及对研究中所触及的社会过程有多大的解释能力。

对社会研究的含义

理论框架以四种基本方式与经验研究紧密结合在一起。

(1)问题。理论确定了在经验调查中所可能提到的问题范围。正如阿尔萨瑟强调的那样，这意味着一个既积极又消极的结论：在一给定的理论框架之内，总会有某些“没法问的”问题存在。这样说，绝不是暗示只要了解了理论框架的范围我们就会确切知道会提出哪些问题。理论限定了问题，但在一给定理论内存在许多可能的问题。

(2)概念。理论也提供用于回答某一给定问题的概念范畴。

它们确定了潜在的用于解释问题或者用以形成特定假说的概念的范围。概念总是在理论中产生的;这些观念绝不会产生于某种理论之外的认识过程。因此,不同的理论框架不仅仅限定了我们所发问的问题,而且限定了我们用于塑造答案的概念范畴。

(3)期望。对某一给定问题,理论也包含有对不同的可能答案的不同期望。很明显,如果只有一种可能的答案,则研究工作就完全没有必要。经验研究的重要性恰恰在于,事实上使用给定的概念工具对于某一特定问题一般总是存在多种可能的答案。理论一般先赋予不同的答案以不同的期望,然后经验研究工作达到对机制或过程的确切理解从而选定某种可解的解答。

(4)答案。依据一种理论框架提出问题,又根据特殊的概念得出特殊的一组期望,从而在理论中又逐渐产生出一组已知的答案;这些答案通过各种经验检验构成了一组实质性的论断并在理论中建起知识的实体。理论本身正是通过这种研究探索而得到扩展。当然这样一些答案并不是固定不变的,而是随着新的调查研究的进展不断得到修正。正如人们常说的那样,某种答案是否为“真”并无最后的保证,有的只是用以判断互相冲突的答案中哪个更有说服力的方法。

所有以上讲到的各点都处于不停的变化过程之中。未料到的答案会提出新的问题(用库恩的话来讲就是破格);为探究新的问题会产生新的概念;依据概念上的突破而形成新的期望。理论与研究之间的关系不是静止不变的,理论与实践之间的关系更是如此。

在下面的讨论中我将集中讨论第一个方面,即理论结构确定有关问题范围的方式。从各方面来讲，这都是带有决定意义的，因为采纳特定的概念或是确定不同的期望的范围都要受到研究的特定目标的制约。在任何情况下，矛盾的焦点都集中在所提的问题上，因此我们的焦点也放在这个方面。

原因不可知论模型

原因不可知论利润确定模型源于这样一个前提，即利润的存在及其数量大小具有多重的相关必要条件。随后要做的是通过理论论证列举出这样的必要条件，通过经验研究确定这些条件对利润的实际确定的相对重要程度。

不可知论者可能问到的带有一般性的关键问题之一是：在什么样的条件下因素 A 或因素 B 对确定利润相对更重要一些。例如，可以证明说农业的机械化程度越高，则农业部门产生的利润随天气状况而变的程度就越小。机械化程度和天气状况都是与利润相关的因素，但是前者的发展减弱了后者的有效程度。另一个例子涉及科学知识和利润之间的关系。卡特勒等人认为，随着时间的推移，直接的活劳动在生产的总成本中所占比例会越来越小，而科学知识对利润确定的作用可能会增大。[①]

所有此类问题都涉及研究和了解在一因果过程中不同因素的相对权重。因为不可能存在对各种原因做出的合乎逻辑的排序，所以研究工作的唯一任务只能是依据经验确定它们的相对重要性，同时认识到使相对重要性本身发生变化的条件。

---

① 见卡特勒等：《马克思的〈资本论〉与当代资本主义》，第一卷，第 43—44 页。

这样一种研究路线很可能会为利润变化的各种主要因素做出内容丰富的描述。卡特勒等人提出，研究的成果之一会是对作为一个整体的生产过程（而不仅是对作为生产过程一个方面的劳动过程）做出系统的考虑，并且厘清不同的整体过程与利润的不同水平及分配形式之间的关系。

然而，这种研究不能说明变化着的原因怎么产生其结果。坚持不可知论的立场是无法发展出一种有关利润产生的机制的理论的，因为它拒绝承认存在着对确定因素加以结构化排序的可能性。说整个过程本身就是"机制"，无异于说利润是一切涉及利润的因素的总结果，但这并不能揭示产生这种结果的内在逻辑。

斯拉法和马克思主义的利润确定模型的共同之处就在于这两者的研究都是围绕着机制问题进行的。

斯拉法模型

斯拉法模型的核心，是认为生产的社会技术条件和实际工资构成确定利润的实际机制。因此，有关这两个过程的确定因素的经验研究，无非是为了了解这个确定利润的机制在现实世界上是如何运行的，即它在把当事人的决策、天气，或社会冲突的政治条件等因素转化为一种特殊的结果即利润的过程中所起的作用。

从这个模型中产生的中心问题是：什么是确定实际工资和生产技术条件的因素？这个问题立即导致了经验研究的两个总的目标：挣工资的劳动者和资本家的市场力量的决定因素，以及技术变化。头一个问题涉及对诸如以下一些方面的研究：工团主义对工人的集体谈判力量的影响；垄断集中对资本的相对力量的作用；国家，特别是福利国家在对劳动力和资本市场的冲突进行调节以及保障工人所得的一定数量的实际工资等方面所起的作用；或者帝国主义在使这些帝国主义国家的工人有可能得到较高实际工资方面所扮演的角色。所有这类问题的经验研究都有助于对具体确定实际工资的过程的理解。

对技术变化的研究，在斯拉法利润确定模型中具有同样的重要性。对这个问题的研究涉及诸如以下一些方面：技术变化中竞争的作用；变化的市场条件（包括实际工资的变化）与技术发明之间的关系；技术变化中在劳动过程内部的社会冲突中所起的作用，等等。

总起来讲，所有这些因素构成了实际利润的广义社会决定因素。在斯拉法理论框架之中的狭义利润确定理论进而提供了一种结构化的机制，从而把这些决定因素和所产生的结果联系了起来。

马克思主义模型

所有由斯拉法利润确定模型产生的问题，在马克思主义理论框架中同样会发生，因为在某种意义上斯拉法模型包含在马克思主义的模型之中。两个模型的不同之处，集中在对阶级斗争的影响问题所做的不同处理。

斯拉法模型和马克思主义模型一样，认为在实际工资的确定过程里市场中的阶级斗争起着关键性作用。实际工资的确定可以被想象为挣取工资的人和资本家之间进行的一场得失相等的斗争，工人的每一点所得，至少在短期中都是资本所失（要从利润里扣掉）；因此劳动与资本之间的市场冲突是二者关系的固有特点。

但是，在生产中，在劳动过程本身里，阶级斗争又起着什么样的作用？按照斯拉法理论，劳动过程的社会冲突不过是对生产的技术条件产生的众多影响之一。由于生产的技术条件中的劳动方面从理论上讲并不对生产的社会技术条件有突出的作用，所以劳动过程中的社会斗争也就不具有压倒一切的重要意义。通过认真分析有可能表明这种斗争是重要的，但是对于一个斯拉法学派的理论家来讲，并没有特别的理由使他更注重研究确定生产的社会技术条件的这个因素而放松其他。

对马克思主义理论来说，情况就大不一样了。因为剩余价值被视为确定利润的绝对界限，所以立刻就会产生要研究的中心问题：影响付出剩余劳动的数量的社会过程是什么？一方面和在斯拉法理论中的情形一样，这个问题把我们的注意力引向那些确定实际工资的过程；另一方面又和斯拉法理论不同，马克思主义模型同时又引导我们努力研究和剩余劳动密切有关的生产的社会技术条件的变换。正是因为如此，马克思主义的生产分析总是围绕着对劳动过程的分析进行，而不单纯是生产的技术投入产出矩阵。

在研究劳动过程时马克思主义者所问的与他人不同的问题都集中在劳动过程和所付剩余劳动的关系上：在劳动过程中技术变化以何种方式与对劳动的控制的斗争密切联系在一起？① 生产过程中变化着的技能结构与从劳动阶级身上榨取剩余价值的问题之

① 参见戴维·诺布尔的“机器设计的社会选择”，以及M.伯拉沃伊的“有关劳动过程的马克思主义理论”，两篇文章均载于《政治与社会》杂志关于劳动过程问题的特刊，卷8，第3—4期，1978年。

间是什么样的关系？[1] 生产中进行社会控制的迫切需要是否意味着不同类型的被雇用者付出的是不同数量的剩余劳动？[2]

初看起来似乎马克思主义和斯拉法派之间的观点分歧并不那么大。毕竟从原则上讲上面的那些问题由持斯拉法观点的人提出来也是可能的，尽管它们在斯拉法理论中不起中心作用。伊恩·斯蒂德曼认为马克思主义的所有有关劳动过程的基本问题都和斯拉法派关于利润确定的观点相容，可以肯定他坚持的就是这种意见。

然而深入一步观察就会发现，在马克思主义中剩余劳动所起的中心作用，使它产生了与斯拉法派的分析相区别的某些根本不同点。特别是在两个理论框架中"阶级"和"阶级斗争"这两个概念的含义是不同的。在斯拉法理论里，只有在确定实际工资的问题上各阶级才系统地发挥作用；而在阶级斗争中敌手之间的分野仅取决于它们在市场上所处的位置。按照这种观点所有挣工资的人都成为工人阶级的一部分，因为所有挣工资者的收入统统意味着利润的减少。因此，斯拉法派关于利润确定问题的观点更接近于韦伯对阶级和阶级斗争的定义而不是马克思主义。

① 哈里·布雷弗曼：《劳动与垄断资本》，纽约，1974 年。其中有关于劳动的退化与剥削之间关系的讨论。

② 要了解有关收入确定和生产的社会关系问题的讨论，可参见 E. O. 赖特和卢卡·佩龙合写的"马克思主义的阶级范畴和收入的不平等"一文，《美国社会学评论》(42:1)，1977 年；E. O. 赖特："种族，阶级的不平等"，《美国社会学学报》，1978 年 5 月号，以及《阶级结构和收入确定》，纽约，1979 年；还可参见克里斯琴·鲍蒂洛和罗杰·埃斯塔布利及雅克·马利莫特：《法国小资产阶级》，巴黎，1976 年。他们在研究挣工资的人中的不同的特权阶层时，特别注意揭示价值关系。

按照马克思主义理论，阶级的概念与剩余劳动密切联系在一起。阶级是由生产的社会关系而不是从根本上由市场关系所确定的。在社会生产关系中，对剩余劳动的控制是一个特别突出的方面。事实上，并不是所有挣工资者都属于劳动阶级，因为并不是所有的挣工资者都被排除在对剩余劳动的控制之外。[①] 生产过程中的阶级斗争是由阶级关系决定的；而阶级关系又是由劳动过程中占主导地位的社会关系确定的。马克思主义和斯拉法派的理论家都看到了阶级斗争对技术变化的影响，但是他们用以从事研究工作的概念内涵是不同的。

当然还会有另外的选择。某个理论家可以从马克思主义出发进行阶级分析，同时又借助斯拉法的理论框架从事技术经济分析。事实上斯蒂德曼采取的就是类似的做法。这种折中主义态度好处是在研究时可借名家之长，但其坏处是会形成一个内部杂乱无章的大杂烩。既然在斯拉法理论中剩余劳动并不具有特殊地位，那就很难认识到为什么由社会生产关系所确定的阶级应该在理论内部或理论的实践应用起到特殊的作用。

经过进一步完善的马克思主义利润确定模型的优点，在于它一方面吸取了斯拉法学派方法的预见能力，另一方面又坚持了在解释利润时始终围绕着剩余劳动这个理论中心展开。因此，在这个模型里为依据生产关系形成阶级的概念并依据实际工资和生产的技术条件对具体利润确定问题进行经验研究同时奠定了基础。

---

① 见赖特的《阶级、危机和国家》(第二章)以及在威斯康星大学发表的“关于阶级结构的不同概念”一文。这些著述详细讨论了工人阶级的定义，以及生产过程中在对剩余劳动的控制问题上的主宰与屈从的关系。

例子：价值和劳动过程

近年来对劳动过程已做了大量的和扎实的经验研究，焦点是资本主义发展过程里劳动过程的历史演变以及当代资本主义劳动过程的不同形式。尽管在大多数这类研究工作中都涉及了劳动价值论，但是很少明确地将它和对问题的理论分析工作结合起来。这里我想做的是证明劳动价值论能够直接指导对劳动过程及其对抗和变化的研究。

为了把劳动价值论与对劳动过程的研究联系起来，把工作日系统地分解为许多组成部分是有帮助的。对马克思主义理论来说这是一个熟悉的任务，因为“必要劳动”（直接生产者自身再生产所需要的劳动）与“剩余劳动”之间的分野不言而喻地被理解为将工作日的全部工作小时数加以分割。但是为了便于分析劳动过程，我们可以在工作日中做进一步的区分。图 3.7 对区分的方法做了图解说明。

从此图的底部开始，各分量的意义如下。

（1）生理上的最低必要劳动。这是为了在最低生存水平上仅仅再生产直接生产者所需的劳动时间。除了极个别的例外，在发达的资本主义国家中工人的实际工资都要高于这个水平。

（2）历史的和道德的分量。超越生理上最低限度的劳动，存在着一个马克思称为“历史的和道德的”工资成分。它是由一个一般的工人（具有平均技术水平）用以生产他在满足其最低生存需要之外又得到的消费资料的那部分工作日所构成的分量。

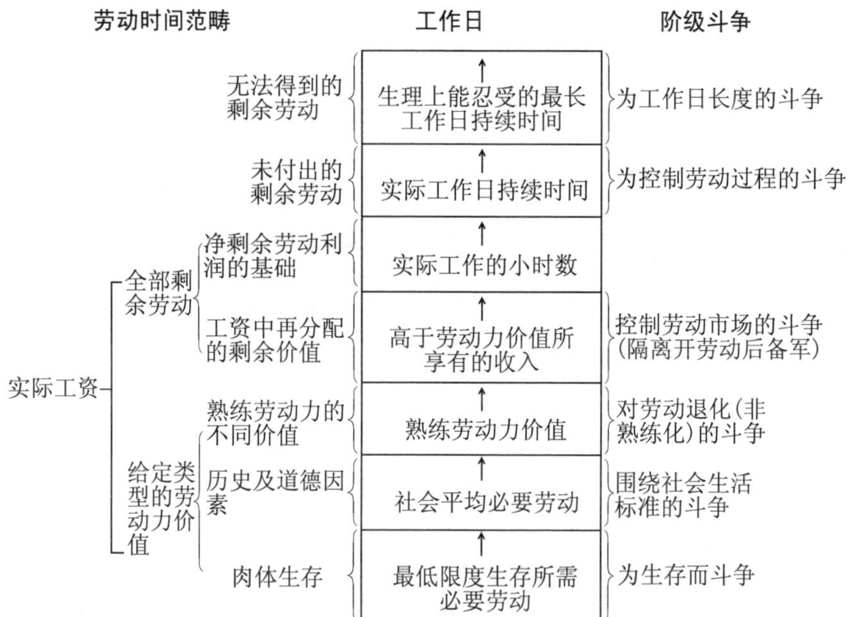

图 3.7　把工作日分解为价值分量

合在一起,上面两种分量的总和构成了劳动力的社会平均价值。

(3)熟练劳动力的价值差别。并不是所有的工人都具有社会平均的熟练程度。因为技术熟练水平本身需要一定的劳动时间来产生和再产生,因此工作日中必须还有一部分来对应熟练劳动力的附加价值。

因此,不同类型的劳动力的价值,是以上三部分工作日分量之和。这些合起来就构成马克思所提出的"必要劳动"。[①]

① 注意:在很多情况下第三个分量显得微不足道或者干脆为零,所以必要劳动只是由前二部分所构成。

(4)再分配的剩余价值。某些被雇用者(有些是工人,但主要是诸如经理等不属于工人阶级的为工资而工作的人)获得长期高于其劳动力价值的收入。也就是说,他们的工资不反映产生或再产生他们的超过社会平均劳动力的技术水平的成本。除此之外,在他们的工资中还多出一块再分配来的剩余价值。这种再分配可能来自对劳动力市场的不同种类的控制,这些控制限制人们得到某一特殊行业的工作,从而迫使雇主付出高于在一竞争性的劳动力市场上应该付的工资;或者再分配可能来自下面一种局面,即由于这些人在生产过程本身所处的权力位置(如经理人员),他们具有能够占有部分剩余价值的地位。不管在哪种情况下,这个分量都构成了包含在工资中的"收入特权"。①

以上四种分量之总和,构成了实际工资。

(5)净剩余劳动(价值)。这是在前四个分量之外的劳动小时中付出的劳动。如果在事实上工资中包含有特权收入分量的话,净剩余劳动会小于总剩余劳动。净剩余劳动是直接构成资本家的利润的基础的那一部分工作日分量。资本家阶级的首要目标就是

① 注意很多马克思主义者会否认工作日中这个分量的存在。常常提出的反对意见认为由于在某个特定市场上的特权所造成的工资差别应被看作是某种特殊类型的工资中的"历史和道德"的分量。按这种说法,医生们仅仅通过他们的斗争形式就"赢"得了比手工工人要高得多的"社会道德的"生活标准。我感到这种理解问题的方式没有说服力。就像在市场取得垄断地位的资本家能够使价格系统地高于所生产的商品的价值一样,在市场或生产中具有特殊地位的各类挣工资的劳动者能够以增加了的工资的形式获取某种"垄断租金",或者说他们获得了高于劳动力价值的劳动力价格。当然,对大多数工人来说,工资的这个部分是微乎其微的。但是对某些岗位如经理和总裁董事等,这一部分就相当巨大。参见鲍蒂洛等人的《法国小资产阶级》,以及赖特的《阶级结构和收入确定》,其中都对工资的这个分量进行了讨论。

通过不同的方式减少图中的其他分量而扩大这一部分分量。

(6)未付出的剩余劳动。一般说工人并不是在所有被雇时间内都付出劳动。由于形形色色的原因,有大量的时间被“浪费”掉了(从资本家的观点来看)。工作日的长度与实际付出的劳动量之差可被称之为未付出的潜在的剩余劳动。

(7)不可得到的剩余劳动。在给定特殊的劳动力价值的情况下,从技术上讲可能具有的最大剩余劳动量由工作日的生理上能够承受的最大长度来代表。除极少的情况之外,实际的工作日要比这短得多。二者之差构成了历史地不可得到的剩余劳动数量。

多种多样的经济中的阶级斗争形式可用与工作日的不同分量密切联系着的不同斗争来解释。尽管对这些斗争形式的研究至今还没有明确地以这里讲的整个内容为出发点,但是很多对劳动过程和阶级斗争问题进行的经验研究实质上都是以对工作日的这种分解为基础的。

或许最为明显的是,围绕工作日长短问题进行的阶级斗争直接对历史地不可得到的剩余劳动产生影响。这种斗争在 19 世纪特别突出,它在今天的延续表现在围绕反对强制性加班和要求每周工作 34 小时所进行的斗争。

围绕对劳动过程的控制而进行的斗争决定未被付出的潜在剩余劳动的数量。当前对劳动过程的研究大多集中在这个问题上。布雷弗曼有关“出主意”和“动手干”两者逐渐分离问题的讨论,说到底是论证了这样一个论点:工人丧失了控制劳动过程的能力,相反资本倒增加了确保劳动力进入劳动过程的能力(即未被付出的剩余劳动量在减少)。[①] 伯拉沃伊对机床生产中劳动过程的杰出研究也集中于这一课题。[②] 他认为在生产中资本要对付的关键问题是既要“确保”,又要“掩盖”剩余。所谓确保剩余,目前的情况下就是最大限度地减少未付出的剩余劳动。伯拉沃伊认为在他所调查的垄断公司内部,为实现确保剩余而进行控制的形式已经有了根本性的变化。他认为这种变化的特点是从工作现场的专制性的具有统一目标的组织向着和谐的具有统一目标的组织形式转变。对于前者,主要通过监督和纪律来确保剩余;对于后者来说,此目标是通过使工人在劳动过程中进行一场结构复杂的“比赛”来实现的;之所以将其称为“比赛”,是因为这里面包含着一组可被资方接受的能使未被付出的劳动处于相当低的水平的规则和筹划。

还有理查德·爱德华兹对管理控制形式的研究也是围绕有关工作日中的这个分量的问题展开的。他在简单控制、技术控制以及行政控制之间做了划分,目的是为了弄清使生产过程中的未被付出的剩余劳动减少的不同机制。[③]

由再分配的剩余价值代表的那部分工作日,在某种意义上是最复杂的一个问题。概括地说,围绕对劳动市场的控制而进行的斗争,对此具有决定性的影响。凡是领取工资者有能力对某一类职业的劳动力供给施加系统地限制的地方,实际工资一般都要高于劳动力价值,原因是劳动力价格不能达到“竞争平衡”。在垄断

① 布雷弗曼:《劳动与垄断资本》。

② M.伯拉沃伊,“有关劳动过程的马克思主义理论”,载于《政治与社会》,1978年8月号,第3—1;以及《生产的一致》,芝加哥,1979年。

③ R.C.爱德华兹:《被争夺的地盘》,纽约,1979年。

资本主义条件下，发展出了一种形式复杂的内部劳动力市场，即在公司内部进行提升和招募，从而某些岗位几乎完全和一般的劳动力市场相隔离(当然也就与劳动后备军无关)。这种情况也直接影响到工作日的这个分量。[①]

除了限制劳动市场的上述动态过程之外，还有一个在工资中加进再分配的剩余价值的机制在起作用，对当代资本主义这个机制尤其重要。工资不应仅仅被看作为在交换关系中得以实现的对劳动力的生产成本的补偿，它也可能成为在生产中进行社会控制的手段的一个构成因素。为了对生产过程中某些我在其他地方曾将其描绘为“阶级关系中的矛盾交叉点”的职务的作用进行分析，[②]理解工资的这一作用特别重要。例如经理就是工人阶级和资本家阶级之间的矛盾交叉点。经理一方面直接隶属于资本家，另一方面又统治工人。他们在生产过程中是有一定的实权的；尽管这是被代表的权力，但毕竟是权力。由经理代行权力会对资本产生某些问题，其中特别是如何使经理能够负责地并创造性地代行这种权力。仅靠高压手段促使经理顺从公司的既定方针是不够的，对他们的负责行为加以激励也非常重要。作为一种爬坡性质的有诱惑力的东西，收入多少对于诱导出这样一种行为是关键因素。根据图3.7所列，这就意味着在经理们的工资中包含着一部分超出再生产出他们的劳动力(即产生和再产生其技能)的成本的

① 有关被分割的劳动力市场和内部劳动力市场的讨论，可参见R.O.爱德华兹、M.赖克和D.M.戈登：《劳动市场的瓜分》，莱辛敦，1975年；以及P.多林格和M.皮奥里：《内部劳动市场和人力分析》，莱辛敦，1971年。

② 见《阶级、危机和国家》，第二章。

东西，正是这种东西反映出了他们处于阶级关系中矛盾交叉点的位置和处境。

鲍蒂洛等人有关法国新兴小资产阶级的著作试图对不同位置的工资中的这种分量的数量进行测度。① 他们的方法是把熟练工人当作社会标准参照物，然后通过估算训练费用、再训练费用以至再生产或恢复“精神”能量的游乐费用来使不同职业所需的额外技能的生产再生产成本货币化。（为了避免被指责低估了处于这些特殊岗位上的劳动力价值，他们把再生产出下一代的这种岗位的继承人的费用也包括了进来。）因此，他们的估算结果代表了经理和专业技术人员的工资中再分配的剩余价值这个部分的下限。这个研究表明，对高层管理人员来讲其平均工资的55%是超出他们劳动力价值的部分；对中层管理人员来讲这个数字是43%，而对一般技术人员是27%。

我自己对阶级结构和收入确定问题的研究使用了不同的方法来确定管理人员工资中这个分量的数量。通过使用多元回归分析的统计方法，有可能对具有近乎相等的劳动力价值的工人和管理人员进行比较，同时看是否他们的期望收入仍然有所不同（此处管理人员的含义是有下属人员的拿工资的雇员，他们对其下属的收入或提升有发言权）。② 这个方法的应用结果表明：男性管理人员期待年收入要比具有相同劳动力价值的男性工人高出3200美元，这个数目约占管理人员收入的20%。除此之外，随着劳动力价值

① 鲍蒂洛等：《法国小资产阶级》。

② 见赖特：《阶级结构和收入确定》，以及赖特与佩龙合写的“马克思主义的阶级范畴与收入不平等”，《美国社会学学报》，1978年5月号。

的增加这种收入差别也进一步扩大。用更为通用的马克思主义术语来表达，就是与工人相比较，对管理人员的剥削率随着劳动力价值的递增而递减。

对再分配的剩余价值的研究中还有一个问题，就是某种特定的职业受到劳动后备军的压力的程度。通过限制人们去取得录用，或者限制在职务上的提升，或者通过生产关系中矛盾交叉点的作用，某些职业岗位系统地避开了劳动后备军的压力，并使劳动力价格和劳动力价值相等的可能性减少了。在某些情况下，事实上造成了二者之间的稳定的、或多或少永久性的分离。

对劳动退化，即以不同的方式使技术熟练程度丧失掉的斗争，直接影响到熟练劳动力的价值差别。在当代资本主义条件下，由工资中的上述分量而引起的对抗的最普遍的形式，是围绕冗余的职位（即“闲职”）所进行的经济斗争。

最后，围绕工资中历史的道德的分量所进行的斗争，代表了围绕工人阶级的基本社会平均生活水平而进行的斗争。在当代资本主义条件下这种斗争越来越多地通过国务活动来进行，表现形式为对社会福利、社会保险、医疗保障的需求。这个工资分量也可能和有关帝国主义的问题搅在一起。由于历史的原因，在世界资本主义体系中帝国主义的中心国家所处的地位，使它们的统治阶级在缓解围绕这个工资分量发生的冲突方面有相当大的活动余地。在这些国家中工资中的社会道德分量能够有一定程度的增长，因为这可以通过从第三世界国家转移过来的剩余价值加以弥补。目前在美国和西欧这个工资分量的紧缩，除了这些帝国主义中心国家自身的财政危机的原因之外，至少部分地是由于第三世界的阶级斗争使得帝国主义统治瓦解所造成的后果。

结 论

从本文论述中可得出四个基本结论:

第一,进一步完善了的马克思主义利润确定模型在形式上包括斯拉法的和原因不可知论的利润理论的大部分内容,后两者中正确的看法与前者相一致。在马克思主义理论框架中,剩余劳动(剩余价值)是利润确定的基本限定因素,而技术条件和实际工资具有选择作用,如图 3.6 所示。

第二,不仅这三种模型大体相容,而且如果把斯拉法的和原因不可知的模型看作利润确定过程在较低抽象层次上的表示的话,则我们实质上能够把后两者归并到马克思主义的模型中去。在由马克思主义模型规定的限定过程中,斯拉法模型确定了利润选择机制;而在由斯拉法模型规定的选择机制中,原因不可知模型确定了具体的利润确定因素的范围。后两个模型的不正确之处并不在于它们表示实际过程的做法,而是它们以不同的方式否认存在着可以确定这些过程的更高抽象层次。

第三,马克思主义模型在交换和生产的高度为我们提供了一种把阶级斗争与利润确定结合起来的系统方法。在这样做的时候,它始终坚持的是依据社会生产关系对阶级做出的定义。依据对阶级的这种理解,我们也可以用斯拉法模型去分析利润确定问题;但是仅就斯拉法理论本身来说,阶级起不到有机的作用。在没有马克思主义利润确定模型作为前提的情况下,斯拉法理论中的所谓阶级充其量不过是韦伯的“市场阶级”而已。另一方面，如果我们把斯拉法模型看作是在中等抽象层次上马克思主义模型的特殊情况，则在对模型中的各要素进行经验研究时使用马克思主义的阶级概念就不会有什么困难。

最后一点，马克思主义的利润确定模型使我们有可能把对利润问题的特殊分析纳入到更广泛的有关结构化限定、选择、转换过程的社会理论中去。在此基础上，模型就超出了对利润的具体确定因素进行正面描述的范围而成为对现存社会各种可能的内在结构进行的批判的一个组成部分。

第四章　反赖特论之一
——劳动和利润

杰弗·霍奇森

从笃信一种典范到笃信另一种典范是一种无法强制实现的自我改变的体验。对这种改变的长期抵制，尤其是当这种抵制是来自那些按照规范科学的较老传统进行过卓有成效的工作的科学家时，并不简单地是违反科学标准的问题，而是表明一种对科学研究本身性质的理解。他们之所以进行抵制是因为他们确信较早的规范会最终解决它所面临的一切问题，也就是说自然界会被整个地纳入这种规范所提供的框架之中。

托马斯·库恩

《科学革命的结构》

20世纪70年代，马克思主义理论家都全神贯注于对几个关键性问题的辩论。[①] 或许其中最引人注意的是围绕价值论进行的

---

① 写作本文时，作者得益于和利奥·帕尼茨进行的讨论以及伊恩·斯蒂德曼对较早手稿所做的评论，在此仅表谢意。当然这最后一稿中的疏漏错误之处均应由我负责。

论争，争论中的一方提出要对在《资本论》一书中确立的理论体系施行大手术。刚开始时讨论的主要还不是接受或是否定劳动价值论的问题，但是随后争论就沿着这个方向展开了。价值论的反对者似乎更有信心和毫不妥协；而它的支持者却分成了好几派，其中既有只知引证的原教旨主义者，也有具有创造精神的高明的价值论的捍卫者。写出“价值论争和社会研究”一文的埃里克·奥林·赖特，可以说是属于后面一个范畴。他思路严密，厌恶原教旨主义者给反对派乱贴标签和动不动就引述神圣不可侵犯的教义的做法，这些都使他的文章在其他有关这个问题的论述中脱颖而出，令人耳目一新。然而，站在对立的立场上看，不免令人想起库恩所做的分析，并且不由的把赖特的文章看作一种高明的却又过时的尝试，即他企图把当今资本主义的现实纳入劳动价值论的陈旧框架之中。

赖特对利润确定理论所做的调查

赖特讨论了对利润和价格是如何确定的这一问题的三种看法。为了便于阐述及其他一些原因，他把焦点放在利润水平这一中心问题上。赖特将其称为“原因不可知论”的关于利润确定的第一种看法，可以卡特勒等人所著的《马克思的〈资本论〉与当代资本主义》一书为代表。他认为这种理论观点很贫乏，因为它无法辨别出哪些原因在决定利润水平时比其他原因更为重要。没有任何一种原因或一组原因在分析利润问题时具有独特的地位，例如天气状况和阶级斗争的形势对我们了解利润确定过程都起着同样的作用。赖特在他的文章中用图 3.1 对这种理论观点做了形象的表示。

赖特下一步对斯拉法学派对利润理论所做的贡献进行了估价。这种观点发端于斯拉法的著作《用商品生产商品》,斯蒂德曼在《按照斯拉法思想研究马克思》一书中做了进一步的讨论,并对这个观点进行了提炼。按斯蒂德曼的理论框架,的确存在着许许多多确定实际工资以及生产的社会技术条件的因素;在大多数要素起作用的过程中,也包括阶级斗争这一因素。然而,一旦所有这些因素起到了各自的作用之后,是由生产的社会技术条件和实际工资这两者单独确定系统中的利润率。后两者是确定利润的最直接的原因。其他原因,例如阶级斗争,在利润确定的动态过程之中仍然起着关键性的作用;但是这类原因对利润的作用只有通过它们对实际工资和社会技术条件的作用才得以体现。赖特用图 3.2 显示了这种观点。

赖特对斯拉法观点所进行的初步批判,包括对计算推导过程和因果过程之间的差别的某些很中肯的论述。即使生产的社会技术条件和实际工资对计算系统的利润率来说是充分条件,赖特认为这也不必然意味着它们就是利润率水平的充分原因,这也就是说,有可能存在着利润水平的其他原因;这些原因尽管在计算利润时是冗余的,却在现实世界上起着现实原因的全部作用。

赖特进而对早先的马克思主义对利润确定问题的观点进行了讨论,他指出:“传统的马克思主义在这个问题上的观点和斯拉法学派的看法是一致的,即认为要把确定利润的多种因素加以归类,组成一个有序的决定因素的结构。但不同的是马克思主义在这样一个决定因素的结构模型中把剩余劳动(以剩余价值的形式)放在首位。按照马克思主义的理论,实际工资和生产的技术条件通过对产生剩余价值的影响,间接地影响利润。其他使利润变化的原因就更为间接了,例如天气情况首先影响的是社会技术条件和实际工资,这两者反过来又通过对剩余价值的作用而影响到利润。”他在图 3.3 中展示了这个基本模型。

与很多参加有关价值论辩论的人不同,赖特承认在传统的有关利润确定问题的马克思主义理论中存在着致命的缺陷。他同意在斯拉法学派的分析基础上已经表明:在全部剩余价值量不变的条件下,有可能改变利润总量,或许还有利润率。这个证明部分地基于有关选择生产技术问题的考虑,森岛等人已经就此进行过讨论。[①] 因此,不能把剩余价值作为利润最直接的原因。必须对马克思主义理论中的有关利润确定问题的传统看法加以彻底改造,或者加以抛弃。

赖特对利润确定问题的看法

赖特选择的是重新改造马克思主义价值论而不是从根本上将其抛弃。他所提出的改进,关键在于引进一种更为复杂而又更为松散的关于因果过程的观念,其中理论里的各要素之间具有不同种类的因果关系。对他的直接目的来讲,为了建立他的改造过的马克思主义价值论的第一级近似,赖特定义了两种不同的因果过

① 道雄森岛:《马克思经济学》,伦敦,1973 年。

程，或“确定方式”：“1.结构性限制，即一种结构或要素对另外一种结构或要素的可能变化系统地加以限定。在这些限制条件之内，可以有不同的结果，但是限制本身是确定的。2.从一定范围内的受到结构性限定的可能结果中选择特定的结果。在某种意义上，这是一种在限制之中进一步限定的确定方式。取决于所研究的特殊过程的性质，有可能会有几种互相交叉的选择过程叠加在一起。”

“重新改造”的过程正是依据这些相互区分的确定方式。实际工资和社会技术条件“选择”利润水平，而剩余价值则对利润水平的变化范围加以“结构性限制”。反过来，实际工资又“选择”剩余价值，而剩余价值又为社会技术条件所“限制”。赖特的这种简化的马克思主义理论观点如本文图4.1所示（这是赖特文章中图3.1的复制）。

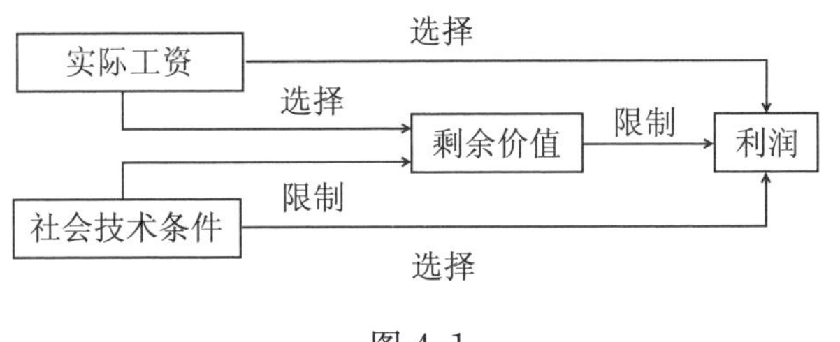

图 4.1

这样，赖特就提出了一个涉及剩余价值、实际工资、技术条件和利润“相互依赖”的模型：“剩余价值对利润可能的变动范围确立了根本性的限制。剩余价值量一旦给定，利润的可能数量就有一个绝对上限。如果剩余价值为零，则不会有任何利润；随着剩余价值量的增加，可能的最大利润量也单调上升。而在这些限制范围之内，生产的社会技术条件和实际工资对利润产生选择效应。”（在做出这个论断时，赖特间接地暗引了森岛所提出的“基本的马克思主义定律”：如果，且仅仅如果森岛定义的剩余价值是正的，则利润率为正。① 这样赖特就承认了在凝聚劳动和剩余价值的一般定义中存在着不确定性的问题，并且把他的理论观点放在森岛的定义基础上，按照这种定义，即使在联合生产的情况下也不会给出负的价值量。）

因此，按照赖特的说法，对任一给定的剩余价值量都存在着所产生的利润的上限和下限：“所以，剩余价值量解释了哪种范围内的利润水平是不可能达到的；而生产的社会技术条件和实际工资解释或‘预见’了在许多可能的利润水平中实际产生的是哪个水平。”

其后，赖特进一步把他的简化的马克思主义模型归纳进一种更为复杂的关于利润确定问题的理论观点。在这样做时，他引进两种新的确定方式，并且结合考虑了以不同的方式影响到社会技术条件和实际工资的各种原因；他同时也指明了利润对系统内其他要素所产生的效应。赖特用他的文章中的图 3.6，表示了这个“复杂近似”的模型。

观察这些不同的图形，其图 3.4 中的简化的“第一级近似”可包含在图 3.6 的“复杂近似”之中，两者并无矛盾。另一方面，图 3.3 表示的传统马克思主义观点则和图 3.4 及图 3.6 的模型不

① 见森岛的文章“依据现代经济理论评判的马克思”，《计量经济学》，第 42 卷，1974 年，第 611—632 页，以及森岛与 G.卡特福里斯：《价值、剥削及增长》，伦敦，1978 年。

一致。

把我们对赖特文章的批判集中于他的图 3.4 中的简化模型，既是必要的又很方便，因为一旦发现了它的问题，则此问题也会同样存在于图 3.6 的模型之中。在批判赖特的同时，我们必须声明我们承认赖特在他的《阶级、危机和国家》[①]一书中详述的对阶级结构和阶级斗争所做分析的价值和重要意义。既然图 3.4 是赖特企图重新改造马克思主义价值论的核心内容，现在我们就转向对它的批判。

凝聚劳动的任意性

赖特看来曾预料到我们第一轮会发起的进攻是什么，但是他不曾真正估计到它的分量，所以也就不曾设立一条适宜的防线。这个第一轮进攻实际上是基于一个简单的形式观察。在赖特的模型里，剩余劳动被确认为利润的限制性因素。但是，正如他本人意识到的那样，如果任何“生产要素”（或用斯拉法派的术语来说的基本输入）保持不变，则它也限制利润。例如，让我们假定能量是系统的一个输入。能量为大多数商品的生产所需要，也为劳动力本身的生产和再生产所需要。每种商品包括劳动力在内，都将包含一定数量的“凝聚能量”。“剩余能量”将是从能量生产部门注入经济所有其他部门的净数量（正像剩余劳动是在劳动力本身的再生产和起作用之后转移出的净劳动时间一样）。利润以受限于“剩余

① 伦敦，新左派图书公司，1978 年。

价值"一样的方式受限于"剩余能量"。因此,我们可用图 4.2 构造出一个"能量价值论"(和赖特的图 3.4 相对照,我们将其称为图 3.4´)。我并不真的认为这种价值论和劳动价值论应等量齐观,也不是说为解释资本主义制度的内在机制,劳动力不具备特殊的特点需要认识和理解。劳动力的确是重要的独一无二的中心环节。但是,我们必须去证明这种独一无二的中心性,而不是在一开始就赋予它这种特性。在这个阶段里重要的是要了解到:如果我们从系统的任一其他基本输入出发并认为它对利润加以限制,从形式上讲我们不会碰到什么反对意见。赖特在得出他的精心制作的细致的理论观点时,看来多少是被先入之见蒙住了眼睛。

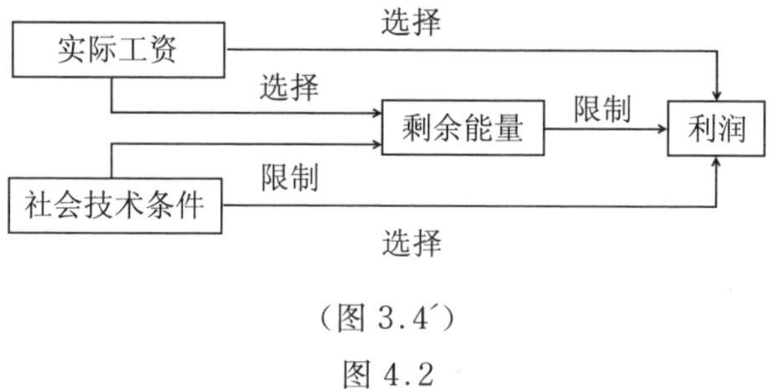

(图 3.4´)

图 4.2

上段所讲的主要论点,可以一种更为严格的方式加以重申。要了解完整的数学证明,读者可以参考布罗迪的书。[①] 维加拉的后续著作对此证明做了进一步的讨论。[②] 布罗迪证明的要点如下:某一资本主义经济的物质投入可以通常的矩阵形式加以表述。增加第 n 列(或行)表示每一部门的劳动投入,同时增加第 n 行

① A.布罗迪:《比例、价格和计划》,阿姆斯特丹,1970 年。

② J.M.维加拉:《政治经济学中的多部门模型》,马德里,1979 年。

(或列)表示实际工资。这些就是这个经济内部的全部投入。这个扩充矩阵的主对角线上的元素均为0,用它(在有联合生产的情况下和此经济的产出数据一起)足以确定价格和利润率。

如果我们希望计算凝聚在每种商品中的劳动量,我们可以拆开第 n 列和第 n 行,留下原来的物质投入矩阵。用此被截短的矩阵和表示劳动投入的矢量,通过众所周知的表达式就可计算出凝聚劳动价值。然而值得注意的是,从形式上讲我们能够对任一行及其相应的列进行同样的处理。例如,假定第54种商品是润滑油。第54列(或行)给出润滑油的投入。用此矢量和对应于它的新的截短的矩阵,使用同一表达式可以计算出"凝聚的润滑油"的数量。

这种形式上的代数运算无非是表明这样一点,即劳动作为价值的来源和尺度的作用,和其他任何商品起的这种作用是无法区分的。任何其他的"来源"同样可用于价格的形式确定。不管我们是从劳动或其他一种因素出发,相对价格体系都保持不变,从形式上讲不存在什么差别。(但是此处我们必须重申这并不意味着在系统中劳动和其他投入之间不存在真正的差别。)

赖特的辩护及落入循环

为了反对可以选择任何投入来提供对利润的"结构性限制"这个论点,赖特对为什么要选择劳动和剩余劳动引入了一些特殊的理由:"把着重点放在剩余劳动上,认为是它限定了利润大小的范围的观点,是对一般的剥削及在资本主义条件下剥削的特殊形式进行阶级分析所得出的结论。如果仅仅针对如何计算利润这个特殊问题而言，并且认为这是利润确定理论的唯一内容的话，则认为把剩余价值选为限制条件的做法是'主观随意'的反对意见是有一定道理的。……但是，如果我们从更广泛的理论角度出发，即依据生产的社会关系去理解阶级和阶级斗争，并且将阶级斗争问题与对通过剩余价值和利润实现的剩余劳动占有的资本主义机制所做的特殊分析联系起来考虑，则选择剩余价值作为限制条件就绝不是主观随意的了。我们之所以要寻求两个允许我们把阶级和利润联系起来的确定利润的模型，是因为我们感兴趣的是理解阶级关系和阶级斗争，而不是脱离开有关的社会决定因素和社会后果仅对利润本身有什么兴趣。从这种意义上说，构造计算利润的模型的特殊方式，在概念上都应附属于使利润具有社会内容的有关社会关系的定性理论。"

在另一处脚注里，赖特用稍微不同的语言重复了同样的意思："……似乎由于马克思主义者主观上持有一套价值观念并对研究剥削问题有兴趣，才认为一种理想状态的围绕剩余劳动展开的模型是适当的。而实际上，这里所做的论述并不是简单地基于理论家们的价值观偏好，而是基于由生产关系所决定的阶级斗争在现实中的确是形成社会变革的决定性社会力量。阶级是现实存在的而绝不是简单的使分析工作方便的约定。剩余劳动也是实际限定了可能利润的大小，而绝不简单地是分析中的界限。"

总之一句话，我们之所以必须把焦点放在劳动和剩余劳动上，是因为它引导我们去认识了解阶级、阶级斗争以及剥削。阶级是现实的，它们是社会变革的关键要素。

这就使我们提出一个明摆着的问题：阶级是怎样确定的？赖特试图给出一个定义："对我们当前的目的来说，关键是要记住阶级的划分首先是由它们在生产关系中所处的地位，而不是由它们在市场关系或其他方面的社会关系中所处的地位决定的。这些在生产关系中具有决定意义的方面又集中在一个阶级能够强迫另一个阶级即直接生产者付出比再生产出直接生产者本身还要多的劳动，并且占有'剩余劳动'所生产的产品。在**所有的阶级性的生产方式中，统治阶级由其占有剩余价值的地位所确定，被统治阶级由其剩余劳动被占有的地位所确定**。"

到现在为止，赖特的论证正好完成了一个循环。按照赖特的说法，之所以要着重于研究剩余劳动是为了了解阶级；为了解阶级就要涉及生产关系；而从根本上讲，这些关系又不过是哪个阶级付出哪个阶级占有剩余劳动。我们可以再向赖特问一遍有关的问题：为什么不选择别的剩余而要选择剩余劳动作为对利润的结构性限制？赖特回答似乎是：我们之所以着眼于剩余劳动是因为它帮助我们依据生产关系来理解阶级和阶级斗争；而阶级要依据它们对剩余劳动的关系才能够被理解。在赖特的回答里，"剩余劳动"和"阶级"就像是在一本编得很糟的字典里的两个词，查找其中一个词我们发现它用另一个词来定义，当我们再查这另外一个词时，发现它又是用头一个词来进行解释。赖特对选择剩余劳动是主观随意的这个批评意见所做的辩解，无非是一种同义反复的循环论证，在他的论文中 些关键性段落里，"阶级"和"剩余劳动"这两个词就像跳皮筋那样换来换去。

我们也能够注意到赖特对他的阶级是"真实存在"的说法同样

未能给出牢靠的佐证。用他的话来说，阶级之所以是真实存在的，只是因为它们和获取剩余劳动有关。因而，赖特在选择剩余劳动作为关键性范畴时，不知不觉地也陷入了他本人在论证过程中警告过的那种韦伯主义者的泥潭，即“这……初看起来有点儿像是韦伯等人对理论构成的方法论立场，就是说我们所选定的范畴都严格屈从于分析人员的主观偏好”。

然而赖特并没有意识到他实际上也滑入了这种泥潭。他自信自己站在牢固的基础上，但这只不过是他自己头脑中派生出来的念头而已，其实并没有客观现实的支持。其结果，必然产生方法论的混乱。我们可以很容易地改动一下赖特的理论来适应各种先验的观念。例如，设想某位现代生态学家对赖特论文的反应。这位仁兄认为世界上的根本力量是能量的流动和转换并据此来理解世界。这位生态学家会急切地接受赖特的思路并会大叫道：“这证明斯拉法错了！还有另一个原因。剩余能量是对利润的限制。我相信这一点因为它和我所理解的世界真实图景相一致。”我们还可以想象某位基督福音传道士（他相信利润是痛苦的果实和回报）会对赖特的说法会有什么反应，但这里我们就不想多说了。

计算和因果关系

赖特对斯拉法派利润确定问题看法的第一个主要的非难，如我们已经看到的，是指出汇集一组为计算利润而需要的充分必要的因素，并不等同于汇集一组决定利润水平的原因。初看起来这个说法似乎很直观，但是仔细考察一下，就会发现它和赖特为选择剩余劳动而做的辩解一样空洞无物。

为回答赖特，首先必须指出的是他在自己的模型中也并没有确证因果关系。他区分出三到四种类型的原因或“确定方式”的努力的确给人以深刻印象，但对这里谈的问题却没有什么帮助。按他的说法剩余劳动限定了利润的范围，而这些限定无非就是数学上的最大与最小。因此，用以反对斯拉法的说法反转来又对准了赖特自己，即指出了一个或一组限制利润的因素，并不等于指出了造成利润水平或可能的利润水平范围的任何类型的原因。这里没有什么不同：斯拉法确认了一组因素，用其足以计算出精确的利润水平；赖特确认了一个因素（剩余劳动），用它足以计算出利润的范围。在这个阶段上，二者都是计算而不是因果关系的证明。值得注意的唯一不同之处在于：赖特的计算和斯拉法所提供的相比要简单得多，精度也差很多；斯拉法有能力提供精确的答案，而赖特却不能。

为进一步说明这个问题，让我们考虑赖特用以表明剩余劳动和利润之间关系的图示，即他的论文中的，其中前者限定后者。按照赖特的看法，剩余劳动是自变量而利润是因变量。说利润是因变量，指的是它被剩余价值所“结构性地限定”。但是，为什么其中一个是另一个的原因？理由并没有讲明。在赖特的文章中并没有论证为什么我们就不能把利润作为自变量而把剩余劳动作为因变量。换句话说，就是我们同样也可以认为利润给剩余劳动以结构性限定，利润成为剩余劳动和剩余价值的近因。赖特的“第一级近似”可被改变为利润和剩余劳动互换位置，如下面的图 4.3 所示。

实际工资 —选择→ 剩余价值
实际工资 —选择→ 利润
社会技术条件 —选择→ 利润
利润 —限制→ 剩余价值
社会技术条件 —限制→ 剩余价值

（图 3.4″）

图 4.3

这里我再次说明，我并不是认为利润在实际上限制剩余劳动，就像我并不是真的要提出一种“能量价值论”或者认为劳动力和其他商品没有什么区别一样。这些反例不管看起来有多么荒谬，无非是用来表明这样一个事实，即赖特只是假定一些他必须加以证明的东西。他**假设**剩余劳动是限制利润的原因，他**假设**这两者之间存在着一种单向的因果联系，但他对此并没有加以证明。我的意思是其他的理论家如果也用赖特的方法论的话，同样可以假定出其他的直觉的联系。对那些理论家来说，唯一的问题是他们并不符合马克思主义的先入之见，而这些先入之见正是在斯拉法之后的辩论中受到非难的目标。赖特的文章可能会受到那些对斯拉法体系冲击传统马克思主义理论感到严重忧虑的马克思主义者的欢迎。显得相对严谨而表述精致的赖特的论述，似乎能够拯救劳动价值论。但是如果更仔细地观察一下，就会发现赖特什么也没有证明。和他所说的恰恰相反，他并没有在现实世界上发现现实的过程即实际的因果链条。他所做的工作不过是墨守成规，想把新的理论内容纳入老的框架中去。但是正如我们将表明的那样，它们是无法相配的。

套在一起的确定方式

对赖特的第二轮批判和前面一样，我们还是要用他说过的话发现他的方法论中的问题。按照赖特的说法，生产的社会技术条件加上实际工资选择了利润水平；这也就是说利润水平的确定不需要有其他的因素。但是，赖特同时又说，剩余劳动限定利润范围。这样一来就提出了一个显而易见的问题：如果选择就足以确定结果，那么结构性限制起什么作用？按照定义，被限定的范围包括所有由给定的剩余价值量所决定的可行的利润率，被选择的利润水平总归是要落在由剩余劳动所提供的限制范围之内。因为有其他原因在起作用决定结果，所以剩余劳动是一个不起作用的“原因”。剩余劳动在这里实际上从不最后决定结果。赖特定义这些限制条件的方式反过来使这些限制成为冗余的。

一般的说，如果有其他因素通过选择过程完全充分地确定了最后的结果，则要设想结构性限制的因果作用是很困难的。这样做就类似于说人类的身高是由大气层的厚度通过“结构性限制”所造成的一样；因为的的确确，如果人的身高有 10 英里的话，他们在地球上是活不下去的！对任何实际现象都可任意地想出一些“结构性限制”，要是像赖特那样认为它们都起着因果作用那就是大错而又特错了。

这里赖特所犯的错误是多重的。事实上，他所选择的结构性限制，即由给定的剩余劳动量所确定的利润范围，肯定处于任何合理地被选择的利润水平的变动范围之外。原因在于如上所说，限制范围被定义为包括所有可能的利润率。我们说过，一种结构性限制因素只有在实际上产生结果才能被认为是原因，然而这种结构性限制绝不产生结果，所以它绝不可能成为原因。之所以如此，是它从来影响不了社会技术条件或实际工资，从而剩余劳动也就影响不了利润。

斯拉法体系中的因果关系

让我们考察一下在斯拉法理论体系中内含的因果关系的概念。在某种意义上斯拉法模型不过是一个精神产物，是一种“思想实验”。只有这样去理解它，才不致误解其含义。例如，在此体系中被推导出来的价格，是逻辑上必须确系相同利润率的价格；价格和利润在逻辑上都依赖于社会技术条件和实际工资以及影响这两者的其他因素，除此之外并无其他。这些形式上的结果使我们能够安排厘清有关现实世界的各类数据，并且帮助我们在分析价值和分配问题时避开逻辑上不一致的陷阱。正是通过斯拉法理论体系的这种形式化的处理，使新古典分配理论和新古典总生产函数中的逻辑问题得以揭示出来。

但是，在逻辑中不存在我们所理解的原因和结果。而只有前提和结论。要想对这样一种形式系统进行成功的批判，只有两条可能的行动路线：对原有的前提提出挑战，或者找出论证中的逻辑错误。对斯拉法体系的大量误解，在于很多时候不能认识到它所用的模型是纯粹形式上的产物。

然而，用不同的方式解释斯拉法体系并得出有关现实世界的论断还是可能的。必须清醒地认识到，尽管很多这样的解释都是可能的，但是只有其中之一是有效的。这也是另一类经常令人产生误解的原因。斯拉法的形式化理论并不自动引导我们得出对生产过程的某一特定看法，或者诸如把交换领域看作是基本的而生产是第二位的等。所有这些都可以被合理或不合理地加到形式结构中去，但是它们并不是一开始就在那里的。

现在我希望提出一种对斯拉法体系的肯定是不完全的解释，这样就能对原因和结果提出一些看法。从前面所做的评论中可以知道，没有理由使所有斯拉法的拥护者都自动地接受我的说法。他们很可能希望提出某种修正的，甚至是完全不同的解释。

斯拉法和许多其他价值理论家(包括马克思)一样，之所以要假设一种均等的利润率并不是为了方便或论述的统一。假设一种均等的或一般的利润率的原因在于，在资本主义经济中现实的力量倾向于把不同部门的利润率拉平。这些力量就是竞争的力量。马克思本人在其著述中多次申明了这一点。例如，他指出“生产的不同领域之间的竞争所带来的，是在不同领域中产生了相等的一般利润率”。[①] 这种竞争是出于资本主义自身的本性，并且是资本主义制度中的普遍现象：“……毫无疑问，如果撇开那些非本质的、偶然的、互相抵消的差别不说，对不同产业部门来说，平均利润率的差别实际上并不存在，而且也不可能存在，除非把资本主义生产的整个体系摧毁。”[②]对于马克思来说，利润率的相同化，一般利润

① 马克思：《剩余价值学说史》第二分册，伦敦 1969 年，第 208 页。

② 《马克思恩格斯全集》，第 23 卷，第 171—172 页。

率的形成，是资本主义经济中对应于“实际现象”的“现实的运动”。[①] 这不是臆想的相等，而是存在于经济学家头脑之外的现实过程。同时，马克思承认利润率的全部相等存在着障碍或限制，但是他把这些都看作是“偶然的”。

马克思可能低估了对充分均等的障碍。其原因可能在于这样一个事实，即他没有预计到在资本主义条件下的垄断所造成的后果，他是在资本四分五裂分为许多相互竞争的单位的时代从事写作的。即便如此，他对利润率平均化的观点仍然是十分中肯的。资本主义的本质是竞争，而只要资本主义是竞争的就会存在着把不同的利润率相互拉平的趋势，即使没有形成一种相同的一般利润率。只要存在着对平均化的障碍，就存在着对资本主义根本特点的修正和歪曲，它表明资本主义濒临转变为一种完全不同的生产方式的边缘：“生产资料的集中和劳动的社会化，达到了同它们的资本主义外壳不能相容的地步。”[②]

如果资本是竞争和可流动的，则它将流向具有较高利润率的部门和企业中去。这会引起某种商品的过多供给，使之价格下跌，并使先前有吸引力的部门及企业的利润率下降。当利润率多少接近相等时就出现一般均衡的状态，并在此经济系统中形成了一般利润率。按照我的观点，这就是在斯拉法体系中关于均等利润率的假设后面的实际过程。因此，斯拉法讨论的是某种均衡的状态。然而，和马克思不一样，斯拉法没有讨论过程的动态方面。按照斯

① 《马克思恩格斯全集》，第 23 卷，第 171—172 页。

② 《马克思恩格斯全集》，第 23 卷，第 831 页。

拉法理论，只能根据比较静态来讨论因果关系。这样做其范围自然会受到限制，但并不是没有价值。充分的动态分析会揭示出其他的原因，但要重申前面我们提出的警告，只能去探寻这些因素而不能简单地将其加到模型当中。

让我们假定某一资本主义经济在某一特定时间由于竞争的力量已经成功地达到了相等的利润率。情况发生了变化，但十年之后竞争力再次取得了胜利，又形成了一般利润率。然而，这个利润率和十年前形成的利润率在数量上是不同的。什么因素引起了利润率的变化？斯拉法的分析向我们表明直接的原因是社会技术条件和实际工资，除此之外不存在其他的直接原因。这不仅仅是个计算问题。这些因素就是原因，其意义正如我们已经描述过的那样。它们在现实世界中实实在在地起着作用。

当然，马克思认为在价值转变为价格以及一般利润率形成的过程中，凝聚劳动起着中心作用。然而，说劳动和剩余劳动起着原因的作用，却未经证明而只是一个断言。而且，由于在斯蒂德曼的书中所列举的理由，劳动和剩余劳动不能以同样的方式和在同样的意义上，像社会技术条件和实际工资那样被当作原因来对待。例如，单独使用凝聚的劳动价值不足以确定价格或一般利润率，因为生产的技术结构也在其中起着作用。斯蒂德曼表明在某些情况下，从凝聚的劳动价值计算利润率会给出错误的答案，即便增加必要的附加信息也是如此。由于在斯蒂德曼的书中已有清楚的论证，所以这里就没有必要加以重复了。必须补充的是针对赖特对因果关系的说法对其意义的解释。斯拉法的《用商品生产商品》一书与马克思的《资本论》有关一般利润率形成的章节（第三卷第九章)都是进行的抽象理论分析,在这种层次上斯拉法对劳动价值论的批判是证明凝聚的劳动价值不但在计算利润,而且在因果确定问题上都是冗余的。

(可能会有人反驳说超出上面讨论的抽象水平,凝聚劳动和剩余劳动的确起着作用。但是就我所知,没有一种有关资本主义经济的严格理论讲到这样的作用。某些读者可能会想起安瓦·赛克为马克思对价值转变为价格问题提供的解答所做的"辩护"。[①] 谢赫表明在一定条件下凝聚劳动价值可被用为价格的第一级近似,并且在依据计算出的利润率对之做出相继的调整之后,这些价值以一种迭代的方式逐渐地被"转型"为价格。但是,谢赫并未能证明这就是现实世界中发生的过程。而且,在同一迭代过程中,可用无数种"第一级近似"来得出同样的结果,例如设想使用我们的老相识"凝聚能量"或商品的塞尔维亚—克罗地亚语名称的字母数都成。在一定条件的范围,所有这些都会引导我们达到同一终点。在这一迭代处理时起点并不重要,重要的是过程本身。凝聚劳动并不构成谢赫描述的过程的一部分,没有证据表明这里除了计算过程之外还有什么。在资本主义世界的现实动态运动中,凝聚劳动价值看不出起了什么作用。[②])

① A.赛克:"马克思的价值论与'转型问题'",载于杰西·施瓦茨所编《资本主义的精细解剖》一书,桑塔莫尼卡,1977年,第106—139页。

② 要了解对赛克的进一步批判,可参阅海因茨·D.库兹:"马克思之后的斯拉法",见《澳大利亚经济文摘》,1979年6月,第55页。

凝聚劳动和生产

仿佛是为了进一步强调他的尚待证明的论断，即剩余劳动的重要在于它引导我们理解阶级的作用，赖特关于他的重新改造过的马克思主义价值论的应用做了下述表白：

“因为剩余价值被视为确定利润的绝对界限，所以立刻就会产生要研究的中心问题：影响付出剩余劳动的数量的社会过程是什么？……马克思主义模型同时又引导我们努力研究和剩余劳动密切有关的生产的社会技术条件的变换。正是因为如此，马克思主义的生产分析总是围绕着对劳动过程的分析进行，而不单纯是生产的技术投入产出矩阵。”

如果对这一段文字的粗略浏览给你留下了一个不错的印象的话，恐怕大部分要归功于作者精心的修辞。正统的马克思主义术语诸如“社会的”和“劳动过程”与可怕的“生产的技术投入产出矩阵”形成对照，其实这里大部分只不过是舞台效果罢了。这样的剩余劳动在“钻牛角尖儿”的理论家脑子里并不一定立刻就能和社会过程发生直接的联系。例如，某位具有技术决定论倾向的马克思主义者的联想马上就会集中到剩余劳动的技术确定因素方面，而不是生产的社会过程。没有什么东西和剩余劳动的概念连在一起引导我们进入劳动过程的分析。

说到底，只有把经济作为一个整体，我们才能计算出剩余劳动。剩余劳动不会像企业里可具体感触到的物质那样被直接或间接地探测到。把诸如“剩余劳动”和“价值”这些词和“生产”及“劳动过程”人为地拼凑在一起,得出的不外乎是些偏见。的确,概念范畴的选择会影响到我们理论探究的范围和方式,但是这些并不表明它们必然会引导到赖特、我本人及其他人都认为是核心的研究内容:生产领域。

对马克思主义经济分析史的研究会支持我们所做出的这些评论。自从《资本论》第一卷于1867年发表以来,对凝聚劳动价值进行过大量的讨论。但是,尽管在第一卷中有大量的篇幅论述劳动过程,在以后的文献中却很少有这方面的讨论。1904年,在回答庞巴维克对马克思的批评时,[①]极受推崇的马克思主义者鲁道夫·希尔弗丁坚持劳动价值论的重要性,原因是它涉及的是“社会的”而不是“主观”的范畴。但是他并没有就劳动过程进行深入的讨论,也没有断言正是马克思的价值论使我们要把这一过程作为资本主义生产过程的中心环节。马克思去世后在德国或苏联之外出现的两部马克思主义经济理论的经典著作是保罗·斯威齐的《资本主义发展论》和欧内斯特·曼德尔的《马克思主义经济理论》。在这两部著作中,我们发现尽管其作者都坚持劳动价值论,对劳动过程却几乎未曾涉及。实际上,大多数有关劳动过程的重要文献(例如布雷弗曼的《劳动与垄断资本》)都是1970年之后才出现的。重新修改马克思的价值论可能是必要的,但是(像赖特那样)要重写马克思主义的经济思想史就说不过去了。

在论述中可能已流露出来的作者本人的观点是:导致我们理

① 转载于P.斯威齐:《卡尔·马克思和他的理论体系的终结》,伦敦,1975年。

解劳动过程的核心作用和劳动本身特点的关键并不是凝聚劳动和剩余劳动的概念范畴。马克思主义对资本主义生产的理论的要点，是马克思对劳动和劳动力所做的区分。在市场上买和卖的是劳动力或工作的能力；而为使生产得以实现，必须抽取的是劳动即工作活动本身。这种劳动和劳动力的区分使我们去考察被用于从劳动力中抽取劳动的强制和管理过程。我在别处已经讨论过这个观点的意义，[①]并且受到了鲍勃·罗索恩的一篇重要文章的注意。[②]

对斯拉法的偏见

赖特错误地认为像凝聚劳动和剩余劳动这类范畴会把我们自动引向对劳动过程的研究。他同样错误地断言斯拉法的范畴会阻止我们从事这样的研究，并会导致集中于市场关系。按照赖特的说法，斯拉法模型所产生的中心研究课题是：

“什么是确定实际工资和生产技术条件的因素？这个问题立刻导致了经验研究的两个总的目标：挣工资的劳动者和资本家的市场力量的决定因素，以及技术变化。头一个问题涉及对诸如以下一些方面的研究：……工团主义……垄断集中……国家……在对劳动力和资本市场的冲突进行调节……或者帝国主义……所扮

① G.霍奇森：“剥削和凝聚的劳动时间”，《社会主义经济学家会议公报》6月号，1976年。

② 鲍勃·罗索恩：“新古典主义，新李嘉图主义和马克思主义”，见《新左翼评论》，1974年7—8月号，No.86。

演的角色。”这里的最后一句话里可以说是无所不包。这段引语有两点值得注意。第一，赖特在两种关键地方仔细地插入了“市场”这个词，它们并不是随着论述的展开而自然出现的，即使删掉了，这一段话也照样成立。我们甚至可以用马克思主义认可的词来代替在某些马克思主义者眼中带有贬义的“市场”而不影响论述的有效性。也许如果将“挣工资的劳动者和资本家的市场力量”代之以“在生产中挣工资的劳动者和资本家的阶级力量”，将“劳动力和资本市场的冲突”代之以“劳动力和资本在工作日长度和资本管制劳动力以榨取更高的产出方面的阶级冲突”，倒可以博得个满堂彩。这些东西都能够塞给斯拉法，就像把对市场的偏好通过联想塞给斯拉法以便羞辱他一样容易。公正地讲，对斯拉法的马克思主义解释的确是有效的，因为工作日的长度和产出的水平在斯拉法方程组的系数中都有明确的表示。但是，赖特想象斯拉法脑子里就只有市场却是纯粹的偏见。

这种偏见不止一次地显露出来。对斯拉法的这种错误的解释传播很广，以致值得详细讨论一下。在赖特的文章中我们发现下面一段话：“在斯拉法理论里，只有在确定实际工资的问题上各阶级才系统地发挥作用；而在阶级斗争中敌手之间的分野仅取决于它们在市场上所处的位置。按照这种观点所有挣工资的人都成为工人阶级的一部分，因为所有挣工资者的收入统统意味着利润的减少。……按照马克思主义理论，阶级的概念与剩余劳动密切联系在一起。阶级是由生产的社会关系而不是从根本上由市场关系所确定的。”赖特在这里是大错而又特错了。如果他更细心地阅读斯拉法的著作，他就会发现在那里对阶级并未定义，而市场力量作用的结果被当作既定的。斯拉法从未依据市场、生产、财产或其他任何东西对阶级明确地或隐含地给出定义。无论是说利润是工资减少的部分还是说工资是利润减少的部分都是不正确的，在斯拉法那里也找不到这两种说法。因此，按照斯拉法的思路也得不出所有挣工资的人都成为工人阶级的一部分这个结论。赖特可以用几种不同的方式之一来解释斯拉法的理论，但他大可不必强加一种明显错误的解释来打倒这个理论体系的有条理的主张。

我们已经注意到了斯拉法没有给出阶级的定义，这是一个严重的遗露。按我的观点，阶级的确是一个实质性的社会经济范畴。但是，必须注意到在《资本论》中也没有清楚明确的关于阶级的定义。马克思直到最后才在未完成的一份有关第三卷的笔记中给出了这样一个定义。对马克思来讲，当然很清楚是把着重点放在生产和劳动过程方面，但是赖特并未表明这个着重点和斯拉法的着重点并不一致。赖特的文章，由重新修正马克思主义的价值论导致一个对劳动过程的相应的调查或“社会研究”。对此过程斯拉法理论没有做多少工作。但是赖特的论述没有得到严肃的或者严密的理论论证的支持也是事实。

总结和结论性评语

和某些批判不同，赖特并没有否认斯拉法。相反，他试图把斯拉法的东西归拢到一个修改过的马克思主义模型之中。其做法是断言在马克思主义理论中存在着能够和斯拉法的看法结合起来的因果要素，同时又保持它们与现实世界的联系。我们已经论证，赖特所希望保留的因果要素完全不具有现实意义，并且他对“原因”的选择多少是主观随意的，其他人完全可以学他的样子并发明出多种同一类型的不同原因来。他为确证剩余劳动范畴是直接原因所做的努力是基于一个有关阶级问题的循环论证，其特点是把有待证明的东西作为论证的前提。最后，赖特的由于马克思主义范畴能够指引我们进入重要的生产领域因而其本身具有更多内容的提法，是没有任何事实根据的。

赖特的文章给人的头一个印象，是它充满了含糊不清的修辞和没有事实根据的原教旨主义者式的偏见。举例来说，考虑一下我们上面引述过的一个段落，在其中赖特断言“剩余价值对利润可能的变动范围确立了根本性的限制”。这样一个关键性的部分就弥漫着一种模糊不清的东西。“确立”是什么意思？是在思想中确立还是在现实世界中确立？后一种解释并没有表述出来，但是使用这样一个词就使人感到它隐含着这个意思，因为它使人联想到现实世界中的东西，如机构和建筑物等。再有，“根本性的限制”意味着什么？是指这些限制要比其他限制更窄吗？如果是如此，那么这也是有待表明的。它还能意味什么别的东西？一个充斥着含糊其辞和缺乏严格证明的，装腔作势以求引用和喝彩的极度夸张的句子而已！剔除掉这些语言学上的修饰，赖特的论点就塌了下来。

在其他一些地方，赖特提出了一些从形式上看正确但是又提出某种错误的东西的论断。让我们看看下面的一段话：“由于在现代经济中各部门之间高度相互依赖，造成资本有机构成的分布比较均匀，同时积累率趋向于最大，因此对可能利润的限制范围将相

当窄。”形式上看，这段话是正确的。但是，“高度相互依赖”的“经济”等词语在这里都是冗余的，因为对任何类型的资本主义经济来说，这个论断都是正确的。那么为什么要插进这么些词儿呢？这就使人很难避免得出一个看法，即赖特这样做是为了引导读者得出下列的印象：(1)现代经济是高度相互依赖的；因此(2)资本的有机构成趋向于在各部门之间比较均匀地分布；并且如果(3)积累率接近于最大，那么(4)对可能利润的限制范围将相当窄。然而，这样一种印象是不正确的。陈述(2)并不是跟随着(1)才得出来的。如果我们有一个高度相互依赖的经济，没有理由就认为资本有机构成比较均匀，也许相反的情况也同样会发生。

读者可能会注意到我们对赖特观点的批判都未牵扯到对联合生产、负的剩余劳动等问题的讨论。赖特以不屑一顾的态度在一个小小的脚注里就把这些问题打发了。然而就我们的目的来说这没什么关系，因为我们对赖特的批判并不基于任何有关联合生产的假定。即便设定一个最“循规蹈矩”的资本主义经济，赖特的模型仍然存在明白无误的错误并且无法应用。我们进攻的恰恰就是它的最稳固的堡垒：循规蹈矩的单一产品的资本主义经济的模式。如果要用具有固定资本和联合生产的更为实际的经济现实去衡量这个模型的话，它一定会面临许多其他问题，但是我们在这里就不需要对它们再多费口舌了。

注意到下面一点就足够了：赖特关于现实世界是“行为良好”的并且将符合他的单一产品（以及相对均匀的资本有机构成?）模型的假定，不免使人联想到新古典主义者对“行为良好”的总生产函数的信奉，尽管事实上斯拉法对新古典主义分配理论的批判已经证明没有理由去假设这样一个特殊的“行为良好”的情况的存在。很多新古典主义经济学家死抱着他们的总生产函数不放无非是由于这是他们的信条。由于同样的理由，在剩余劳动和利润之间认定“结构性限制”和行为良好的因果关系的做法也是危险的。

旧的信徒们可能会从赖特的论文中得到些许安慰，因为当新的东西应当被采纳并且用新鲜的科学认识加以丰富的时候，它推迟了旧的规范被取而代之的时间。依我看，目前古典的马克思主义价值论和斯拉法派的学术传统的情况，可以和哥白尼死后天文学所面临的状况相比较。当然这种比拟不应绝对，因为斯拉法不是哥白尼、马克思或李嘉图，也不是托勒密。但是我们可以发现一些共同的特点。托勒密的模型是一种被设计用来表征宇宙地球中心说的精巧结构，它涉及由 39 个“载”着太阳、月亮、行星和恒星在天上运动的“轮”所成的复杂系统。托勒密的宇宙观和他的亚历山大城的同事们所做的类似努力的问题，既不是失于正确的预见也不是失于其实际应用：“希波帕克斯的定星图以及托勒密的行星运算计算表是如此地可靠和精确，以致稍加修改就被用为哥伦布和达·伽马的航海指南。”[①]同样，托勒密理论也没有由于新的证据而被宣告失败，或者由于不能构成一种实用的世界观而被忘却。一直过了 1500 年，它才被一种不同的看法所取代。这种新的看法认为是地球绕着太阳转，其他星球也不再由于设定地球是静止的而做表观的圆周运动。

取代托勒密体系的原因是什么？托勒密体系根据精心构思的

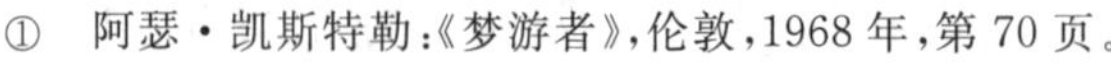

① 阿瑟·凯斯特勒：《梦游者》，伦敦，1968 年，第 70 页。

由圆周和本轮，同心和偏心运动交织而成的空间几何体来解释宇宙。它和提高地球的、从而生活于其上的占统治位的物种人类在造物主所创造的世界上的优越地位的目标是一致的。它富有生命力并受众生感戴。但是它还是被取代了，原因就是它不能对因果关系给出一恰当的解释。导致抛弃托勒密体系的，不是哥白尼日心宇宙说的启示，不是伽利略的望远镜，也不是刻卜勒的椭圆，而是牛顿力学；其中宇宙空间中的运动可用运动三定律加以解释，正是这一点粉碎了托勒密的理论。无论如何，只要我们愿意的话，甚至到今天我们仍可信奉托勒密，因为牛顿理论的有效性还没有得到最后的证明。

类似的情况发生于斯拉法和传统马克思主义价值论之间。后者的缺陷并不在于它不能做出预见，也不在于它不能实际应用。正如托勒密的计算表指引了哥伦布跨洋过海发现新大陆一样，马克思的劳动价值论也引导他研究了劳动过程并开始探讨资本主义条件下的剥削过程。但是，这些并不意味着托勒密或马克思的理论是正确的。[①] 赖特和其他一些人仍在坚持马克思的劳动价值论。为了使它能和新的认识和观点调和起来，他构想了一套复杂的有关“确定方式”的分类，多少类似于托勒密体系中的圆轮。然而，这样做所得的结果并不是科学。用米尔顿在他的《失去的伊甸园》中的话来说，这是为“保住门面”而做的煞费苦心的努力：

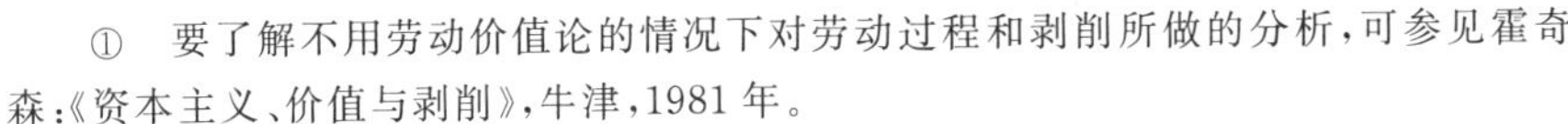

① 要了解不用劳动价值论的情况下对劳动过程和剥削所做的分析，可参见霍奇森：《资本主义、价值与剥削》，牛津，1981 年。

从此他们只要勾画天堂计数星辰，
不管如何构架，如何填减，
都是为了保住门面：
不外乎在球体之外乱加些同心偏心圆。
这里一些圆轮和本轮，那里轨环套轨环。

第五章　反赖特论之二——为后一种斯拉法的观点辩护

普瑞迪普·班德约帕德海亚

在他的文章“关于价值的争论和社会研究”里，E.O.赖特试图向过去十年中两个最严肃的为重新估价马克思的遗产及其科学影响而做出的努力进行挑战：其一是具有持久影响的后阿尔萨瑟学派著作，其作者卡特勒、欣迪斯、赫斯特以及哈塞的主旨是对马克思的观点进行方法论及认识论方面的批判；[①]其二是伊恩·斯蒂德曼的工作（一般认为他的著作常常联系到范围更广的一系列发现并且被批评家们称为新李嘉图主义），它更直接地针对马克思的经济理论观点，特别是劳动价值论以及与之相联系的概念，包括剩余价值，价值剥削率，依据价值概念的资本结构问题，像不变资本和可变资本，以及和价值有关的规律如利润率下降的趋势等。赖特的目的，是揭示这两个挑战与他称之为“在劳动价值论基础之上的经过改造的传统马克思主义观点”之间的关系。在进行比较和估价时，赖特选择的是从“高瞻远瞩的马克思主义劳动价值论本

① A.卡特勒、B.欣迪斯、P.赫斯特和A.哈塞：《马克思的〈资本论〉与当代资本主义》两卷本，伦敦，1977年，1978年。

身”来看待一切。我认为这意味着赖特的做法是先假定劳动价值论成功地解决了有关的问题，然后再依次看每种其他的观点在处理这些问题时的表现如何或至少按此思路来从事研究。为了集中扼要地进行分析，他选择利润问题作为比较的基础。赖特承认，他对自己工作的结果似乎还吃不太准，并且小心地声称他的论述“应该更多地被看作是试图以某种批判的方式对辩论的问题的重新确立，而不是试图对辩论的所有问题给出确定的解答”。

但是在他的文章的结尾，赖特却声称他对三种利润分析的处理方式得出了四点结论。我所持的就是赖特在分类时所谓的“斯拉法学派的观点”。在本文中我所要做的，就是证明他的“按照斯拉法思想研究马克思”的立场的四点结论，不是完全没有根据，就是部分曲解，或者干脆就是杜撰的。赖特的四点结论可归结如下：

(1)发展了的马克思主义关于利润确定过程的模型，与大部分的斯拉法派有关利润的看法“在形式上是相容的”；的确，斯拉法派的大多数“积极的论断”与“剩余劳动表现为剩余价值”并且成为“利润的一种基本限制因素的理论框架”相一致。我们可将之称为一般兼容性命题。

(2)重新建立的马克思主义观点能够包容斯拉法派的观点，后者代表了在较低抽象水平上的利润确定过程：“在由马克思主义模型所规定的限制过程之中，斯拉法模型确定了对利润的选择机制”。这就是说马克思主义模型具有更大的普遍性。这个说法我们可称之为包容性命题。

(3)从社会学意义上说，马克思主义模型要比斯拉法模型更为贴切有力。这一说法具有两重含义。第一，马克思主义模型能系统地表现阶级斗争，而在斯拉法模型中阶级（按马克思的定义）则起不到“有机的作用”；第二，马克思主义模型要求分配和生产过程都包含在阶级的概念之中，而在斯拉法模型中的“阶级”不过是韦伯学派所谓的“市场阶级”。我们可将其称为**忽略生产关系命题**或**斯拉法雷同韦伯命题**。

（4）最后，马克思主义模型使资本主义利润确定的理论有可能包含于一个更广泛的有关“结构性限制、选择和转换的理论”之中。其隐含的意思，就是斯拉法模型从其固有的性质来讲是做不到这一点的。而且，通过批判性的研究马克思主义模型能够揭示存在于现存社会中的各种“可能性”，而斯拉法模型则由于严格限于实证而无法揭示这些。最终的结论还有两点：第一，作为一个研究方法，特别是对劳动过程的研究来讲，马克思主义模型要比斯拉法模型丰富；第二，斯蒂德曼及其他持与他相同观点的人只注意到了利润率的计算，但仅仅成功地计算不能被混同于对真实过程中因果关系的真正确定。①

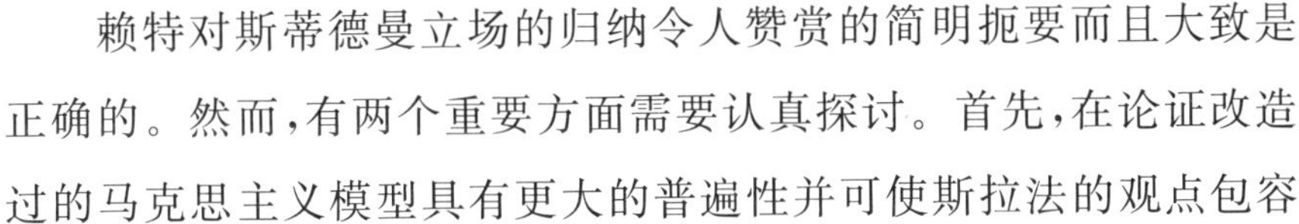

赖特对斯蒂德曼立场的归纳令人赞赏的简明扼要而且大致是正确的。然而，有两个重要方面需要认真探讨。首先，在论证改造过的马克思主义模型具有更大的普遍性并可使斯拉法的观点包容

① 这个指责早先是由安瓦·赛克在其《马克思的价值论和“转型”问题》一书中指出来的，在他《资本主义的精细解剖》一书中也提到了。赛克还认为所谓“转型”就是指从价值的直接表达转为更复杂的修正了的价值表达，换句话说，就是“生产价格”，它是修正过的价值且跟正统经济学中的价格不是一回事情。

在里面的提法时,固定资本和联合生产问题是不容忽略的。恐怕每一位读者都清楚,所谓更大的普遍性是理论或模型所具有的这样一种属性:它要比只有在简单的或具有局限性的前提下才能够自圆其说或行得通的模型容纳更多的形态和更复杂的事物。现实资本主义经济中固定资本和联合生产的存在是无处不在和显而易见的。如果劳动价值论(按马克思的公式)不能成功地应用于具有固定资本和联合生产的资本主义经济而斯拉法模型能做到这一点的话,那么就应说后者具有更大的普遍性。而且,如果情况真是如此,那么由于固定资本和联合劳动在现实的资本主义经济中所起的渗透作用,斯拉法模型就会受到至今所进行的经验研究的更多支持。在这种情况下,如果马克思主义模型只能在更简单更局限的形势下才能保持首尾一致并多少反映现实,则应该是它应该被包容到更为普遍的斯拉法模型中去。一旦如此,马克思主义模型就只适用于由特例所组成的一个子集。

其次,赖特断言斯蒂德曼认为价值范畴的确定是冗余的,因而是不必要的弯路。这个说法是不确切的。的确,斯蒂德曼证明当已知生产的社会技术条件和实际工资时,价值就整个地被确定了下来;而知道了上面两个同样的因素,也就确定了生产价格和利润率。但是,价值范畴在这里不仅仅是冗余的而已。如果照马克思那样去理解,在一定的情况下可能会出现存在负的价值,从而陷入迷宫。而且在分析诸如资本家的技术选择决策,利润率,剩余劳动的数量变化及其分配等中心课题时,价值范畴只能制造障碍和错误地引导研究的方向。之所以如此,部分是因为如果不知道生产的技术条件就无法知道价值,而生产的技术条件本身是变化着的,并且受到资本家和其他资本主义经济中的人所做决定的影响。另外的原因在于马克思也明白这样一个事实：如果价值要成为分析的基础，则要求将价值转型为生产价格，剩余价值转型为利润、利息等。换句话说，如果把价值范畴作为基础概念的话，则转型问题就会相应地提出来，随之而来的困难就会成为重大的科研对象。但是，正如斯蒂德曼论证的那样，[①]如果使转型问题得以提出的条件对于明晰地分析利润、剥削等是不必要的，则转型问题本身也就不成其为一个问题了。

可以把这一点讲得更明确一点儿：如果能根据生产的社会技术条件和实际工资严谨地计算出马克思的价值（至少在简单的情况下），并且如果从同样的数据也能计算出价格和利润，则有关资本主义利润和动态的科学理论就不用去管什么转型问题。并不是在明确定义的条件下做不到使价值转型为生产价格，从德米特里也夫以来已经有多位分析家已经精确细致地证明了这一点，[②]而是因为沿着这条路走得不到什么理论上的好处，在任何情况下，即便在最普遍的公式中，不回到生产的社会技术条件和实际工资就

① 伊恩·斯蒂德曼："再论转型问题"，载于《社会主义经济学家会议公报》，1973年秋季，第37至42页。

② 某些有关的研究可参见：V. K. 德米特里也夫：《关于价值、竞争、效用的经济论文集》，伦敦，1974年；L. 冯·鲍特基维茨的"马克思主义体系中的价值和价格"，见《国际经济学文集》，1952年；弗朗西斯·塞顿的"转型问题"，见《经济研究评论》，第24卷，1957年；森岛：《马克思经济学：价值与增长的双重理论》，第三篇，伦敦，1973年；L. 帕西涅蒂：《生产理论讲演集》，第五章附录，第122—150页，纽约，1977年。这里的顺序排列是依据数学上的难度：先易后难。

解决不了转型问题。[①]

在赖特文章的注释中,他的确承认斯蒂德曼表明了使用价值范畴会得出使人困惑的结果。但是,赖特认为如果接受了森岛对剩余劳动和价值的重新定义的话,则斯蒂德曼要求人们加以注意的错误就会得到矫正。但是,赖特在这里并没有告诉读者森岛的建议内容是什么,以及为什么这里没有涉及由于概念转移而产生的更广泛的含义。实际上,按照森岛的新定义,价值不仅成为不可加的(正是价值的可加性产生了斯蒂德曼所发现的困难),而且它们不再被认为是凝聚的或被包含的可识别的"社会必要劳动时间"的数量——至少不是马克思所认为的那种取决于使用不同技术的不同部门的平均条件下的那种数量。恰恰相反,森岛所定义的"剩余劳动"要求我们首先通过线性规划去发现工人为维持生计所需要的消费品而花费的最少劳动时间[②]这个概念上的最少劳动时间数量就是"必要劳动",而它与实际耗用的劳动时间之差就是"剩余劳动"。

这里的"必要劳动"被严格地定义为在利用所有现有最好生产技术的情况下,生产能维持工人生存的消费品所用的最少劳动时间。注意,这里不是简单地指那些实际使用着的技术。由于资本家在从现有的各种生产技术中做出选择时,考虑的总是获取最高的利润率而不是努力使所使用的劳动时间最少,所以实际使用的

---

① 可见森岛对这个结果的论证,也可参见斯蒂德曼所著《按照斯拉法思想研究马克思》一书的第 3、4 章和第 5 章,伦敦,新左派图书公司,1977 年。

② 森岛:"根据现代经济理论来看马克思",载于《计量经济学》42 卷,1974 年,第 611—632 页。这是他就任伦敦经济学院的数理经济系主任时的就职讲演。

技术（从而生产的物质系数）和那些使工人得以在生存水平上再生产自己的劳动时间为最少的技术之间，可能会有相当大的区别。同时由于在奢侈品和投资商品的生产上要耗费劳动，在经济活动中劳动时间的实际使用量也要高于概念上的最少劳动时间。最后，实际经济活动中的不平衡条件和次优运行，同样使实际劳动时间区别于定义的“必要劳动”的最低劳动时间。

读者会注意到森岛的方法导致的是一种作为抽象概念的“必要劳动”，而不是在生产工资商品时实际耗用的劳动时间。而且，只有对于整个经济，包括生产所有商品的所有过程，在考虑到所有可利用的生产技术的情况下求解最小值才能得到答案。只对特定的工厂或企业，是无法进行计算的。由此而得出的剥削率，是整个经济的剥削率，说明不了每个生产过程的具体情况。

从解算生产工人的生存消费所需最少劳动时间的线性规划问题出发，就有可能了解其“对偶的”线性规划问题来获得产出的工人生存消费品的“影子价格”。这些“影子价格”被森岛称为“最优价值”，他说：“有一种不同的系统地阐述劳动价值论的方式，和马克思在通行的生产条件的基础上计算商品中的凝聚劳动的‘实际价值’论不同，‘最优价值’论认为价值是由一个线性规划问题所决定的影子价格。这个线性规划问题对偶于有效利用劳动的另一线性规划问题。”[1]

这的确是对研究方法来讲很重要的理论发展。但是，正如斯

① 森岛：“根据现代经济理论来看马克思”，载于《计量经济学》，第 42 卷，1974 年，第 615—616 页。

蒂德曼指出的那样，这种发展超出了马克思所用的价值概念的范畴。[①] 马克思的价值范畴涉及的是实际使用的生产方法；无论对单个的商品，特定的生产过程，某一经济部门，还是对整个经济来说，这些价值都是可加的，因为价值是由所消耗的全部生产资料的价值加上所付出的活劳动（作为抽象劳动）所得的和决定的；并且它们总是正的。由于在固定资本和联合生产的劳动价值分析方面所做的探索，出现负的商品具有可加性的价值和负的剩余价值的可能性被揭示了出来，所以很清楚，马克思所使用的价值的所有三个特点是不可能同时满足的。

正是在这样一个关节点上，森岛引导我们迈进了一步，向我们证明如果重新定义价值的概念使其具备更大的普遍性，则依据上面所提到的"最优价值"的概念就能消除负价值之谜。但是，在价值现在重新具备不可负性的同时，它们却变成既不是实际的又不可加性。森岛和斯蒂德曼之间的意见分歧仅在于是否能继续把森岛的提法看作基本上还是马克思的劳动价值论。斯蒂德曼认为是不能。对于赖特所主要关心的评价斯拉法模型时的中心议题，即"重建马克思主义模型"，森岛提供不了什么帮助。森岛本人强调的是按他的方法计算剥削率的客观性。这个比率现在或者是重新定义的"剩余劳动"比"必要劳动"，或者是有报酬的劳动比无报酬的劳动，这里有报酬的劳动是用"最优价值"而不是实际凝聚劳动价值衡量的工人生存消费量。在这两种情况下，剥削率，工人生存

---

① I. 斯蒂德曼："正的利润和负的剩余价值——一种回答"，《经济月刊》，第86卷，1976年。

消费的"最优价值"，或者经济中的"必要劳动"，都是由下列因素所唯一决定的：产出系数矩阵，物质投入系数矩阵，劳动投入系数行矢量，实际雇用的工人数，以及使用实物单位的工人生存消费品数量。[①] 这就是由斯蒂德曼发展的斯拉法模型的生产的社会技术条件，以及给定的生存实际工资即最低的可能工资。

必须记住，因为我们有了理论上的"必要劳动"和"最优价值"以及允许存在联合生产，这里的生产社会技术条件包括了所有的资本家知道的可行技术。只有技术选择问题被有关的当事人解决之后，我们才有可能知道马克思所定义的劳动价值；[②]而森岛的理论价值却可以脱离开实际的技术选择而独立地确定。实际的技术选择是由多种因素确定的，其中包括阶级斗争的进程。这里的关键是要注意到在森岛的建议中并没有和斯蒂德曼在《按照斯拉法思想研究马克思》一书中表述的理论观点的一般性和概念的准确性相矛盾的地方，任何人只要实际通读过斯蒂德曼的著作就都会确信这一点，特别是书中的第 13 章对森岛的建议做了明确的讨论。

在其论文中赖特注意到了斯蒂德曼和森岛在下述观点上是一致的："如果且仅仅如果剩余劳动像森岛新近定义的那样是正的，则利润率和增长率就是正的。"森岛将这称为普遍的根本性的马克思主义定律，在很少几个限制性前提之下它对整个资本主义经济都成立。森岛认为其中最重要的限制条件(除了此理论只适用于

① 森岛：《根据现代经济理论来看马克思》，第 618 页。

② 见斯蒂德曼：《按照斯拉法思想研究马克思》一书的第 4 章："对价值、价格和利润的引申。"

可再生产的商品这一通常的要求之外)是不存在异质的劳动,即是说要假定所有的劳动投入都可被还原为同一尺度。这样的假设条件在所有的经济分析中都被广泛使用。但是,赖特任其读者将这些误解为是在维护他所谓的重建的马克思主义模型,而同时却对这里所提的"剩余劳动"非常不同于在马克思的劳动价值论基础上提出的剩余劳动概念避而不谈。事实上,正是由于这个原因,斯蒂德曼才始终使用"剩余劳动"这个术语而不用"剩余价值"。

以上的论述使我们触及到了赖特文章的第二个严重弱点:它随便地将"剩余劳动"和"剩余价值"混同了起来。在那篇文章的注10中赖特写道:"为了方便起见,在讨论中我凡是提到'以剩余价值的形式表现的剩余劳动'的地方,一般都简单地写为'剩余价值'。在所有的阶级社会中统治阶级总是占用剩余劳动,但是只有在资本主义社会里剩余劳动才具有剩余价值的形式。……只有在经济生产部门进行的剩余劳动才凝聚在商品之中表现为剩余价值并构成马克思主义理论中的利润基础。因此为简单化起见,在论述中我将在一般情况下直接提到剩余价值。"

所以赖特一直假定只要"剩余劳动"作为一个概念是成立的时候,说它是传统马克思主义意义上的剩余价值也是对头的。赖特这样做,是把未经证明的判断作为证明论题的论据,因为在斯拉法的和重建的马克思主义模型之间的争论之点,首先恰恰就是劳动价值论和马克思主义的"剩余价值"概念对于分析剩余劳动及其定量估量是否合适。在辩论中双方对于在某种意义上作为资本主义经济的一种基本特征的剩余劳动的存在没有异议;同样,双方对于在这种适当理解的剩余劳动与利润水平和利润率之间有确定关系存在也没有异议。正如任何读过其基本著作的人都会了解的那样，正是斯拉法严格地证明了在给定的一组物质生产条件卜存在着一个最大的利润率。[①] 斯拉法本人认为这个思想应归功于马克思，马克思曾指出即便工人仅靠空气过活，利润率也有一定的限度。[②] 反过来，马克思似乎又是从重农主义者尤其是魁奈那里得到的启发，在他们的循环生产系统的观念中包括着这样一个想法，即物质投入和产出的比例，为在一定的生产条件下的潜在利润确定了界限。然而，辩论的双方对下列问题持有不同意见：究竟是生产的社会技术条件和实际工资（作为变量）决定利润率，还是在决定利润率时需要更多的与其无关的因素；对于理解“剩余劳动”及其测度来讲，传统的“被凝聚的劳动”的价值概念究竟是否适当？或换句话说，对所有的资本主义经济“剩余价值”究竟是不是“剩余劳动”的合适表达方式（即使按最宽松的假定）？赖特简单地对这些问题做了肯定的回答，因此或者是他没有搞懂这里讲的是什么，或者是在错误地引导其读者，使其相信只要存在“剩余劳动”，则对“剩余价值”的劳动价值观的理解就是合法的。

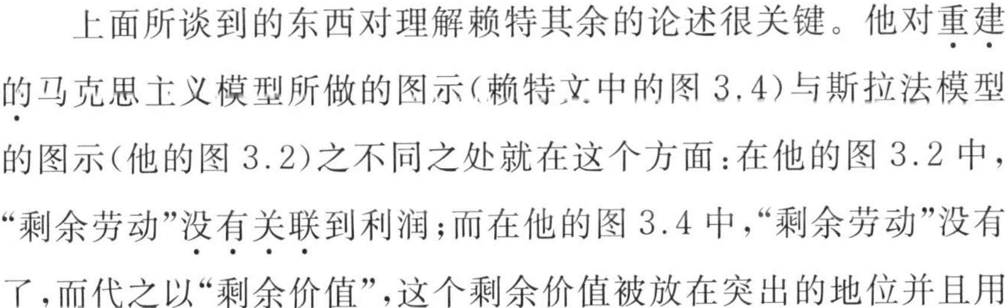

上面所谈到的东西对理解赖特其余的论述很关键。他对重建的马克思主义模型所做的图示（赖特文中的图 3.4）与斯拉法模型的图示（他的图 3.2）之不同之处就在这个方面：在他的图 3.2 中，“剩余劳动”没有关联到利润；而在他的图 3.4 中，“剩余劳动”没有了，而代之以“剩余价值”，这个剩余价值被放在突出的地位并且用

① 斯拉法：《用商品生产商品》，伦敦，1960 年，第 12—18 页。

② 同上书，第 4 页。

标有“限制”一词的箭头指向利润。这些图形是根据赖特在其《阶级、危机和国家》中阐述的几种不同的确定方式做出的。[①] 在那本书中，从一种受到阿尔萨瑟影响的结构主义式的马克思主义立场出发，赖特列举了限制，选择调解、转换，以及再生产和非再生产作为基本的原因确定方式。区别于确定方式的模型用圆形来表示，按照系统论的方式，图中用方框来表示变量及结构，相互之间用代表一种或几种确定方式的线段联系起来。赖特就是用这种方式来显示斯拉法模型和马克思主义模型之间的区别。在他的图 3.4 中给出的“第一级近似”只用了两种确定方式：限制和选择。

赖特认为在实际工资为零时，生产的社会技术条件对剩余价值的最大数量确定了限制范围。然后，在生产的社会技术条件所确定的上限之内，实际工资的实际水平成为剩余价值实际水平的“选择确定因素”。赖特这里所用“限制”一词是复数，也就是说剩余价值也有一个下限。显然此下限为零，当劳动力创造的全部价值成为工人的实际工资时就达到这个下限。在这种情况下利润也是零并且不存在剥削。一直到这里，赖特的分析都平行于斯拉法的处理方法，唯一的不同是后者是用“剩余劳动”来代替剩余价值，其原因在于价值范畴的概念形成及其作用尚待讨论。把实际工资作为区别于生产的社会技术条件的变量，正是斯拉法在《用商品生产商品》一书中的模型的一个主要特点。通过这种做法，斯拉法确立了利润率和实际工资之间此长彼消的关系（在生产的社会技术

① E.O.赖特：《阶级、危机和国家》，伦敦，新左派图书公司，1978 年。

条件给定的条件下)，并且在“净产品”中包括工资。

这里，赖特显然在两个重要方面与其他试图对斯拉法进行批判的人以及所谓的新李嘉图主义者有区别。[①] 首先，赖特承认生产的社会技术条件**确定价值**，因为它们确定剩余价值的上限。物质投入产出的有关数据(以不同的方式由社会决定)足以算出价值大小的说法时常遭人非议，然而还没有人提出一种更好的计算出价值的方法，从而进行两种结果之间的数量比较。[②] 其次，赖特承认**实际工资是可变的**。这种立场并不是总可以得到坚持认为平衡工资是“劳动力的价值”的人的赞同，他们认为工资和其他价值一样是由当时的生产的社会技术条件所决定的，因此一旦社会技术条件给定，实际工资也就给定了。问题出在马克思主义的工资理论本身。马克思的著述中讲了两种工资理论。在《资本论》第一卷里，工资被说成是围绕劳动力的价值而波动，并且像其他价值一样，劳动力的价值是由再生产其自身所需要的劳动时间决定的(但是在再生产过程中又掺杂进了由当时的社会或文明所暂时决定的所谓“文化的”因素)。而在《价值、价格和利润》中，马克思又阐述了一种多少有些不同的，明确的关于工资的阶级斗争理论，按照这种理论工资和利润之间具有此长彼消的对立关系，并且如果仅仅给定生产的社会技术条件的话实际工资仍不能完全确定下来。[③]

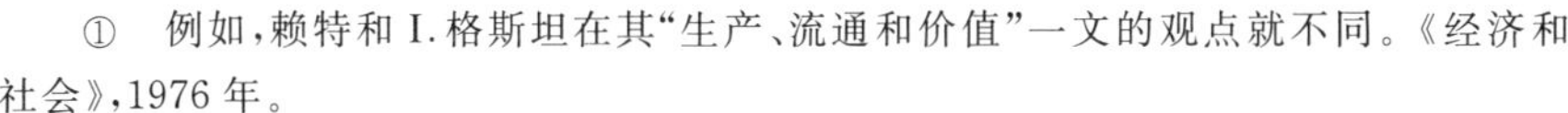

① 例如，赖特和I.格斯坦在其“生产、流通和价值”一文的观点就不同。《经济和社会》，1976年。

② 除参考格斯坦的著作外可进一步参考S.希梅尔魏特和S.莫恩的“资本异常”，见《资本和阶级》，1978年。

③ 要了解这方面的讨论可参见M.C.霍华德和J.E.金：《马克思的政治经济学》，伦敦，1976年。

赖特同意斯拉法、斯蒂德曼等人的观点，在工资问题上和马克思的第二种立场保持一致，而没有依据反映“劳动力价值”的凝聚劳动的概念。

帕西涅蒂[①]在最近出版的演讲集中提出也许可以认为工资率由两部分组成：一部分是为维持生存而由生物学原理所决定的（这部分随地理及生态条件而变化）；另一部分是超出生存需要的“剩余”。生存部分可被表示为实物数据的技术系数，而工资的“剩余”部分作为阶级斗争和“文明程度”的结果不时有所变化。按照这些看法，赖特原来看法中的“剩余价值”的最大值就不会要求工资变为零，而会维持在最低生存线上。对森岛的“剩余劳动”与“最优价值”概念的处理，则要求我们更进一步：我们不仅需要使工人的消费维持在生存线上，而且要在已知所有可利用的生产技术的条件下，依据经济所可能具有的最小劳动投入来计算剩余量。这样做不仅使“必要劳动”减为实际上的生物学意义上的最小，而且使其也成为在概念上有意义的可能的最小。

赖特和斯蒂德曼之间除了这二点相似之外，赖特还断言（至少从一开始）斯蒂德曼的观点并没有根本性的错误，问题仅在于它过于局限了。在这个基础之上赖特才便于进一步展开他自己的说法。

仔细考虑一下赖特所提供的图解可能会对他发生混乱的原因有一个了解。赖特文章中表示斯拉法模型的图 3.2，并没有表明限制和选择等这些确定方式。但是，它们与对斯拉法模型的理解

① 帕西涅蒂：《生产理论演讲集》。

有密切的关系。生产的社会技术条件确立了对利润水平的限制及对实际工资的限制，并且“选择”了通行的利润率；生产的社会技术条件，又“外部地”取决于不同力量的组合（包括阶级斗争、人口增长、国家干预、利用训练设施的限制、资本家对劳动的需求，等等）。从“净产品”中减去总实际工资所购买的商品当然就计算出了“剩余劳动”量，换种方式，森岛对“剩余劳动”的重新定义也是能够接受的。然而一般来说，无论哪种方式“剩余劳动”都不会等于马克思所说的“剩余价值”。（当在某些受到许多限制的简单情况下，斯拉法的“剩余劳动”会和马克思的“剩余价值”相等。斯拉法的观点具有更大的普遍性，并且揭示了马克思的劳动价值论观点的局限性。）赖特文章中的图3.4表示的是重建的马克思主义模型，这里尽管标明了选择方式，但仍留有一些疑问。为什么在生产的社会技术条件和利润之间标上选择关系呢？在斯拉法模型中并用赖特自己的话来说它不是限制关系么？事实上它应该是限制，因为生产的社会技术条件本身只确定最大利润率，而为了选择实际的利润率一定要知道实际工资。换句话说，赖特认为存在于生产的社会技术条件、实际工资和剩余价值之间的关系应该同样存在于生产的社会技术条件、实际工资和利润三者之间。

另一处疑点是剩余价值所起的限制确定作用。首先，如果生产的社会技术条件和实际工资两者的作用都是选择，则这种说法似乎还有意义。但是它本身极为含糊不清，要不就要求对生产的社会技术条件、剩余价值和实际工资三者的作用排出一定的顺序来才行。用赖特自己的话来讲，生产的社会技术条件对剩余价值有限制作用，因此它选择利润是什么意思的确是个谜。说到底，受到生产的社会技术条件限制的剩余价值本身只对利润确立限制。因为赖特的图 3.4 是否认真表示一个不同于斯拉法的模型并且在其中剩余价值对利润起着某种生产的社会技术条件还没有直接起到的限制作用，所以剩余价值一定具有某种独立于生产的社会技术条件和实际工资之外的确定它本身的因素。所以，这个模型至少还要加进一个被忽略掉的“结构要素”，这个结构要素应被置放于实际工资和生产的社会技术条件之间，并且对剩余价值起限制作用；这种限制作用或者被包括在生产的社会技术条件所确立的限制范围之内，或者独立地起作用，但仍然要多少和生产的社会技术条件所决定的限制范围“复合”或“联合”在一起，如下面图 5.1 所示。

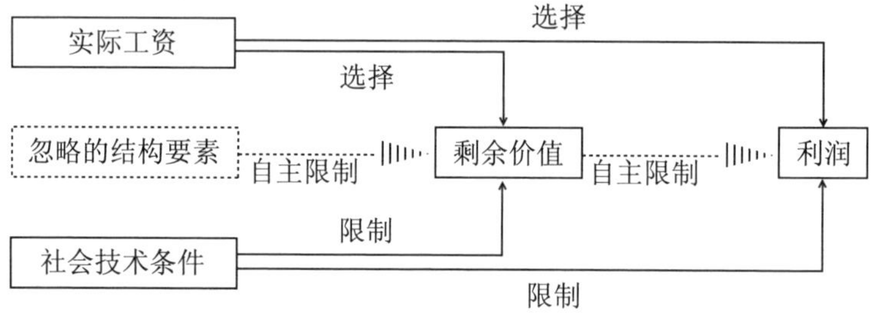

图 5.1

如果没有“忽略的结构要素”对剩余价值施加独立的限制作用，则剩余价值对可能利润的限制作用就归结为生产的社会技术条件所起的限制作用，在这种情况下，赖特的图 3.4 如果将其中的“剩余价值”变为“剩余劳动”的话，就在一般的情况下化为他的图 3.2(“剩余价值”只有在严格定义的情况下作为特例予以保留)。所谓赖特的图 3.4 代表了一种不同于斯拉法的有启发的模型这种说法，可以说完全基于把生产的社会技术条件对利润的作用当作选择作用这一未加论证的主张，因为只有这样才能为剩余价值的限制作用留下一席之地！只要将图5.1和赖特的图3.4做一比较（在图3.2中重画了赖特的图3.4），就会发现他对重建的第一级近似的马克思主义模型的表达是含混的和十分不完整的。实际上，有证据表明赖特本人的确是含混不清的。在一处他写道："生产的社会技术条件对剩余价值的产生确立了基本限制范围"；但是稍后在画出了图形之后，我们却又受到警告不要相信已经表述过的东西，因为他又写道："剩余价值的数量大小解释了哪些利润水平是不可能达到的；生产的社会技术条件和实际工资解释（或预见）了许多可能的利润水平中哪一个实际发生了。"这里的两种说法是相互矛盾的，因为按照第二个说法，生产的社会技术条件是在剩余价值所限定的范围内起作用的，而按照第一个说法，却是由生产的社会技术条件确立了这些范围。

赖特的图3.4

赖特自己也对上面讲到的争议有些预感。他留意到对他在其图3.4中描绘的模型的一种可能的反对意见是："由于剩余价值本身是由生产的社会技术条件和实际工资决定的，因此在过程中起不到独立自主的作用，所以仍旧是'冗余'的。"然而他对此的回答是不能令人满意的，因为他绕过了应该回答的问题。赖特断言："恰恰因为剩余价值是过程之内的内生因素，它可以被看作是一个具有特殊地位的确定因素。"然后他把注意力从其图3.4的模型转向他的图3.3（未经重建的马克思主义模型），并且争辩说在均等的资本有机构成的情况下，他的图3.3中的模型将是十分适宜的，这正是因为在这种情况下"剩余价值"是完全由生产的社会技术条件和实际工资确定的内生量，并且"这两个因素只有通过对剩余价值的作用才对利润产生影响。"最后，他断定甚至在资本有机构成不相等的时候，剩余价值和利润的基本关系将保持不变。除此之外，在更为现实的条件下，剩余价值的改变不是利润改变的充分必要条件，但是"它们仍是利润可能变动范围的变化的充分必要条件"。但是，所有这些论断是不能自圆其说的；一旦我们离开了均等的资本有机构成这一情况，如果我们还坚持应用马克思主义劳动价值论的话，马上就会遇到转型问题。讨论这个问题的长期历史已经表明，在某种规范的条件下，转型是能够实现的（至少在不考虑固定资本和联合生产的情况下）。[①] 但是，不管采用何种建议的解决方法，马克思所坚持的两个等式，即全部价值等于全部生产价格以及全部剩余价值等于全部利润，总有一个或两个都不再成立。

之所以在重新评价马克思和重建资本主义经济的唯物主义分析方面把重复放在剥削过程有这样一场辩论，就是因为其内在的含义涉及把价值转型为生产价格的问题。有的人关心的是价值的

---

① 见本书第107页注②。

恒定尺度问题，并且发现在最一般的条件下，社会必要劳动时间这一概念起不到这种作用。[①] 其他有人关心的是价值和剩余价值作为一方与价格和利润作为另一方之间的关系，并且发现在某种条件下价值系统是价格体系的一种“替身”，但是在更为普遍的模型中（即承认固定资本和联合生产），价值并不是严格确定的且可以是负的，否则就应要求对之重新定义。[②] 这些研究的一个结果是，一旦实际工资给定并结合有关的矩阵或方程，马克思的价值和价格像至今所说的那样关联在一起，就像双生子那样同时由具体的实际数据推导出来，两者都由于具体生产数据的变动而发生变化，但是其中任何一个都不能直接确定另一个。它们之间的关联，就像从生产的社会技术条件和实际工资所伸出的叉子上的两尖齿那样。但是，即便承认了这种对偶性的存在，有人仍会争辩说价格和利润分析（在生产的社会技术条件和实际工资的基础上）仍是更为基础的东西，原因是当不同的技术可利用时，技术选择问题可以根据这种分析而得到解答。价值分析，由于其自身的性质，只有在技术选择已经完成了之后才能完成；只靠这种分析本身并说明不了这种选择是如何做出的。赖特如此轻易地忽视一个他自己也感到是个问题的反对意见，恐怕只能用他对教条的习惯性盲从来加以解释，实际上他既没有面对也没有驳回对方的论点。否则，他提出

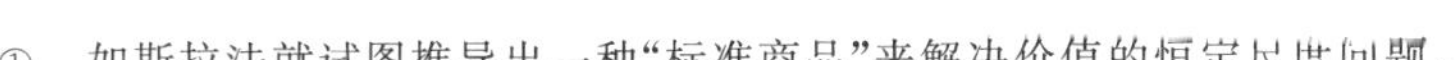

① 如斯拉法就试图推导出一种“标准商品”来解决价值的恒定尺度问题。

② 例如，森岛在其《马克思的经济学》一书中和 A. 布罗迪在他的著作《价格、比例和计划，劳动价值论的数学重述》（阿姆斯特丹，1970 年）中的论述。斯蒂德曼列举了一个价值为负的反例，见《按照斯拉法思想研究马克思》。

具备特殊意义的确定因素的概念干什么？如果不是为了固守教条，他凭什么要赋予剩余价值以这样的特殊意义呢？

赖特提出自然资源的稀缺性问题，在很大程度上是借此引出关于阶级和社会生产关系的经典马克思主义理论的某些内容。但在这样做的时候他似乎对利润和价格问题的“要素—稀缺”论让步过多。按他的文章，在计算利润时使用以剩余价值为限制条件的劳动价值论的做法是人为的，强调剩余价值的原因不过是为了理解阶级和阶级斗争，以及与这两相联系的使剩余价值发生作用的特殊的资本主义运行机制。在对斯拉法模型的讨论中，赖特曾不厌其烦地反复论述剩余价值的重要意义，而在这里他又做了这样令人吃惊的“招供”，对某些读者来说恐怕是一个打击。对任何还没有坚信马克思主义关于阶级和阶级斗争细节的概念为研究人类历史和资本主义社会的政治提供了正确途径的人来讲，赖特的论证肯定不会被看作是强有力的。这种局面就像俗语讲的那样：信上帝的人不必有什么原因，不信的人你给再多原因也没用。

在此恐怕难以一一列举对斯拉法的理论和主流派的新古典主义对价格和利润所做的“要素—稀缺”分析进行比较而发现的问题。然而做几点提示还是可能的。首先，在与魁奈、李嘉图和马克思的工作有着承继关系的“生产——再生产”的理论流派和正统教科书中奉为圣典的“生产要素加满足消费者需求”的理论之间，存在着一些重要差别。这些差别表现在对利润的解释，分配理论，承认或不承认对生产资料的阶级垄断，以及有关资本主义经济的增长与挫折的互相冲突的理论等诸方面。[①] 第二，李嘉图和马克思所讲的劳动价值论显然是原本打算运用于可随意再生产的商品(即那些不受自然资源或其他投入限制的商品)之上的。因此这个理论并没有直接“包括”所有现实的情况，因为在现实中总是对自然资源、土地以及地点存在着这样或那样的“约束条件”(至少在某个确定的时间内)。要搞清楚这对某一给定经济的利润的**经验**分析造成何种差别，既需要能把这些情况与一般模型结合起来的理论方法，也需要特定情况的特殊数据(当然也应包括诸如垄断、寡头竞争、国家税收和补贴等在别处“被排除”了的现象)。

在斯拉法处理租金问题时，同时也体现了考虑到了由于不可再生投入而引起的稀缺性的理论方法，因为具有不同肥力的土地可以被看作是具有稀缺性和能够被耗尽的不可再生投入的特殊例子。这也就是说，存在着把这些因素放进描述生产的社会技术条件的矩阵的方法，尽管此处无法对细节进行讨论(下面还会讲到一些与此有关的研究工作)。[②] 这里使人感兴趣的是在原则上斯拉法的分析一方面有办法把不可再生的稀缺要素考虑进来，同时另一方面又能保持其循环生产模型的结构，表明利润和工资是反相

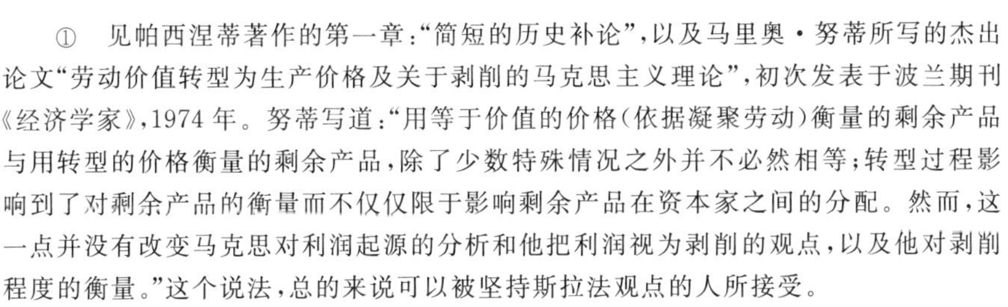

① 见帕西涅蒂著作的第一章：“简短的历史补论”，以及马里奥·努蒂所写的杰出论文“劳动价值转型为生产价格及关于剥削的马克思主义理论”，初次发表于波兰期刊《经济学家》，1974 年。努蒂写道：“用等于价值的价格(依据凝聚劳动)衡量的剩余产品与用转型的价格衡量的剩余产品，除了少数特殊情况之外并不必然相等；转型过程影响到了对剩余产品的衡量而不仅仅限于影响剩余产品在资本家之间的分配。然而，这一点并没有改变马克思对利润起源的分析和他把利润视为剥削的观点，以及他对剥削程度的衡量。”这个说法，总的来说可以被坚持斯拉法观点的人所接受。

② 斯拉法：《用商品生产商品》，第 74 至 91 页，以及吉尔伯特·亚伯拉罕以及埃德蒙·波里比：《价值论、价格和积累》，巴黎，1976 年，第三章，第 90—165 页。

关的，并且证明由外部决定（即由不严格局限于技术经济条件的原因决定）的实际工资决定资本家能够得到什么样的剩余产品。剩余产品不只是资本家们的消费品，因为它里面还包括生产资料的投资，并构成使资本家成为资本家和使工人成为工人的物质基础。①

斯拉法派受要素稀缺性问题的影响相对较小，斯拉法模型是变得较为复杂了，但并没有发生根本的变化或变得难以招架了。这一观察表明了斯拉法理论对传统马克思主义观点的又一优越的地方，尽管赖特是否对后者进行了重见。这并不是说对斯拉法的分析就不存在困难了，尤其是还要进一步考虑诸如垄断，变化着的需求条件，可耗尽的资源，结合服务性劳动以及公共产品等问题。这些问题的确构成了理论工作探索的前沿，并且对那些对“按照斯拉法思想研究马克思”倾向感兴趣的人来讲，的确是些新增加的东西。这都是些要求严肃对待的问题。赖特在其文章中认为仍未解决并且不予考虑的课题，像固定资本、资本的变化的时间结构以及联合生产等，事实上在斯拉法、冯·诺意曼、森岛、斯蒂德曼和其他一些作者的著作中都已成功地进行了阐述。②

然而对于赖特来讲，整个投入稀缺性问题及其在确定利润时的作用，不过仅仅是他引进一个代表重建的马克思主义模型的复杂近似（相对于前面的第一级近似而言）的复杂系统理论的圆形表:示（图 3.6）所用的托辞而已。阶级斗争和阶级结构，和原先的

① 马里奥·纳奈，第 101—103 页。

② 斯拉法，第 7 至 10 章，第 43—62 页；森岛：《马克思的经济学》，第 13、14 章，第 164—169 页。斯蒂德曼：《按照斯拉法思想研究马克思》，第 12 章，第 163—183 页。

实际工资、生产的社会技术条件、利润及剩余价值一起，被当作结构变量画在方框之中。赖特正确地指出，在资本主义条件下“恰恰由于剩余劳动的作用通过交换过程显露出来并且生产的组织作为资本主义的劳动过程，阶级斗争从来没有像这样直接联系到剩余劳动”。阶级斗争改变了生产的社会技术条件和实际工资，以及阶级结构本身。在第一级近似中没有的两种确定方式现在出现了：转换和再生。生产的社会技术条件被看作对阶级结构有再生确定作用。标有剩余价值的方框现在被移到更右边的位置，而利润则被放在剩余价值的左边，并由一个选择确定的箭头与阶级斗争联系起来。

有两点必须立即指明。第一，赖特的这个图形，与其说是一个很好展开的**模型**或者甚至只是一个明确规定了某些关系的模型，不如说它更像是一个程序化了的连接语句。在缺少对“限制”、“转换”、“选择”的作用进行更细致的或更精确的规定的情况下，它更像是一个含义广泛的语句而不像一个模型。然而它代表了大多数马克思主义者一般认为是理所当然的规范性论断。[①] 第二，如果就算是赖特用这样的图形来“模型化”所要代表的结构和过程，对于在社会和政治分析方面同样也是马克思主义者的斯拉法派的模型分析家来说，其中并没有什么东西是不破坏其内部连贯性就无法接受的。只有那些严格信奉新李嘉图主义和不可知论或者根本就不承认阶级斗争的作用和相对重要性以及阶级结构和生产的社

① 斯蒂德曼也许会对这些东西“一扫而过”而不加评论，目的是更精确地阐述一些更明确的规定了的问题。见《按照斯拉法思想研究马克思》，第15—16页。

会技术条件互相依赖的斯拉法主义者，不可能不同意存在着的这些广泛的联系。几乎所有的斯拉法主义者恐怕都会认为简单地抛弃赖特图中右边的方框“剩余价值”以及与之相连的三个箭头是不必要的。说得更准确一点儿，他们所要做的仅仅是把其中从“剩余价值”出发而指向“利润”的那个箭头去掉，其根据是这一点是无保证的，并且在没有对“剩余价值”适当地重新定义之前，这样做是错误的。

对于剥削问题，斯拉法主义者不会接受由于阶级斗争通过生产的社会技术条件和实际工资起作用因而“阶级斗争并不直接影响剩余价值和剥削”这一说法。按照斯拉法派的观点，剥削率取决于作为实际工资而属于工人的净产品的比例。因此，围绕实际工资问题而进行的阶级斗争就直接影响到剥削率并且间接地影响到资本家占有的“剩余劳动”(按森岛的定义)的比例。

针对他的图3.6，赖特未加任何进一步的论证就再次重复了前面已提到过的教条，即“这里仍旧表明阶级斗争通过它们对剩余价值的作用而对利润施加最有决定性作用的影响”。可能他自己也还没有信服这个教义的缘故吧，他又转而乞灵于目的论的想象，认为这对即将进行的经验研究计划具有“非常重要的含义”，好像这些研究结果会构成对教条的最好的支持似的。

最后，当赖特将他对斯拉法模型所做的各种评论归纳到一起的时候，他提出了几点论断，其中一些只是结论，但有一条用的篇幅很大，对资本主义工业中的劳动过程的最近研究成果做了一番评述。他重复了所谓斯拉法分析仅关心利润的计算而不能估计到由社会因素而确定的利润的可能变化这一武断的说法。这样说是大错特错了。斯拉法本人所做的研究工作的确显得是乏味的经验式的严谨，避免了一切生动的社会因素。但是，一旦和社会历史资料结合起来，这个研究结果可被用以表明利润是被拥有和控制生产资料的那些人所瓜分占有的；利润的水平是由决定究竟有多少净产品必须作为实际工资付出的社会过程所确定的；以及如果在一定的生产社会技术条件下实际工资上升的话，则利润的所有者就会得到较少的利润，从而就会试图去减少实际工资，或者去改变生产的社会技术条件，以便得到相当于减少实际工资或提高最大可能的利润水平的结果，也就是说提高整个净产品的数量。所有这些都能从斯拉法式的分析中得到，从而证明它们确实触及到了社会过程，并且能够以一种客观的、原则性的和可测度的方式提供答案，或寻求答案的思路。认为在斯拉法分析中“剩余劳动”的概念不起作用的想法是错误的。恰恰相反，斯拉法分析赋予了“剩余劳动”以精确的理论意义，并使它至少对于整个经济来说在原则上成为可计算的。斯蒂德曼要求我们抛掉的是剩余价值的概念，而不是剩余劳动的概念。剩余劳动概念更为基本且更具有一般性，无论是对生产方式进行马克思主义的研究还是形成有关社会阶级及各阶级之间相互关系的理论，都要求有这样一个概念。另一方面，剩余价值是马克思为了分析资本主义经济的特殊特点而提出的一个特殊概念。并且一旦将其系统地加以运用，就会发现它并不适合原来所要达到的目的。正因为如此，它正在被新的概念和理论所取代，森岛和斯蒂德曼不过是提出新的看法的许多人中的两个而已。

至于赖特提出的马克思主义者“把利润确定问题放在一个更

广泛的有关社会关系及其确定问题的理论之中加以考虑，在这个理论里，利润本身也成为一种确定因素，而不单纯作为结果”这一说法，很难说它不正确，但是不能不说斯拉法派也正是这样做的。斯拉法模型是突出地具有“循环生产”的特点，因此作为结果的利润也对生产的社会技术条件和实际工资具有确定作用，并且像斯蒂德曼有力地证明了的那样，利润对于影响劳动过程的技术选择和决策也发生作用。使人惊讶的是赖特尽管事实上读过了《按照斯拉法思想研究马克思》这本书还会做出那样的论断，因为这部著作的中心思想之一就是资本家是依据价格和利润而不是价值和剩余价值做出决策的，因此利润的确变成资本主义经济的结构和动态过程的确定要素。至于说到赖特上面所提到的那个特定的更广泛的有关社会关系的理论所具有的确定性理论模型，只要不借助于马克思的剩余价值理论和价值概念，是可以为斯拉法派（即指那些认为自己是发展了而不只是否定了马克思的工作的人）所接受的。[①] 有些人，包括很多斯拉法理论的拥护者，都认为这个更广泛的社会历史理论博大精深，尽管作为一种分析的框架来讲，它并没有经过严格的理论表达，因而没有把以深刻讨论为特点的马克思在《资本论》中所做出的理论论断理出明确的头绪来。因而，当研究生产和分配系统需要面对非常精确的分析课题的时候，这些更广泛的理论和论证就显得模糊不清了。接受还是否认马克思的更广泛的社会理论，都不影响斯蒂德曼追寻斯拉法而提出的精确概

① 当然并不是所有承认斯拉法所做经济分析的重要性并且把他的著作当作出发点的人，都会接受有关历史进程、生产方式理论等方面的马克思主义的看法。因此，他们自然也就不会对在斯拉法之后所进行的马克思主义的理论建设工作感兴趣。

念课题。马克思有关生产方式和它们再生产或崩溃的条件的理论，以及他的资本主义危机理论的社会与政治方面的相关内容，一旦特别清晰地表述出来，就能结合进斯拉法的商品生产经济理论并使之变得更强有力。马克思科学工作成果的这一更广泛的方面，如果去掉其劳动价值和剩余价值的硬性规定，肯定会继续存在下去，否则是难以想象的。假如知识和推理论证的进一步发展没有发现不同的东西的话，马克思主义分析中有关人的潜力和从现有的条件所预示的可实行的将来的论断，同样可为斯拉法派所用。斯拉法派的学者们对这方面的内容的确没有提到，但是这并不表明他们不接受或否认有关这些问题的已经证明了的并已严谨阐明了的理论，正像他们没有提到大脑的功能并不就是意味着他们不接受已证明了的神经科理论一样。他们之所以保持沉默恐怕与发展出有关这些问题的严格的(原则上)定量理论所碰到的困难有关，而不是从原则上拒绝在这些领域中的科学工作所可能提供的答案。事实上，斯拉法理论对研究各种行动路线和对经济的社会主义改造问题，能够提供更为精确的和更能揭示细节的手段，因为不管就普遍性还是可测量的客观性来讲，斯拉法式的模型都要比经典的马克思主义模型包容更多的内容。[①] 因受本文主题的限制，这里就不再多说了。

最后一点，赖特主要关心的问题，他对斯拉法观点所存戒心的核心，集中在各种理论如何解决分析劳动过程和如何形成有关阶

① 如对怎样由马克思、冯·诺伊曼以及斯拉法有关社会主义经济的经济问题所做的研究工作中归纳出一种“统一的”生产理论的讨论有兴趣，可参见 A.布罗迪的著作。

级及以阶级为基础的对抗理论的问题上。这里，他对斯拉法的处理提出两点严肃的批评意见，并从而发现重建的马克思主义观点具有双重优点。他指出，第一，斯拉法派持有“由市场确定”阶级的概念，这种观念更像是韦伯的社会层次论而远离马克思主义。马克思主义的阶级论是依据社会生产关系提出的，因而是“生产导向”而不是“市场导向”的。第二，因为剩余劳动（赖特认为在资本主义经济中它和剩余价值是等同的）对马克思主义者是中心问题而对斯拉法主义者则不是，因此前者在研究中能够提出有关劳动过程的一针见血的问题，而在后者的框架中则很难认真地作为中心提出类似的问题。很多叫人感兴趣的经验课题，如垄断，国家干预，工会主义的冲击，在集体谈判和工资斗争中的博弈论研究，技术改变，发明，由技术变化引起的劳动过程中的冲突所造成的影响，这些都是斯拉法的理论研究内容中可以容纳的，因为它们可以被认为是与实际工资和生产的社会技术条件有关，因而成为斯拉法理论研究的一个组成部分。但据说在这里马克思主义理论的优越性在于不仅所有这些都能成为它的研究内容的组成部分，而且除此之外还有更多的研究课题能被提出来，包括剩余劳动的变化，控制工人的手段，以及在劳动过程中占统治地位的社会关系。

我认为这两个说法都是错误的。错误的原因我们前面已经讨论过了：将剩余劳动与剩余价值相混淆，以及不能理解斯拉法理论的“生产模型”这一方面。在评论赖特的论断之前，最好先讲一个赖特，大多数马克思主义者，以及我相信所有的斯拉法派都会取得一致意见的一个重要问题，即必须脱离开资本主义经济中的价值论、相对价格以及利润来**独立地**建立起阶级理论的基本概念，从而使阶级理论不仅仅局限于资本主义社会而能更为普遍地展开；这个理论应该包含一个作为其分支的资本主义社会中区分阶级和阶级关系的特殊理论，这个理论就要涉及利润和工资问题，以及其他等。

正是这一要求使剩余劳动及它在不同的生产方式中的特殊地位要高于剩余价值，后者不过是为了了解资本主义经济的基本性质而形成的一种狭义理论中的一个概念。如果有人像赖特一样认为剩余劳动就是剩余价值（按照马克思对这一概念的理解），并且两者作为密切相关的科学概念同时成立或同时失效（对资本主义经济而言），则他很可能会认为所有的斯拉法主义者都忽略掉了揭示在资本主义经济中剩余劳动的数量变化的各种方式这一中心问题。对不应再围着剩余价值兜圈子的提议，被解释为意味着对剩余劳动及其变化的分析是不重要的。但是，正像我指出的那样，赖特的这一说法是错误的；即便是粗略地翻一下《按照斯拉法思想研究马克思》这本书，也会明了在那里对剩余劳动的形成、数量及变化存在着强烈的兴趣。的确那里对此概念本身的理解在某些方面不同于《资本论》第一卷，但是有关工作日长度、已付工资的劳动与未付工资的劳动之间的关系、劳动过程的强度等问题的考虑都保留了下来。这些足以表明没有理由先入为主地认为也接受马克思主义阶级论的斯拉法派对劳动过程不感兴趣。

认为斯拉法派在理论上倒向韦伯的市场导向的阶级理论的指责，可以被看作是下述经常提到的指责的社会学变种：斯拉法式的分析关心的是“流通领域”即分配机制（例如产出中构成实际工资的比例），而不是生产剩余价值和构成劳动过程的“生产领域”。真

不明白为什么老是有这样一种错误的看法。第一，斯拉法式的生产模型所揭示的净产品划分之所以特别提出来，是为了搞清楚如果当实际工资率发生变化的时候利润和相对价格会怎么样。这种做法并不意味净产品在实际上是或者能够任意这样来划分。实际工资是否能提高取决于外部(即外部于相对价格)的确定要素：阶级力量：挣工资的劳动的选择、竞争条件等。第二，净产品的划分与分享消费品和个人服务不同；它是可用于投资的资源和资金的分配，也就是通常所理解的收入分配。因此，以一种极抽象的方式讲，它包括公司的扩展基金，财务资产市场中的交易，以及一般的资本交易。从这种意义上说："原始积累"和李嘉图主义——马克思主义对生产和利润、租金、工资的分配的研究也是一种"分配的"研究：即产生和再生产对土地和生产资料的阶级垄断的分配问题的研究。对分配和一种给定的生产资料和财务资产的分配类型的重复再生产不应被视为等同于资本家和工人之间对消费的分配。第三，对市场导向问题的指责，也在于不能区分生产投入的市场和最终消费者市场。在资本主义经济中这两种市场是同时存在的，因此不通过与生产资料具有不同关系并在生产投入市场上出售从劳动力到公司股票等极不相同的商品的经纪人所从事的交易，生产活动是无法启动的。从这种意义上说，甚至写《资本论》第一卷的马克思也是市场导向的：劳动市场和就业水平是书中主要关心的问题。在《资本论》第二卷中，马克思还是市场导向的：第一部类和第二部类的资本家之间的交易是兴趣的交点；还可以继续这样列举下去。在资本主义经济中，就不得不是市场导向的。区别在于是把整个经济看成是一个内部相关的再生产性的结构，其中某些生产过程的产出在经过市场之后变成其他生产过程的投入，还是把经济看成一个交易的场所，在其中拥有不同“资产”的个人通过交易增加他们的满足程度而互惠。后一种观点倾向于主要关心消费品市场（买鱼买面包之类标准教科书的例子）而把生产性资产的分配和占有当作已给定的条件，并将其视为整个经济基本特点的缩影。显然这不是马克思的方法，也不是李嘉图或魁奈的方法。同样，斯拉法或帕西涅蒂的方法也不是这样，在这方面斯拉法式的分析直接关心的是社会阶级的物质基础以及它在生产组织中是怎样再生产出来的和表现出来的。

这并不是说斯拉法派对社会阶级的理论分析已经完成了。暂且不说经验测量问题，就是社会阶级的概念本身，对于想搞清楚斯拉法派的工作究竟有无能力较按收入水平划分社会阶级的观念更深入一步以及是否一定要把所有挣工资的人归入同一阶级的人来说，仍然存在着许许多多未被解决的问题。到头来，社会阶级可能会是一个具有几组不同特点且不是很严密地组织起来的高度抽象的概念，或者相反可能是按照取得和分配剩余劳动的方式所做的严格区分（暂避开它对其他社会领域的无法确定的影响）。这是一个曾受益于赖特以前的研究工作成果的分析领域，但就其重要的方面来讲，它仍有待于理论上的深入探讨。

最后，还有一个重要的并（与阶级理论）有关的问题，就是斯拉法的分析究竟是不是阻碍了对劳动过程，以及在这一过程中伴随着工作和职业组织的长期打算可以用于资本的剩余劳动数量是怎样变化的严谨研究。这里同样不打算详尽地重新评论赖特为支持自己的结论而引用过的研究工作，尽管它们和要讲的问题有密切

关系。下面仅列举出三个反驳的论点，读者自己可以依据赖特所引述的研究结果和斯蒂德曼的著作做出评判。

第一，至少从理论论断的清晰性和精确性来讲，赖特所引述的研究很少有像样的。它们提出了一些待研究的问题，但是没有一个曾提出一种理论能够在概念的严谨和推论的丰富方面与斯蒂德曼对劳动过程和斯拉法模型中劳动的多质性问题进行的理论讨论相比拟。我这样说并不是因为我相信用数学表达的纯理论对科学著述来讲是必不可少的，而是因为没有这样一种清晰性就很难说服人，并总使人找到还未被讲清的含混地方。在这种情况下的争论就很难像斯拉法的著作中进行的争论那样条理鲜明。

第二，除了鲍蒂洛[①]和埃斯塔布利等人的著作之外，其他提到的研究都不一定在论证和探索时需要借助于劳动价值论和剩余价值，它们都是社会学性质的研究，涉及的都是些有关统治者、决策权、长期增长的战略选择或获取利润的能力等方面的东西。这也就是说即使有人认为它们讲的东西在理论和经济上都对，也能够在持有这种信念的同时又赞同斯拉法式的对剥削问题的分析，为实际工资而进行斗争的重要性，以及在选择技术问题上由利润驱使所做出的决策所起的作用，条件是只要他们将一定的组织形式，包括工资等级划分等，都视为生产或过程中所使用的不同技术方法。

第三，斯拉法派的理论分析提供了一种方法，借助于这种方法可以清晰地分析劳动过程中不同的变化所产生的结果，从而为了

① C.鲍蒂洛等:《法国小资产阶级》，巴黎，1974年。

解工人(或资本家)的不同策略以及揭示某种变化的实际含义奠定了基础。在斯蒂德曼的书中有一章的标题为“在劳动过程的内部”;其中消除了这样一种成见,即认为在工人所得到的实际工资和他们实际付出的工作量之间存在着一种固定的关系。斯蒂德曼写道:“一定的实际工资照资本家看来是为使用工人的劳动能力而付出的工资;但是在这个工资不变的情况下,实际付出的劳动却是可变的:这就看出利润率要取决于资本家从工人身上获取的劳动的数量和强度。这里所进行的分析肯定不能决定在工作场所的‘力量平衡’,即在劳动过程中高压强制和抵抗所产生的结果,但它表明了这种平衡对于确定利润率的重要性。”①

斯蒂德曼继续列举了在对待劳动的组织及其功能问题上资本家和工人所追求的各种相互矛盾的目标。他的列举并不完整,尤其是没有包括(资本家想要达到的)分化工人,散布亲资本主义的意识形态(例如资本家和工人之间的所谓社会伙伴关系)等,但是其中的确包含了大量的与劳动过程相联系的课题。用斯拉法模型可以通过复杂得多的分析研究所有这些方面的问题。然而斯蒂德曼只用简单的方法就证明了在工作场所的斗争中的某些所谓“标准的”问题是怎样和利润率问题联系在一起的,以及资本家可以用多少种会具有削减工资作用的行动方法,这些方法可以是直接削减实际工资,也可以是具有削减工资作用的提高劳动的强度,尽管工人可能对不同的方法具有不同的体验。从原则上讲,马克思在《资本论》第一卷中对劳动过程所讲的一切,都能在一个相当复杂

① I.斯蒂德曼:《按照斯拉法思想研究马克思》,第77—87页。

的斯拉法模型中进行分析(当然这种分析对一般情况下确定价格、利润和租金问题也会取得成功)。

看起来,只要在劳动过程的社会关系方面的变化会对生产的社会技术条件和实际工资有影响,并且这些变化可以用后两者的变化显示或测量出来,则它们就可以在斯拉法模型中进行精确的分析。当然,在劳动过程中也有一些方面没有生产的社会技术条件和实际工资的数据作为它们相伴随的指数或测度,例如纯意识形态方面的作用。这样一些方面必须借助于合适的社会学或社会心理学的理论来加以分析;说这些分析与斯拉法分析不兼容是没有什么意义的,因为斯拉法分析主要是针对它最适于解决的那些问题的。可以说在后斯拉法的马克思主义分析和传统的劳动价值论的马克思主义分析之间做出何种选择,并不取决于对伴随着资本主义经济中在商品的生产和消费方面剥削劳动的政治和意识形态过程的社会学分析,原因就在于这种分析和两种模型都是兼容的。

总之,本文的讨论意图在于证明赖特在其文中所得出的第一、第二及第四点结论是没有根据的。实际上,第一点结论是错误的,而第二点则正应相反:即应是传统的马克思主义模型作为一个受到限制的特例被包容在斯拉法模型之中。对第四点结论,应该说哪一个模型都不具有超过另一个的固有优点:严格的斯拉法主义者对所谈的那些事情保持沉默,而马克思主义的斯拉法主义者则接受马克思主义所做的社会学和哲学方面的论断。斯拉法学派有可能在分析社会主义经济的某些问题方面要比传统的马克思主义者清楚,后者的劳动价值论对于研究社会主义经济来说只能是一种拖累而无用的工具。最后，赖特的第三点结论显然是基于对斯拉法观点中的“生产关系”发生误解而得出来的；这里重要的要注意到，在某种重要意义上来说，与从经验上区分社会阶级的分类学方法不同，如何形成一种适当的有关社会阶级及其关系与作用的专门理论的问题目前仍有待于解决。

因此，不能说重建的传统马克思主义模型在研究内容上优于重新形成的后斯拉法马克思主义模型。事实上，继续使用前者还会碰到一些不需要的不便之处和障碍。①

① 这篇文章，类似于赖特的做法，没有用到任何数学的表述，尽管有很多论断都是根据数学公式才能得出来的，尤其是在涉及联合生产问题以及森岛对剩余劳动的重新定义的时候，严格的表达可从各有关的脚注中提到的著作中找到。

第六章　反思

埃里克·奥林·赖特

与大多数马克思主义者一样，我认为劳动价值论是马克思主义理论概念框架之中的实质性要素之一。[①] 它为讨论资本主义社会中的剥削问题提供了一种精炼而直观的抓住要害的方法，并在对剥削问题的这种看法的基础上，使众多的概念诸如阶级、阶级斗争、积累、危机等联系在一起，而形成了关于资本主义发展的完整理论。尽管事实上我的经验研究从来没有直接基于劳动价值论的范畴，归根到底还是劳动价值论提供了一个非常普遍的出发点，它启发了问题的提出并规定了研究的方向。

正是在这种背景下我写了“关于价值的争论和社会研究”一文。这篇论文主要是针对斯蒂德曼著作中对劳动价值论的斯拉法式的批判。我试图论证两个主要的命题：1.如果适当地改造一下有关剩余价值和利润之间关系的马克思主义观点，就有可能证明劳动价值论和斯拉法派对利润确定问题的看法在形式上是兼容的。这种兼容性是根据下面一个论断提出来的：马克思主义观点

① M.波拉沃伊和赫布·金蒂斯对本文初稿做了有帮助的评论。

规定了对利润的结构性限制过程，而斯拉法观点规定了在这些限制之内具体的利润选择过程（下面将解释这个区分）。2.劳动价值论产生的研究内容不同于斯拉法派的研究内容，在它的基础上会形成与斯拉法派不同的阶级关系理论。我特别提出劳动价值论支持一种根据基于生产关系的剥削而确立的阶级理论概念，而斯拉法理论更自然地支持一种以市场为基础的（韦伯式的）阶级观念，因此劳动价值论会更系统地引导对劳动过程及其与阶级的关系的问题的研究。

自从我写那篇论文后两年已经过去了，在这段时间里我有多次机会对文中的核心论断进行反省。现在我认为其中某些论断提出的不恰当，一些结论性的话也说过头儿了。因此，我很高兴看到P.班德约帕德海亚对我文章的批判文章“为一种后斯拉法观点的辩护”和G.霍奇森的批判文章“劳动和利润”，它们为我对最初的那篇文章的某些立场进行反思和进一步提炼提供了机会。

在简短地总结我原来所提出的论点之后，本文将围绕班德约帕德海亚和霍奇森提出的三组问题来组织：1.结构性限制的概念及其在利润确定理论中的作用；2.形式确定和实际确定之间的区分问题；3.劳动价值论，对利润和价格问题的斯拉法派的理论观点，以及阶级分析三者之间的关系。在每一部分中我都将提到班德约帕德海亚和霍奇森所提出的批评意见，但目的并不在于逐项地捍卫我以前的立场，而是试图以这些批判为出发点对我最初的论述和结论进行澄清和反思。

在展开之前，需要首先声明和最初的论文一样，本文将不涉及围绕联合生产和固定资本问题的技术性细节。班德约帕德海亚声称这一课题是不能被“抽象”掉的，原因是它处于总体辩论的核心位置并且直接关系到所有其他的问题。如果进一步的理论工作、辩论和阐述表明马克思主义者没有完全令人满意的回答与联合生产问题相联系的批评意见，那么这的确会严重影响到劳动价值论的有效性。现在我还不能提供这样一个回答。因此，要是某位读者感到对这个问题的沉默使与有关劳动价值论的争论的任何其他问题的讨论是否有用本身就成为一个问题的话，那就大可不必读本文下面的内容了。①

原来论点的总结

我原来所进行的论断的核心都是围绕着我称之为利润的“确定模型”而展开的。这个模型包含着四个主要的要素：利润、剩余价值、实际工资和生产的社会技术条件。我提出这些要素是按照我在前文的图 3.4 中描绘的那种方式联系在一起的。这个模型应该照下述方式去理解：经济中产生的剩余价值的数量一旦给定，经济中利润的可能数量就有一对上下界限。只要这个剩余价值量不改变，则不论生产的社会技术条件或实际工资如何变化，利润都不

① 因为我将不涉及与联合生产有关的问题，因此在本文中将不讨论班德约帕德海亚所提出的许多批评。他的文章中相当多的内容都是直接或间接地出自这个问题，因为他强调的是由负的剩余价值，负的价格所构成的“谜”。他对我所谓的把剩余劳动和剩余价值搅浑了的冗长讨论，实际上也是基于与联合生产相联系的问题，因为在没有联合生产的情况下，可以直截了当地把剩余劳动解释为付出的全部劳动和必要劳动之间的实际差额。我并不是说干脆就不用去管这些批评意见，因为归根到底马克思主义经济学家需要在价值的框架之内严格地解决联合生产问题。但是，这些内容超出了本文的范围。

可能超过那个最大值。然而，生产的社会技术条件和实际工资的变化，能够影响在界限之内的利润水平，因此一个选择确定关系把这两个变化因素直接和利润联系在一起。① 剩余价值本身是由生产的社会技术条件和实际工资结构化确定的：生产的社会技术条件确定剩余价值可能水平的范围；在此范围之内实际工资具有选择作用。

这个模型意味着生产的社会技术条件和实际工资能够通过两条途径影响到利润，其中一条是直接的，一条是间接的。间接的途径是，它们影响经济中产生的剩余价值，因而影响到利润的界限从而影响到利润；直接的途径是它们在这个界限之内选择利润水平。

在此确定模型中，斯拉法的利润理论描述的是利润的选择确定，而马克思主义观点描述的是限制确定。斯拉法所表明的是利润被生产的社会技术条件和实际工资从正面（选择）确定；只要知道这两个变量而不用其他任何信息就有可能确定利润（和价格）的实际水平。另一方面马克思主义看法则认为，在这样的条件下只能确定利润的可能范围。在一定的条件下，即在经济各部门中资本有机构成都一样的时候，上下限就重合在一起并因而由剩余价值的数量就确定了利润的唯一水平。②

现在让我们来看对这个模型的批评意见。

---

① 尽管在模型中这两个选择确定作用本身没有分出层次，但有关选择的概念并没有排除这样的层次顺序存在。因此，正像班德约帕德海亚提出的那样，由实际工资产生的选择作用应该被看作是在生产的社会技术条件所产生的选择作用建立起的范围内起作用的。

② 当然，这就是《资本论》第一卷的假设条件。

结构化限制

对限制作用的提法有两种十分不同的反对意见，分别由班德约帕德海亚和霍奇森提出：1.如果剩余价值本身是由生产的社会技术条件和实际工资决定的，那么再提它对利润有限制作用就是无意义的了。为了将其列为一个确定利润的原因，剩余价值必须具有“独立存在的作用”，即这种作用本身不会被“还原”为生产的社会技术条件和实际工资的作用。2.某种结果，在这里指利润，如果完全被各种选择确定因素所决定，那么再谈作为“实际的”因果过程的结构性限制就没有什么意义。实际因果作用必须对结果有直接的影响。

下面，我依次讨论上面提出的质疑。

独立存在的作用问题

班德约帕德海亚认为，剩余价值要想成为对利润的一个限制性确定因素，它就必须具有独立于生产的社会技术条件和实际工资的确定因素。这时模型需要至少增加一个被忽略掉的“结构”，它应介于实际工资和生产的社会技术条件之间并对剩余价值加以限定。如果没有这个“被忽略的结构”对剩余价值起独立的限制性确定作用，则剩余价值对利润可能范围的限定作用就会还原为生产的社会技术条件和实际工资的作用。他认为说生产的社会技术条件对剩余价值量具有限制作用而同时剩余价值量又限定了利润的范围，并且在此范围内生产的社会技术条件起选择作用的提法是纯粹自相矛盾的。

这里提出的问题在于，在一个确定系统中，赋予某些本身是由系统内其他要素内部确定的要素以因果效力是否有意义。班德约帕德海亚坚持严格的因果关系传递观念：如果X引起Y而Y引起Z，则X引起Z；这时对Y的任何讨论严格地说都是“冗余的”或不相干的。有两条理由可以用来说明为什么对因果关系的这种还原做法是不适当的。第一，即便Y完全是由X所决定，仍然可能的情况是Y一旦产生，它就会具有某种不再能还原到X的效应。在某种意义上，Y能够“固定化”，并且不再响应X的下一步变化。在国家理论中这种情况特别重要，那里很可能产生一种情况，即尽管国家结构是由阶级斗争确定的，一旦这些结构出现并制度化了，则它们就持续地发挥作用，虽然阶级斗争的条件发生了变化。在目前分析利润确定问题时，这种“固定化”因素也起着作用，但是使我们拒绝对因果关系的还原做法的第二个原因恐怕尤为重要：X可能以许多不同的方式发生变化，并且起着许多不同的作用，但是其中只有一部分变化的形式和作用对Y产生影响。在这种情况下即使Y完全取决于X，Y所产生的变化对解释Z的变化仍有实质性的作用。并不是X的所有变化都影响Z；只有影响到Y的那些变化才会影响到Z。因此，除非在X和Y之间存在着一种简单的一对一的同型关系，否则即使Y完全是由X所引起的，提出Y对Z的作用也绝不是多余的。

第二种情况恰恰符合生产的社会技术条件、实际工资、剩余价值和利润四者关系所面临的局面。正如我在原来的论文中提出的那样，这种相互依存的逻辑关系，在所有部门的资本有机构成都相

等并从而使剩余价值确定唯一的利润水平(即界限重合)的简单情况下更为明显。在这种情况下实际工资或生产的社会技术条件中的许多变化都对剩余价值的水平没有影响。工资购买的商品矢量可以在剩余价值量不变的情况下以某种方式发生变化,如某些商品替代了其他的商品;或者在劳动生产率不变的情况下改变技术选择从而使剩余价值不变。在这样的例子里,利润的水平也不会发生变化。因此,在简单的情况下,只有实际工资和生产的社会技术条件中发生的影响到剩余价值水平的变化才能使利润改变。剩余价值完全取决于生产的社会技术条件和实际工资的事实绝不意味着在解释因果关系时它是无关的或多余的。

当涉及存在着不同的资本有机构成的情况时,问题就有点复杂了。在这种情况下不再是只有当剩余价值变化时利润才发生变化。有可能在剩余价值不发生任何变化的情况下利润水平发生改变。然而,利润变化的可能程度,仍旧受到剩余价值水平的约束,正是在这种意义上我提出剩余价值对利润施加了限制作用。① 如果愿意承认"结构性限制"是确定作用的一种合法的形式的话,生产的社会技术条件限定剩余价值而剩余价值限定利润的说法就完全没有矛盾,至少要比在简单情况下生产的社会技术条件和实际工资直接确定剩余价值,它又确定利润的唯一水平这一提法的矛

---

① 当各部门的资本有机构成为均等时,剩余价值的变化成为利润变化的充分必要条件,当资本有机构成不均等时,则剩余价值的变化成为利润界限而不是某一特定利润水平的充分必要条件。注意,当资本有机构成相同时,生产的社会技术条件和实际工资的变化仍是利润变化的必要条件,但并不是充分条件;完全有可能这个变量的变化对利润水平不产生什么影响(即那些使整个剩余价值保持不变的变化)。

盾要少。[①]

作为确定方式的结构性限制

上面的论述都预先设定“结构性限制”是实际确定作用的一种形式。霍奇森对这种说法提出挑战。他认为要把某种东西当作一个原因，它必须对问题中的结果有明确的影响：“一般地讲，如果其他因素通过选择过程完全充分地确定了结果的话，很难设想结构性限制会有某种因果作用。”因为限制的概念在我为将马克思主义的劳动价值论和斯拉法派的利润分析联系起来的努力中起着如此重要的作用，重要的是要解释清楚某种原因可以是实际存在的，尽管它并不确定某一特定的结果。

对目前情况来讲，如果我们把注意力从利润确定问题转向国家理论的话，限制的概念可能会变得多少更清楚一点儿。（在原来论文的脚注 19 中用过这个例子。）如果我们打算对某个国家的政策进行充分的解释，我们会面对两个互为补充的解释工作。第一，我们需要解释国家所可能采取的政策范围的确定，即在国家的政策纲领之内不同政策的选定。第二，我们需要解释实际上是由国

① 当霍奇森争辩说由于剩余劳动不影响实际工资和生产的社会技术条件，所以它不能构成对利润加以实际限制的基础时，他犯了和班德约帕德海亚同样的错误。霍奇森认为“至于剩余劳动，它的这种结构性限制绝不会起作用，因为它……绝不会影响到社会技术条件和实际工资。我们得出的结论是剩余劳动也不会影响利润。”霍奇森的这番高论恐怕同样可用于下面的情况：所有的资本有机构成都相等，所以剩余价值的水平直接确定了唯一的利润水平，因为这时同样地剩余价值也不会影响生产的社会技术条件或实际工资。所以，即便在剩余价值的变化是利润水平变化的充分必要条件的简单情况下，霍奇森也还是拒绝把剩余价值看作是对利润有因果作用的因素。

家选定的在某一范围之内某一特定政策的确定，它具体地变成了国家的政策。这是两个十分不同的任务，并涉及十分不同的解释原则。多元的利益集团理论，强调的是在决策过程中各有组织的利益集团之间的讨价还价和谈判，可能会提供一种有关在不同的政策所构成的范围之内特定的国家政策的选定的合理精确的解释，但却完全不能理解政策选择范围本身的确定过程。马克思主义的国家理论，在很大程度上恰恰是一种对国家的结构性限制的，确定国家不能做什么而不是简单地国家做了什么的理论。马克思主义的国家理论的中心思想，如果从这个角度讲，就是这样的限制过程铭刻着阶级内容。

这里重要的是对所研究的国家政策的全面“解释”一定会涉及具体的选择确定作用和结构性限制确定作用。注意：很可能选择确定理论能够有效地在所有的现实条件下都预见到产生的结果。利益集团结盟的多元理论能够以完美的精确性令人信服地预测国会通过还是否决某项法案，并且的确能使人信服地解释为什么这个或那个提案获得成功。这种理论所不能解释的是为什么选择是沿着这样一个方向进行的。由于这个原因，就需要一种限制理论。

对于此类限制的分析是马克思主义方法论的一个实质性的方面。确实可以认为对结构性限制的研究构成了马克思主义的社会科学与大多数主流派的学说的根本区别之一。马克思主义不光是有关现存社会的理论；它也是有关资本主义历史替代物的理论。社会主义理论的许多内容都是围绕着搞清资本主义的结构性限制的可能范围展开的，揭示在这些限制范围之内产生的并且具有冲破这些限制本身的潜力的矛盾冲突。

当然，仅仅提出对国家政策（或任何其他感兴趣的结果）的限制存在是不够的。重要的理论问题是确定这些限制的形式和内容。正是在这一点上开始出现困难。如果用限制为基础来解释不可能存在哪些可能性（在给定的结构条件下）而不是简单凭经验判断有哪些情况是不会发生的，就必须对这些限制加以充分论证，说明它们通过何种因果机制从根本上划分了界限从而排除了不可能发生的情况。[①]

对于利润分析来说，就像分析任何其他社会过程一样，研究过程中起作用的结构性限制是理所当然的要求。利润的具体水平是由生产的社会技术条件和实际工资所唯一选定的，这一事实并不意味着这种确定作用本身不是在某一限制范围之内发生的；在这个情况下，限制范围是由剩余价值确定的。只要有关这种限制的看法包括限制作用起作用的实际机制的分析，则这种限制作用就代表了实际的因果过程。

因此，霍奇森仅仅因为结构性限制没有明确地对应具体的结果而否认它为一种确定方式是错误的。但是他正确地指出我原来所提出的限制理论在很大程度上只停留在形式上，没有进一步论述在剩余价值和利润的关系中起作用的因果作用机制。这的确是我原来分析中的一个严重的缺点，它也削弱了我对斯拉法看法所进行的批判的力量。现在让我们更深入地看一下这个问题。

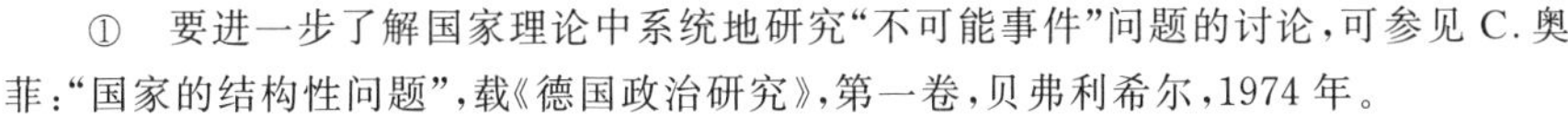

① 要进一步了解国家理论中系统地研究“不可能事件”问题的讨论，可参见 C. 奥菲：“国家的结构性问题”，载《德国政治研究》，第一卷，贝弗利希尔，1974 年。

形式的确定对实际的确定

在我批判斯拉法派对利润的看法时，曾提出斯蒂德曼和其他人抹杀了形式计算与解释之间的界限。当他们表明在利润计算中剩余价值是一个冗余的概念时，他们根本没有同时表明在利润被实际确定的因果过程中剩余价值也是冗余的。用上面提到过的解释及预测国家政策作为例子，我认为完全有可能某种东西在形式的数学计算过程是冗余或不相干的，然而在实际的因果过程中却起着关键性的作用。

霍奇森正确地指出在我的分析中并没有提供任何对因果过程本身的说法："为了回答赖特首先必须指出在他本人的模型里他并没有表明因果联系。他试图区分出三到四种不同类型的原因或'确定方式'的做法虽给人以深刻印象，但是并没有提供什么帮助。在他的图示中他断言剩余价值限定了利润的范围，而这些限制就其性质而言是数学上的最大和最小。所以用来反驳斯拉法的提法也能倒过来反驳赖特：提出了限定利润的一个因素或一组因素，并不等于指出了利润水平或可能的利润水平范围的任何类型的原因。这里并没有什么差别，只不过斯拉法确定了一组足以计算出精确的利润水平的要素，而赖特确定了一个足以计算出利润的限定范围的要素（剩余价值）而已。在这个阶段上，两者都是计算而没有表明原因和结果。"

更为严重的问题是普遍的讲，在对劳动价值论进行的马克思主义的辩护中，没有能非常有效地就蕴含的劳动时间（价值）对生产价格、价格、利润以及系统中的其他变量之间的关系提供因果关系方面的论据。经常做的是宣称存在着因果关系，但是为支持这种说法而提出的论据却往往缺乏说服力。

传统上马克思主义者为支持劳动价值论的因果基础而提出的论据有四种类型。1.争辩说唯一能够对“利润之谜”提供合乎逻辑的可能解释的是劳动价值论。2.建立在个人合乎理性的行为假定基础上所提出的看法。3.依据使交换得以发生的必要条件而得出的看法。4.基于一般社会再生产的功能要求而得出的结论。下面让我们依次简要地审视一下这四种看法并看看它们是否适当。①

(1) **劳动价值论作为利润之谜的合乎逻辑的必然解释**。或许为劳动价值论所做的最常见的辩护是只有它才能在逻辑上严密地解释清楚为什么在所有的商品都按价值交换的生产循环的末尾有可能产生出利润来。马丁·尼古拉斯对这个问题的提法是：“马克思引出了资本主义理论的中心问题并打算解决它。他问道，资本家怎么会在生产过程结束时占有一种商品其值大于投入生产过程的要素的价值呢？他按价格为机器、原材料和劳动力付了钱，但是所得的产品却要比三者合起更值钱。换句话说，什么是资本家占有的剩余价值的源泉？”②

尼古拉斯追随马克思，认为谜底在于劳动力有能力“生产出要

① 如果要了解对这些因果论据的比较批判的另一种做法，参见卡特勒等人的《马克思的〈资本论〉与当代资本主义》，第　卷，伦敦，1977年。

② 马丁·尼古拉斯：“马克思眼中的无产者和中产阶级”，《左翼研究》，第7期，1967年，第266—267页。要了解对这种论点的更广泛的评论，可见本人著《阶级、危机和国家》，伦敦，新左派图书公司，1978年。

比再生产其自身更多的价值”。因此，资本家之所以能获取利润，就在于他们能够迫使工人工作更多的时间，从而使工人所创造的价值要高于工人用工资购买的商品中所蕴含的价值(劳动时间)。

劳动价值论的确为这个问题提供了一个第一流的解释。但是如果说斯拉法针对马克思进行的辩论表明了什么东西的话，那就是它表明劳动价值论并不是可提供的逻辑上唯一可能的解释。基于生产的社会技术条件和实际工资而得出的一种有关交换价值的看法，同样能够从形式上解开这个谜。当然，这并不意味着能够解决哪一种解是正确的问题，但是可以说认为劳动价值论是解决利润问题时所得出的合乎逻辑的必然结果的说法是不恰当的。

(2) 价值的行为解释。对劳动价值论的行为方面的解释通常都会多少提到亚当·斯密有关捕捉狸和鹿的猎人的寓言。[1] 在这个故事中，表明狸和鹿交换时是按照猎人们捕获它们时所用的时间的比例进行的，因为对于猎人来说用其他任何比率来交换其猎获物都是不合乎理性的(只要猎人们能自由选择猎狸还是猎鹿)。如果假定这一系统中的主角们能够决定生产什么并且知道所要生产的商品所耗用的时间，则只要依据时间效率这一最低限度的理性行为假定就会使这种解释相当直观。

对劳动价值论所做的这种因果关系方面的辩护的问题在于，正像人们常常注意到的那样，一旦我们离开了直接交换只用直接劳动生产的商品(即生产资料中所包含的劳动可以忽略)的简单世

① 例如，P. 斯威齐在他的《资本主义发展论》一书中就用捕狸和鹿的猎人的故事作为一种手段，来使交换价值的劳动时间计算方法显得更为直观。

界，所谓的行为机制就会瓦解。只要商品是为一个非人格化的市场而生产，并且只要生产的成本不仅有直接耗用的劳动时间而且包括机器，原材料、建筑物等的成本，则生产者本身就不再依照对劳动时间的主观划算而工作。这时，他们的主观动机直接和市场价格啮合在一起。要搞清楚的是行动者的行为仍然按照劳动价值论所规定的方式受到劳动时间的调节，但其机制不再能够直接归结为对劳动时间的自觉划算。因此，理性行为的因果解释就不再是恰当的了。

(3) 作为交换的逻辑必要条件的劳动价值。马克思在论证劳动时间是价值的实质时用的是这种因果论方法。马克思认为，为了进行商品交换，商品必须具有某种共同的属性。从使用角度讲，商品是极不相同的。如果只看使用特点，讲一个苹果等价于若干个曲别针是无根据的。因此商品的可公度性肯定在于它们共同具有一种共同的可定量的特性。马克思和其他一些人认为，唯一直观的这种共同属性是包含在商品生产中的劳动时间(或者更严格地讲是商品生产所用的社会必要劳动时间)。这一论点是从不同的商品之间进行着定量的交换这一经验事实倒推出来的，认为这种交换的唯一可能的基础是劳动时间。

这一论证方法受到几个方面的批判。首先，认为进行交换的商品的唯一可能的共同属性是劳动时间是不正确的。所有的商品同样也都包含着能量，不管是人力的还是机械的。所有的商品都含有“机器时间”，如果把人类本身看作某种特殊类型的机器的话。即使把具有某种共同属性作为交换的必要条件，也不是按逻辑上就要求把劳动视为这种共同属性。

其次，正如马克思本人强调的那样，生产中耗用的实际的具体劳动并不是同一的，而是由于技巧和专业训练的不同而在性质上相互区别。这种具体劳动的同一化，即向“抽象劳动”的转换本身就是一个通过交换过程自身及其在全社会普遍化而产生的一个社会过程。而如果具体劳动要通过这样一个社会过程才被转化为抽象劳动，特别是这个社会过程是资本主义制度中生产和交换内部相互联系的过程的话，则同样的可以把具体的投入矢量看作是通过同样的过程被转化为某种“抽象”矩阵。这正是斯拉法派所要讲的那种情况：在商品的生产中具体的物质投入转化为一个同一性的矩阵，这个同一性的矩阵使这种商品成为可交换的（具有标准商品单位）；这种转化是通过商品交换的社会过程而产生的一个过程。

第三，交换是否预先要求在商品生产中要包含进一种共同的属性（或者通过交换过程加到商品之中）也并不是显然的。想象有一个虚构的社会，那里所有的商品都是自己从树上长出来的，完全不需要任何劳动投入。同时想象每棵树都是分属每个人的私有财产，存在着一个国家机器来确保树的财产归属权。在这样一个社会里，根据相对稀缺性和需求等这类情况，树上长出的商品之间也具有一定的交换比率，即使它们并没有生产成本。举这样一个例子并不是说对于存在生产成本的经济这种确定交换比例的模型也是适宜的，而只是为了指出某种基于商品生产的共同“属性”并不是可交换性的逻辑先决条件。

(4) 社会再生产的功能要求。有时用来支持劳动价值论的第四种因果论证，是围绕着对社会再生产的功能要求的看法演变出来的。它提出所有的社会为了能延续下去，都要求按不同的任务对社会劳动进行分配。农业、交通、不同工业品的制造，都需要有一定数量的劳动。因此每一个社会都必须发展出某种按任务适当分配劳动的机制。由于在资本主义社会中使用价值的生产的组织处于无政府状态（即每一生产单位都自己决定生产什么和生产多少），因此资本主义经济以一种特殊的方式来解决这个问题。究竟是什么机制来保证劳动按社会所必须的数量来进行分配这一功能要求？提供的答案是劳动产品（商品）的交换比率，正比于为生产这些商品而花费的社会必要劳动时间，这就是所需要的机制。因此，劳动价值论被看作是揭示了必须存在的必然的因果过程；如果社会本身在资本主义生产的条件下要继续延续下去就离不开这样一个过程。[①]

对我来说，这种从功能角度提出的论据在原则上是合乎情理的。这也就是说，如果有人的确揭示了某个社会的功能要求（即再生产的必要条件），并且设定了一种能够为功能的急需提供解决办法的特殊结构或机制（并且没有其他的结构或机制能提供这种解决办法），则他至少在“解释”此种结构及了解其效应方面迈进了一步。我之所以说是“至少……迈进了一步”，原因在于完全的功能解释还要求了解调节功能关系的因果环链。总之，从原则上讲作为历史的因果关系的解释的一个侧面，功能解释不能说是不合理。[②]

---

① 依据社会劳动分配的功能需要对劳动价值论所做的最全面的辩护之一，见 I. I. 鲁宾：《关于马克思的价值论的论文集》，底特律，1972 年。

② 要了解为马克思主义中使用功能论证方法所做的辩护，可参阅 G. A. 科恩：《卡尔·马克思的历史理论——一种辩护》，牛津，1979 年。

然而，就这里所谈的把功能解释作为对劳动价值论的因果论辩护这一特殊情况而言，这种做法却很难站得住脚。对它能够提出几个方面的反对意见。首先，很清楚并不存在着为社会再生产而“对社会劳动的一种必要分配”这种情况。相反，倒是存在着大量的社会性的可能分配与社会再生产相一致。的确，存在着社会劳动的某种分配方式能使社会再生产无法进行，例如如果所有的劳动都用于生产牙刷的话，整个人口就会饿死。但是，存在着极端的灾难性的分配这种事实，并不意味着需要有唯一的一种功能分配。

至此，说为了社会能够延续就必须这样或那样的防止对劳动的灾难性分配仍然是正确的。但是，比起要产生一种特殊的功能分配的要求来讲，这一要求要弱得多。事实上所有我们需要的只不过是一种机制，当社会劳动的相对非功能分配发生时它能对社会劳动进行重新分配。这样一种机制所需要的，无非是在商品价格和生产这些商品的社会劳动之间存在着某种非随机的（即系统的）关系，而不是用社会劳动去实际地调节价格。这里需要再次引起注意的是，上面所讲的并没有证明社会劳动时间不这样去调节价格，而只是说在生产的资本主义条件下，这种调节不构成对社会再生产的功能要求。

第二种反对意见是，社会劳动在生产中不同部门的分配并不是对社会再生产的唯一的分配功能要求。人们同样可以说避免对能源或土地的灾难性分配也是至关重要的。的确，在一定的历史情况下不同于劳动的其他资源的错误分配会构成对社会再生产的主要问题。一个例子，是在向资本主义过渡时期英格兰的土地由食品生产向羊毛生产的转移;另一个例子是目前美国错误地将能源用于私人交通所造成的问题。当然,在这些情况下都伴随有按不同任务分配社会劳动的问题,但是这里产生的功能非功能的难题,更多地是集中在物质资源的分配方面。这并不是说社会劳动在生产不同部门之间的分配对资本主义经济不是一个问题,而只是说它并不是唯一的资源分配,因而不能从这个角度为劳动价值论提供有力的辩解。①

总之,对劳动价值论的从因果关系方面所做的辩护,并没有通过任何常规的马克思主义论证方法得到适当的体现。1.劳动价值论不是利润存在的逻辑上的唯一因果基础。2.当生产者不根据劳动时间直接计算其商品的价值时,行为方面的因果关系推证是不适用的。3.劳动时间作为价值的实质,并不是性质不同一的使用价值相交换的可能性存在的逻辑必要条件。4.社会再生产的功能要求,并不必然得出商品交换受蕴含的劳动时间调节这一结论。因此,霍奇森说我的论断和斯拉法派的看法一样是形式上的,他的批判十分正确。

在这种情况下,应该引起注意的是斯拉法主义者,包括马克思主义的斯拉法主义者,也没有对物质投入、实际工资以及价格与利润之间的关系进行系统的因果关系方面的论证。他们所完成的工作,是以一种十分相似于传统的马克思主义分析的方式,对当以市

① 的确,根据这里所讲的情况,功能要求论证导致对斯拉法观点的更多支持,因为斯拉法的交换矩阵可被视为表述所有社会资源(生产投入)的加权平均对价格的作用的一种方式。因此斯拉法处理的形式结构将资源矢量及其社会分配的功能要求与价格确定的市场结构联系了起来。

场为基础的偏差产生时(即资本向价格高于价值的部门流动)把价格压回价值的社会过程提供了一种因果关系的论证。[1] 霍奇森在其论文中讲的就是这方面的内容。但是,他们并没有像我那样深刻地意识到需要提供某种因果关系的机制,它们能将生产的社会技术条件转换为实际的确定价格和利润。从有关劳动价值论的辩论情况看,要在有关这个特殊问题的立场之间做出选择尚无基础,尽管它十分重要。

再把问题重述一遍:尽管有可能从形式上论证剩余劳动或价值为可能的利润范围圈定了界限,但是还没有提出支持这种形式限定的令人满意的因果关系方面的论证。这是一个严重的弱点,因为严格地从形式上看,同样能够有别的多种形式的限定存在。正如我在原来的论文中曾指出过并且霍奇森加以强调的那样,如果使生产的任一种投入保持不变,它将为利润水平从形式上限定一个最大和最小的范围。从形式的数学的角度看,所有这些限定都具有同样的地位,没有理由单挑出剩余劳动并赋予它某种"根本性的"限制关系。

在早先的文章中,我解决这个问题的方式是提出与其他的限制不同,剩余劳动使我们能够把利润理论和一般的阶级理论联系起来。现在就让我们看看这个说法究竟怎样。

① 这一点是"价值规律"的核心:资本将流向价格偏高于价值的生产部门(因此那里的利润率高于平均值)。然而,价值规律并不要求劳动价值论的全部内容都成立。它仅仅需要平衡价格和平均利润率,以及资本家对价格高于这种平衡点的情况的反映的理论就够了。不管是劳动价值论还是斯拉法派对价格和利润的处理,都能够提供这样的理论框架。

劳动价值论和阶级理论

到目前为止我所提出的(或者我希望提出的)东西可以归结为下列几点:1.在确定过程中根据结构性限制所提出的观点是合理的,即使这些限制本身又完全取决于系统中的其他因素。2.在形式上,剩余价值对利润的范围施加了限制,而在这个限制范围之内,生产的社会技术条件和实际工资又构成选择确定利润的因素。3.但是由于对这些限制作用的机制尚未得出清楚的因果联系方面的解释,因此这些限制仍只是纯粹形式上起作用的东西。

是否还有其他基础可使人们能够据以对劳动价值论的捍卫者和批判者之间的争论做出判断?在我原来的论文中我曾指出从为系统地将马克思的阶级理论和积累理论联系起来提供基础的角度看,劳动价值论要比别的可用选择略胜一筹。我始终认为按斯拉法派的理论结构无法自然地得出这种联系,而按马克思主义的理论则可做到这一点。

这一论断在霍奇森和班德约帕德海亚的文章中受到两点带有根本性的批判:第一,在根于占有剩余劳动的阶级概念的基础上为劳动价值论所做的辩护,不过是在兜圈子,因为这样做就不得不预先假定所要论证的东西;第二,如果我的论断成立,则斯拉法派对利润的看法就会与马克思主义的阶级概念相容,就像它会与其他任何有关阶级的概念一样。下面,我打算证明第一种批判意见是错误的,而第二条批判意见在很大程度上是准确的,从而要求对我原来的立场做出修正。

阶级和剩余劳动

霍奇森用下面的语言来发动他对概念循环的攻击："到目前为止，赖特的论证正好完成了一个循环。按照赖特的说法，之所以需要着重于剩余劳动，是为了了解阶级；为了解阶级就要涉及生产关系；而从根上讲，这些关系又不过是哪个阶级付出哪个阶级占有剩余劳动。我们可以再向赖特问一遍有关的问题：为什么不选择别的剩余而要选择剩余劳动作为对利润的结构性限制？赖特的回答似乎是：我们之所以着眼于剩余劳动是因为它帮助我们依据生产关系来理解阶级和阶级斗争；而阶级要依据它们对剩余劳动的关系才能够被理解。在赖特的回答里，'剩余劳动'和'阶级'就像是在一本编得很糟的字典里的两个词，查找其中一个词我们发现它用另一个词来定义……"

为了回答这一指责，必须能够提供一种方法，根据对剩余劳动的占有关系来定义阶级，同时它本身又不依赖于劳动价值论。如果这样一种定义具有独立的基础，则有关劳动价值论提供了将这个阶级概念与积累问题、利润确定问题等联系起来的手段的说法就不是概念循环。霍奇森可以说是正确的，因为在原来的论文中我的确没有明确地提供这样一个独立的论述，但是要填补这一空白并不困难。

要全面地为在剥削关系（即剩余劳动的占用）的基础上定义阶级的做法的理论基础提供全面的辩护和阐述，恐怕要费相当大的篇幅。这里我只打算简要地勾画一下论证中的中心步骤，以使提法显得合理为限。

马克思主义的阶级定义以许多更为基本的概念作为基础。对目前所涉及的范围来讲，其中有五个具有特别重要的意义，分别为劳动、必要和剩余劳动、异化、必要和剩余产品，以及剥削。

劳动。劳动是自觉地改造自然物以产生满足人类需要的有用物品的活动。[①] 尽管在这种意义上并不是所有的人类活动都是"劳动"，劳动无疑是人类活动的最基本的方面之一。[②] 除此之外，马克思主义者一贯认为劳动即使不是人类把自身创造和改造为自觉的社会的人的最根本的方式，也是根本的方式之一。可以肯定地说在人类大部分历史上，劳动都是绝大多数人在绝大多数时间内所从事的中心活动。既然劳动是人类社会活动的如此基本的方面，这种活动据以发生的社会关系就应理所当然地被看作是任何社会的社会结构的关键所在。这就是为什么马克思主义者如此强调社会生产关系的根本原因。

必要和剩余劳动。生产有用东西的活动可以被分为两段：在一段时间里生产出进行这种活动的人的再生产所需要的有用物，在另一段里生产出其他的东西（剩余）。后一部分具有特殊的重要性，因为它代表了可用于社会发展和扩展后续生产的物质基础的那一部分人类时间。因而剩余劳动是可用于超出处于当前状态的社会的再生产的社会任务的劳动时间。怎样组织、支配、控制

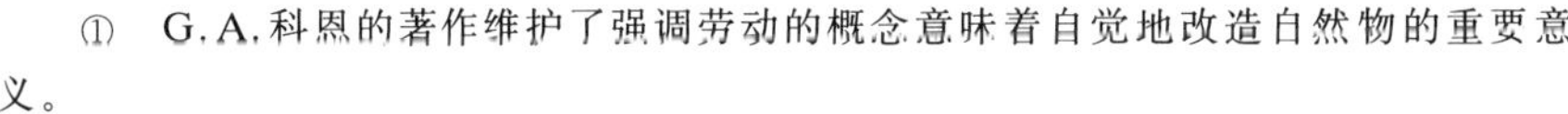

① G.A.科恩的著作维护了强调劳动的概念意味着自觉地改造自然物的重要意义。

② 显然用不着为了在劳动借以进行的社会关系中合理的引入阶级的概念而去假定劳动是人类实践活动的基本方面。

这一时间，对于社会再生产和社会变化的特点具有极重要的影响。

异化。当劳动得以进行的社会关系的组织方式使从事劳动活动的人部分地或全部地失去了对这种活动的控制时，我们就说他们的劳动被“异化”了。这种意义下的异化是一种社会关系，它的形式和程度都是变化着的，从封建纳贡的农民社会的劳动活动的小部分异化一直到资本主义工业化生产的普遍异化。在后一种情况下工人不仅失去了对剩余劳动的控制，而且失去了对整个劳动过程的控制。

必要和剩余产品。为什么会有人要去控制别人的劳动？是什么东西使被控制其劳动的人不能重获个人或集体的自我控制？是什么东西使他们简单地拒绝为别的人从事剩余劳动？为了回答这些问题，我们必须使讨论从劳动转向劳动的产品，特别是剩余产品的概念。

对应于必要和剩余劳动的区分是必要和剩余产品之间的区分：必要产品被用于生产者的再生产而剩余产品则被用于其他目的。统治阶级不只是控制剩余劳动，他们还占有剩余产品。这种占有为控制他人的劳动的主观动机以及再生产这种控制的客观基础提供了唯物主义的解释。从主观动机方面讲，对剩余产品的占有能使占有者不劳而获，甚而能不用劳作就能过上奢侈的生活。在人类历史的大部分时间里，逃避做苦工的唯一出路就是通过这样或那样的手段变成剩余产品的占有者。

从再生产这种控制的物质基础来看，剩余产品的占有使占有者有能力为确保这种控制而组建各种专门的机构（即国家和其他统治设施）。剩余产品为保护这种统治提供了所需要的物质来源。很难想象统治阶级不占有剩余产品就能控制被统治阶级的劳动。如果是那样的话，这个统治阶级继续它的统治的客观基础会十分薄弱，因为它延续其统治的物质基础极端不稳定。

剥削。马克思主义的剥削概念的提出，是和社会关系的各个方面紧密联系在一起的，也就是说和劳动作为人类社会活动的一个重要方面的现实，占有劳动的社会关系（异化），以及再生产这种控制（剩余产品的占有）的物质基础联系在一起。剩余产品的占有如果不涉及劳动的异化，也就不会产生剥削。例如，一伙人抢伐或盗伐一片树林时情况就是这样，因为他们本身并不占有树林的任何生产者的劳动。类似地，不占有产品而只控制劳动也不算是剥削。例如，在监狱里囚犯在看守的控制下被迫为自己做饭，但看守并不占有食物（或囚犯的其他产品），所以这里也就没有剥削。没有占有的控制和没有控制的占有都不是剥削。因此，剥削可被定义为一种社会关系，其中通过劳动的控制和剩余产品的占有来占有剩余劳动。因为劳动一旦付出就物化在劳动产品之中，我们可以简短地说剥削就是剩余劳动占有过程。

现在我们可以给出一个结构化的阶级的定义：阶级可在结构上被定义为在剥削的社会关系中的一定的社会位置。[①] 因此阶级

① 注意这严格地是一种关于阶级的结构定义。然而阶级的概念并不是纯粹的结构性概念。有关阶级的整个概念包括阶级形成的概念（阶级的社会关系和阶级意识的产生）以及阶级斗争。要了解这些观点，可参阅《阶级、危机和国家》，第 97—108 页。如要了解对这个定义及它与其他阶级定义的差别的更广泛的讨论，可参阅我著的《阶级结构和收入确定》一书，纽约，1979 年，第一章：“何谓阶级？”。

总是在关系中被确定的,这些关系位于生产过程之中,而所有生产关系的中心点是剥削关系。可以看出在这种对阶级的定义中没有一处需要预先假定劳动价值论本身。所有的实质性概念——必要和剩余劳动、必要和剩余产品、剥削等,其定义都不依赖于资本主义社会中商品的交换比率由内含的劳动时间确定这一命题。阶级的概念是基于有关剩余劳动和它的控制占有关系的一般概念,但是并没有把任何对劳动价值论的特殊关系作为先决条件。阶级的这种概念规范也许会有许多严重的局限性,但绝不是概念循环。

阶级和斯拉法派的利润理论

虽然上面描述的阶级概念并未预先肯定劳动价值论,这两组概念相互之间明显地具有系统的联系。从传统来看,劳动价值论为阶级分析中的一个特殊问题提供了答案——既然当工人为资本家工作时所得的报酬相当于他们劳动力的全部价值,资本主义社会中怎么会产生剩余劳动的占有呢?初看起来,资本主义就像是这样一种社会系统,其中资本家阶级占有剩余产品却实际上不占有任何剩余劳动,因为所有的劳动力都按其全部价值得到等量的产品(通过工资)。按此看法,资本主义不存在剥削。针对这类问题,劳动价值论表述了一种机制,通过这种机制剩余劳动从工人那里被“抽取”了出来,也就是迫使工人付出比他们所消费的商品中含有的劳动更多的劳动。假定商品的价值由蕴含的劳动时间所决定,这个机制构成了资本主义剥削的基础。沿着这条线索,劳动价值论把阶级理论和资本积累、利润等理论联系了起来。

在我原来的文章中,我认为斯拉法派对利润问题的观点没有自发地与基于生产关系的阶级概念贯通起来。[①] 尽管斯拉法的论断的形式结构并未实际上与以生产为基础的阶级概念不相容，它却更自然地趋向某种韦伯式的观点，即认为阶级取决于在市场关系中所处的地位。

现在我感到这个最初的结论说得过分了。当时的论断是基于这样一个观察，即在斯拉法派的理论中基本的角色是实际工资的给予者和接受者。按斯拉法理论，实际工资是确定利润的两要素之一，而这显示了一种与工资的社会关系密切联系的社会范畴，从中形成了一种阶级结构：购买劳动力的阶级；出卖劳动力的阶级，其中或许还包括出卖技巧的人。而这个框架恰恰是韦伯在做市场阶级分析时所提出来的东西。

我所做的这种批判是错误的。斯拉法的框架不仅提到了市场角色，同样也包括生产中的角色。生产的社会技术条件隐含着一种生产中的社会关系结构以及相应的一组社会层次，这些可以形成阶级分析的基础。生产的社会技术条件的物质系数是指实际消耗的各种生产投入诸如劳动小时、钢铁吨数、电力的千瓦数等。这

① 重要的是应强调指出无论斯拉法本人还是遵循其传统的大多数理论家均没有明确地定义过阶级或对更广泛的阶级分析问题有所反应。凡是在我提到某种阶级定义是“基于”或“源出于”斯拉法理论时，我都不是说这样一种定义曾实际地被某位遵循斯拉法传统的理论家采纳过。在这一片沉寂之中一个显著的例外是约翰·罗默最近所写的极为重要的著作。罗默著作的特点是企图把马克思主义的社会历史理论的理论突破与斯拉法传统的技术经济战略综合在一起。其结果，是重建了一种马克思主义经济理论的分析基础并且没有削弱其社会学、历史学和政治学方面的逻辑锋芒。罗默的著作有：《马克思经济理论的分析基础》，坎布里奇，1981 年；《剥削和阶级的一般理论》，哈佛大学出版社（将于 1982 年出版）；以及“关于剥削和阶级的马克思理论新动向”戴维斯的加利福尼亚大学经济系工作论文 161 号，1980 年 11 月。

些并不必然严格地相对应于生产资料所有者所购买的投入数量。因而所有者就会面临这么一个问题:怎样才能保证当他们购买了八小时劳动时间的时候他们能得到八小时的工作。这个把劳动力转换为劳动的问题,恰恰是处于对劳动过程的马克思主义分析核心中的问题,并且像在马克思主义分析中一样,它将使斯拉法理论中的社会分析去审视植根于生产的阶级范畴。生产中对抗的形式,管理控制等级制的完善,以及劳动的退化等,都会成为斯拉法理论中隐含的社会学方面的研究课题。

虽然在斯拉法框架之中隐含着生产层次上的阶级概念,它与马克思框架之间存在着会造成重大影响的两点差别。首先,如不采纳某种至少是原始形式的以生产为基础的阶级概念就不可能应用劳动价值论;但是即使不提这样的阶级概念,斯拉法的体系仍然照行不误。按斯拉法的框架,将劳动力转换为劳动的问题与将购买的钢材和电力的数量转换成实际使用的钢材和电力的问题之间不存在形式上的差别。对每一种购买来的生产投入都有一个潜在的浪费问题,即在市场交易中表现的准备投入量与在生产过程中表现的实际投入量之间存在着差别。因此斯拉法框架中的概念结构没有对物质浪费的工程问题(包括浪费劳动时间的工程方面的问题)与劳动控制的社会问题做出区分。除非有人在斯拉法框架中从理论上赋予劳动以特殊的重要意义,否则很难抽出斯拉法式的概念对阶级分析方面的含义来。而另一方面对劳动价值论来说,阶级关系是和核心概念紧密结合在一起的,因此不可避免地会被推向阶级分析。

如果有人真的打算用斯拉法框架中这方面的内容去进行生产

关系的阶级分析，他会更自然地被引向生产中的控制理论而不是**剥削**理论。[①] 尽管斯拉法理论的确提示了涉及关系的生产层次上的阶级概念，它却不会提示围绕着剩余价值的占有去构造这个概念。尽管在斯拉法理论中劳动及它与劳动力的关系具有一席之地，剩余劳动的概念却最多处于边缘的位置。（正如班德约帕德海亚在他的分析中指出的那样，即使讨论到剩余劳动也和生产者付出的必要劳动和剩余劳动的实际划分关系不大，而只是将其视为从生产各种商品所需的最少劳动量推导出来的一个纯粹技术参数而已。）斯拉法派对价格、利润及其他经济课题进行的分析，即使不提剩余劳动也能相当好的进行。因此，斯拉法派对生产问题的处理，提示了这样一种阶级结构的概念，其根据是拥有还是不拥有生产资料（与实际工资有关的方面）以及控制还是不控制劳动的付出（与生产的社会技术条件有关的方面），而不是围绕着占有剩余劳动的问题形成的。所以，劳动价值论意味着一种联系剥削和控制的阶级概念，而斯拉法理论则意味着一种更严格地基于单对劳动进行控制的阶级概念。

随之而来的问题是这种情况究竟在多大程度上造成真正的差别。尽管强调剥削而不是控制这一点本身肯定会引起很大的争论，但它是否对理论推证和阶级概念的应用（例如国家理论、阶级形成、阶级意识等）或具体的研究项目产生重大影响这一点

---

① 注意这仍是一个生产中的控制概念，而不是社会中的统治概念。因而斯拉法的理论框架中隐含的这种阶级概念就免受了由雷夫·达赫仁朵夫、戈哈德·林斯基提出的阶级概念所遭受的那种批判；这些人所用的阶级概念是基于与生产过程不搭界的普遍化的权威观念。

尚不很清楚。当马克思主义者开始着手系统地探究社会生产关系的奥秘时，对剩余劳动的占有的关切一般会起着证明对劳动过程及其中主宰控制关系的关切是有道理的作用。可以肯定地说我本人就是这种情况。[①] 虽然我的确讨论了剩余劳动被占有的机制问题，我定义阶级关系结构时所采用的具体方法却更多地是从生产中的主宰或控制的社会关系出发展开的。多少做点修改，同样的话也适用于普兰泽、特博恩、卡彻迪及其他人所做的阶级分析。实际上，许多马克思主义者在谈阶级问题时都把他们的注意焦点从剩余劳动转到了对劳动付出的控制关系方面。

的确我们可以把话说得更明确一点：当马克思主义者处理阶级问题时，只要他们试图直接从劳动价值论范畴推导出阶级的存在（而不是以劳动价值论作为出发点来标明社会关系的各个有关方面），就倾向于犯下严重的错误。当某些阶级问题的研究先入为主地区分所谓生产性劳动和非生产性劳动时，这一点显得格外清楚。例如普兰泽就提出不能认为非生产性劳动者属于工人阶级，理由是他们并没有受到典型的资本主义剥削，也就是他们的剩余劳动没有以剩余价值的形式被占有。普兰泽因而将他们归类为“新小资产阶级”。正像人们多次指出的那样，这意味着一个银行的守门人和一个工厂的守门人分属不同的阶级，尽管他们的工作条件完全一样。因此，试图从劳动价值论范畴出发直接导出在现

① 见本人所著《阶级、危机和国家》的第二章“阶级结构与收入确定”，以及“马克思主义阶级概念的各派别”，载《政治与社会》，1980 年 9 月号第 3 页。

实资本主义社会中的阶级标准趋向于把阶级结构和阶级利益之间的关系割裂开，进而损害对阶级结构和诸如阶级形成、阶级意识以及阶级斗争问题之间的联系所做的分析。[①]

在理论和研究中有一个领域，在这个领域中可以期待强调剥削的马克思主义会与唯一地建立在生产中的统制关系的阶级概念产生重大分歧，这就是收入确定问题。按照马克思主义的做法会去衡量对不同类型的劳动力的有差别的剥削率，这种做法是以基于剩余劳动的阶级概念为前提的。鲍蒂洛等人在他们所著的《法国小资产阶级》（巴黎 1974 年）一书中恰恰就是这么做的，而我的《阶级结构和收入确定》一书尽管不那么直接，也是试图遵循同一条路线。有关工资收入者之间收入不平等的理论因而应围绕着对不同的阶级和工人阶级内部不同的阶层所确定的不同剥削率展开。要做出这种确定，必然直接或间接地涉及了解不同类型的劳动者所付出的剩余劳动的数量（即他们所付出的多于相当于他们所得工资的劳动时间的劳动数量）。斯拉法的信奉者们是不会做出这种努力的。

但是，当对所获结果进行结构性解释时，马克思主义的看法与斯拉法派的看法是否必然不同就不那么明显了。至少在原则上，二者都可以把这些东西阐述为生产中的社会控制问题，保护工人中一定阶层的工资收入的市场壁垒，以及在工作场所的斗争形式等。因而最终来说，对剩余劳动的强调即使在研究收入不平等问

① 要了解对生产性和非生产性劳动的区分的更广泛的批判，参阅《阶级、危机和国家》，同时参照卡彻迪所著《论社会阶级的经济识别》，伦敦，1977 年。

题时也不像初看时的那样会造成很大的差别。尽管讨论时所用的习惯语不同，实质性的因果关系的解释事实上会十分相似。

很显然，明确地基于剥削的马克思主义的阶级概念与根据生产控制而得出的斯拉法派的阶级概念之间的实质性区别，并不像我原来所认为的那样大。的确有一些理论家提出对一切实践目的来说，斯拉法派得出的阶级概念和剥削是等价的。G.A.科恩在其《劳动价值论和剥削的概念》中似乎得出的就是这种结论。科恩认为，只要一个阶级占有另一个阶级劳动所得的剩余产品，剥削的概念就有其意义。在资本主义制度下是工人在生产所有的商品，是他们的劳动而不是资本家的劳动实际地改造了自然物并生产出使用价值。劳动之所以被剥夺只是由于资本家占有了劳动的产品而不管“蕴含的劳动时间”的观念与价格之间的关系如何。这种剥削的量，取决于(总该是)如果他们只生产出保证同样生活水平的产品而不生产任何用于资本家本身的消费及资本积累的产品时所少用的劳动。这种剥剥的概念只要求两点：第一，资本家拥有生产资料(因而对生产出的商品拥有财产权)，第二，资本家能够迫使工人长时间的艰苦工作以生产出多于维持工人生存的产品(即资本家至少对劳动过程施加某种控制)。[1] 而所有这两点都为斯拉法

① 在科恩的论述中并没有明确地包括第二点，但我的确认为它是必要的。生产资料的资本家所有制(相应地工人阶级被剥夺了生产资料)给了资本家占有剩余产品的权力，条件是如果生产出剩余产品的话。但是就这种权力本身来讲，并不能保证会有剩余产品存在。要实际上生产出剩余产品就必须具有第二个条件，即资本家必须对劳动过程进行足够的控制从而使他们雇佣的工人能生产出超出其自身生存所需要的产品来。即使把占有唯一的理解为剩余产品的占有，剥削要能够存在的话还需要有某种对劳动活动进行控制的观念。

派的生产关系出发的阶级概念所满足。斯拉法概念的特点是围绕着财产关系建立起来的，这种地位使资本家能够去占有剩余产品，并产生了一种控制关系使资本家有能力至少取得对劳动过程的最小限度的必要控制。如果接受科恩为使剥削的概念条理清晰而提出的这些要求的话，那么我们的确要承认这是一种以剥削为基础的概念。

根据所有上面这些说法，我们所讨论的两种阶级概念，即以剩余劳动的占有为基础的概念和以剩余产品的占有为基础的概念之间的区别似乎实际上没有重要的意义。然而，在另外一种重要的情况下，即涉及每个概念在触及社会主义问题时所具有的含义问题，我确实感到两者的分歧仍然存在着。

当阶级统治被理解为占有剩余劳动的时候，资本主义的瓦解和超越被视为提供了这样一种可能性：即不但对资源和生产，而且对社会时间的一般使用都进行集体的民主的控制。剩余劳动是人的劳动活动所持续的一定量的时间。在资本主义条件下，社会时间被积累的欲望所垄断；超出社会再生产需要的劳动时间不是为社会生活的集体目标所用，而是被引向不断扩大的生产。说资本主义关系对社会实践的形式强加了实际的物质限制，其含义之一就是指的这种情况：资本主义关系排除了那些要求极为不同地分配社会时间的实践活动。这一点至关重要，因为社会主义要具有有活力的社会秩序，人们使用相当多的时间去从事集体的社会政治活动是必不可少的。尽管宣称在发达的工业社会中，社会主义会具有何种体制总是有某种不确定性，有一点却是肯定的：一般的人将必然要比在资本主义社会中用更多的时间去从事（广义理解的)政治活动。

这种社会主义的概念明显的与传统的马克思主义对必要和剩余劳动所做的区分相联系:必要劳动是指为了生产者的再生产的需要而生产使用价值所必需花费的劳动时间量。而在资本主义条件所付出的剩余劳动则可粗略地被视为在社会主义过渡时期可用于别的目的的时间指数,尤其重要的是用于对社会生活进行集体控制的政治任务的时间指数。[①] 马克思主义关于资本主义越发展社会主义就越有可能这个通常的说法,在很大程度上是反映了下面一个想法:即生产力发展的结果是必要劳动时间的日趋缩短,因而潜在地增多了可用于社会主义的社会和政治工作任务的时间。

以剩余劳动的占有为主的阶级概念做基础,有助于把许多重要的概念联系在一起:如阶级统治,生产力的发展,给定的一组阶级关系的历史替代物的出现和发展等。马克思主义的阶级概念的力量恰恰就在于它用一个概念范畴就能把这样多的不同概念结合在一起。依据剩余产品的占有所做的阶级关系的定义尽管并不排斥对时间的社会利用和控制进行分析,但是这种概念本身并没有体现这方面课题的中心重要性。

上面各种议论的纯结果是我必须对原来针对斯拉法派的利润理论在阶级分析方面的意义所下的结论做重大的修改。尽管情况仍然是斯拉法派的理论家们不乐意,或者在实际上不大乐意涉足阶级问题,或者在遇到这个问题时往往不批判地采纳某种准韦伯

① 在资本主义条件下剩余劳动量(相当于剩余价值加上付出的非生产性剩余劳动)是在社会主义社会中可用于集体的社会任务的时间量的最低限度的指数。一定数量的资本主义条件下的必要劳动量在社会主义社会中可能会很容易地被免除,理由是资本主义本身会使再生产产生一定的代价,而这种代价在社会主义条件下会减少或免除。

式的市场阶级的观点，这却不是斯拉法理论体系中的范畴从逻辑上必然得出的结论。从这些范畴中照样能得出一种生产水平上的关系式的阶级概念。具有潜在重要性的一个区别是从斯拉法理论中得出的阶级概念不会自然地围绕剩余劳动及其占有的概念而构成。正像我上面已讲过的那样，当严格运用阶级概念去理解作为资本主义的历史替代物的社会主义的时候，这一点会有某些影响。然而当运用这个阶级概念去把研究重点放在资本主义社会的问题分析方面的各种课题时，可能并不会造成带有普遍性的后果。因此，我认为从劳动价值论的角度提出要比从斯拉法的利润理论的角度提出更为自然的研究课题，在斯拉法的框架之中进行或许会同样方便。①

结　论

本文所做的分析可被归纳为几点一般性的结论。

(1)剩余价值限定了利润的范围而生产的社会技术条件和实际工资在此范围内对利润具有选择作用。从方法论上看这一提法

① 有关对研究工作的影响问题需要补充两点。首先，霍奇森正确地指出了直到60年代末70年代初，马克思主义者还很少注意到作为一个研究课题的劳动过程。如果像我原来讲的那样，先入为主地认为从劳动价值论的逻辑出发会“自发地”得出劳动过程，那么这一点也是很难解释得通的。事实上，尽管劳动价值论的有关范畴和对劳动过程的了解是一致的，我在相当程度上是夸大了这种理论上的联系，虽然同时我也提出有必要对此进行研究。其次，可能不能硬说劳动价值论直接引出了研究有关劳动过程的问题，而是应该说是由劳动价值论引出了应作为马克思主义的阶级概念基础的理论探讨。这些理论探讨一方面推动了对劳动过程的经验研究，另一方面也推动了劳动价值论在理论上的完善。尽管从文献的角度看理论家们可能是经由劳动价值论去研究劳动过程的，但是要从逻辑上讲这是必然的我却不敢苟同。

是合理的。因此，虽然在剩余价值和利润之间不存在简单的一对一的关系，剩余价值仍应被视为系统地约束了可能的利润范围。

(2)这一关于限定问题的论断纯粹是从形式上说的。传统的马克思主义的从因果关系方面对劳动价值论所做的辩解当中，还没有一个是令人满意的，其原因在于它们都未能实际解释价值调节或确定或限定价格的因果机制。

(3)斯拉法派对利润问题的处理从特点上说也纯粹是形式的，因而至少到目前为止还没有裁决这一争论的因果关系表达得很清楚的客观基础。

(4)然而确定了剩余劳动的限定作用，使我们能把利润理论和马克思主义的阶级概念(即基于剩余劳动占有的社会关系去认识的阶级)联系起来。

(5)和我早先的结论相反，斯拉法派对利润问题的观点并不必然导致采纳某种韦伯式的以市场为基础的阶级概念。斯拉法理论同样也能够提出一种面向生产关系的阶级结构的概念。

(6)以斯拉法理论为基础的阶级概念和以马克思理论为基础的阶级概念会产生分歧的地方，在于是否强调剩余劳动而不简单地在生产方面。马克思主义的阶级概念围绕着剩余劳动占有关系的问题展开；从斯拉法的利润和价格理论得出的阶级概念更倾向集中于劳动控制关系(劳动过程)和剩余产品的占有，而不是剩余劳动的占有。

(7)在从理论上和经验上运用阶级概念去分析资本主义社会的时候，强调生产中的控制而不明确地涉及剥削究竟会产生多大的不同，这一点并不很清楚。由斯拉法派对生产的认识而得出的阶级概念和与劳动价值论相联系的阶级概念一样，都会对下面一些课题进行研究：劳动过程的改造，劳动的蜕化，技术控制问题上的斗争，促进或阻碍不同的社会集团获取不同的工资收入和付出不同的劳动的工作岗位的机制等。

(8)两种阶级概念的不同会有重大影响的情况之一，是当问题涉及对社会主义的观念的时候。基于剩余劳动占有的马克思主义的剥削概念，按最低限度讲，具备把注意力直接引导到组织和控制社会时间上去的重要的关键性作用。

在得到上面这些结论之后，我们应怎样看待马克思主义和斯拉法派之间的争论呢？首先，依我来看技术性的争执并没有完全得到解决。斯蒂德曼关于劳动价值论是冗余的说法，正如我在原来的论文和本文中所论述的那样，并不能构成拒绝劳动价值论的有说服力的基础。同样在我看来反对把价值论视为一种限定理论的意见是不正确的。如果对联合生产问题能研究出一个令人满意的解决的办法的话，在劳动价值论或斯拉法的利润和价格理论之间做出选择或许还能有一点形式上的基础。

第二，这场争论所得的结果所造成的影响，并不像我在原来的文章中所认为的那样大，至少对那些从事阶级分析的经验及历史研究的人来说是这样。劳动价值论和斯拉法理论都具有一种基于生产的阶级概念，都从关系角度看待阶级，并且都引导阶级分析工作去了解劳动过程及其与技术、市场、斗争等的关系。虽然特别是在涉及剩余劳动占有的地位问题时两者的阶级概念之间存在着分歧，但还不能肯定它们这种分歧会对大多数社会分析中的经验研究产生实质性的影响。[①]

最后，除了已说过的其他理由，保留劳动价值论并且把它作为对资本主义的阶级分析基础还有一个重要的宣传上的原因。劳动价值论可使生产和交换关系的特点格外鲜明地展现出来；它以一种确定不疑的方式加深了对剥削的理解，并且有力地揭示了资本主义的实质性结构所提供的是奴役而不是自由。多数这些内容应包含在斯拉法的理论体系的形式结构当中，但是这种理论体系本身却没有不可避免地要求进行此类分析。分析价格和利润的斯拉法派的理论框架作为一种纯粹的技术性工具，可被很好地用于经济参数的形式计算，并且在没有任何内在的迫切要求的情况下，的确也能被用来理解生产体系中的阶级问题。但是对于在马克思主义中发展起来的劳动价值论来说，不进行以生产为基础的阶级分析就很难理解其本身的含义。因此，尽管在我早先的论文中过分地强调了斯拉法的概念工具对阶级分析的阻碍，但仍可以说它并不像劳动价值论那样强有力地去推动进行这样一种分析。

要明确的是上面讲的并不能构成为劳动价值论辩护的科学根据。然而马克思主义不仅仅是一种科学的理论规范（尽管它同时也是如此），它也是一种政治意识形态体系。劳动价值论之所以经受得起攻击并继续成为大多数马克思主义思想的出发点，恰恰就在于它集中了作为政治、科学、意识形态的马克思主义的特征于一

① 对劳动价值论的地位所进行的辩论，的确对更狭义的经济分析会产生重要的实质性影响，尤其是当这样的分析采取一种特别抽象的形式的时候。但即便对经济问题来说，这种争议是否会严重影响具体的经验研究也不那么明确，因为试图直接从劳动价值论范畴出发去进行有关经济问题的经验研究的做法，相对地讲应该是很少的。

身。除非确定无疑地证明它的科学性理论性内容是不适当的，否则劳动价值论就会继续理直气壮地发挥它的这种作用。

第七章　联合生产:斯蒂德曼遗留的问题

伊 藤 诚

斯蒂德曼对马克思的批判

斯蒂德曼的《按照斯拉法思想研究马克思》一书,为袒护斯拉法的价格理论而诋毁马克思的劳动价值论。它发动了新的一轮有关价值问题的辩论,并且在某种程度上难住了某些马克思主义者。然而就像过去的价值争论常常表明的那样,这一场争论也会成为加深对马克思的价值论的理解的大好机会。

在其书中,斯蒂德曼声称马克思的价值论是“冗余的”和自相矛盾的。在一般情况下,他更强调的是这种所谓的“冗余”。斯蒂德曼承认“生产任何商品所需要(直接或间接地)的劳动时间即任何商品的价值,是由有关的生产方法的实际条件所决定的”。然而,断言“在确定利润率(以及生产价格)时,价值的数量大小在最好的情况下也是多余的”,理由是实际条件和实际工资的规定足以确定出同样的结果。

斯蒂德曼认为，在某些生产过程生产出联合产品的情况下，对等于所含劳动时间量的价值，有可能成为不确定的。即使价值可以确定，它们也可能取负值，结果使剩余价值也成为负的，虽然这时利润率和价格都是正的。让我们核验一下斯蒂德曼列举的例子。

假设有两种不同的生产过程联合生产出产品 A 和 B：

① 5 个单位的商品 A + 1 个单位的劳动→6 个单位的商品 A 以及 1 个单位的商品 B；

② 10 个单位的商品 B + 1 个单位的劳动→3 个单位的商品 A 和 12 个单位的商品 B。

1 个单位劳动所得的实际工资所购买的东西假设包括 1/2 单位的商品 A 和 5/6 单位的商品 B。设 1 个单位的劳动价格为 1，商品 A 和商品 B 的价格分别为 p_1 和 p_2，均匀利润率为 r。和斯拉法的做法一样，假定利润率只标定生产资料的价格。这样我们就得到下列的三元联立线性方程组：

$$(1+r)5p_1+1=6p_1+p_2 \tag{1}$$

$$(1+r)10p_2+1=3p_1+12p_2 \tag{2}$$

$$1=1/2p_1+5/6p_2 \tag{3}$$

这个方程组的解均为正值：

$$r=20\%,p_1=1/3,p_2=1。$$

设一个单位的商品 A 和商品 B 中所包含的劳动量分别为 l_1 和 l_2，它们由下面的联立方程组决定：

$$5l_1+1=6l_1+l_2 \tag{4}$$

$$10l_2+1=3l_1+12l_2 \tag{5}$$

解为：$l_1=-1, l_2=2$。

因此对商品 A 来说，尽管它的利润率和价格是正的，包含在它上面的价值却是负的。如果雇佣了 6 个单位的劳动，其中 5 个用于第一个过程而 1 个用于第二个过程，则在从净产品（8 单位商品 A + 7 单位商品 B）中去掉工资商品（3 单位商品 A + 5 单位商品 B）之后，剩下的就是剩余产品（5 单位商品 A + 2 单位商品 B）。在这种情况下可照下面的方法计算劳动力价值 V 和剩余价值 S：

$$V=3\times(-1)+5\times(2)=7$$

$$S=5\times(-1)+2\times(2)=-1$$

$$V+S=6$$

因此，剩余价值是负数，而同时利润率是正的。

斯蒂德曼从这种分析中得出结论说马克思的劳动价值论不仅是冗余的，而且也是自相矛盾的，因此应该将其抛弃并用斯拉法的价格理论取而代之。

反　批　判

斯蒂德曼所谓的批判显然是根据一种狭隘的观点做出的。他认为马克思的价值论的要点是确定平衡价格，就像新古典主义经济学或斯拉法的价格理论所要做的那样。从这样一种立场出发，分析劳动的数量就显得多余了，因为生产价格能够直接由有关生产技术的实际资料和实际工资来确定。然而，这种批判并没有正确地理解马克思价值论的实质内容。

对于马克思，价值论完全不是仅仅确定平衡价格的手段。它首先是一种用以阐明资本主义社会的历史规定性的理论。正像我们从《资本论》中所了解到的那样,马克思发现劳动过程是“人类生活的永恒的自然条件”,并且分析了这种人类社会的基本条件在资本主义社会中如何成为价值关系的社会过程。获取作为剩余价值的本质的剩余劳动的资本主义社会机制尤其是这样一种分析的中心内容。因此,马克思价值论的实质内容在于阐明基于人类劳动的资本主义社会关系,以及它的特殊形式和机制。从这个立场出发,对作为价值和剩余价值本质的劳动数量的观察与研究是不容忽视的。斯蒂德曼断言一般地讲马克思的劳动价值论是冗余的,表明他不能或不愿去理解作为历史和社会科学基础的马克思的价值论的意义和任务。他之所以完全忽略了马克思有关价值形式的理论,跟他的上述弱点有密切的关系。

斯蒂德曼指责马克思的价值论是自相矛盾的,正是由于他忽略了价值形式的理论和片面地从技术方面去理解价值概念。斯蒂德曼以一种机械的方式从不同的生产过程的数目等于联合产品的数目这个假定出发去推算联合产品的内含的劳动量或价值,并从这种解释中得出了负的价值和负的剩余价值的所谓反常现象。这种解释忽视了在满足社会需求时哪种现存技术是主要的。此外,在只有一种联合生产方法或联合生产方法多于联合产品的情况下,用这种解释是无法决定价值或平衡价格的。

然而,马克思主义者对斯蒂德曼在联合生产问题上的做法的反批判相当分散并且还不能令人满意,尽管它们几乎无例外地都指出了马克思价值论的重要任务是揭示剩余价值的社会实质并抵制了斯蒂德曼关于马克思的价值概念是冗余的说法。

例如，保罗·斯威齐曾批判斯蒂德曼并且正确地指出剩余价值率这一关键性概念在依据价格所做的分析中必然会消失(见他的“马克思主义的价值论和危机”一文)，但是斯威齐没有触动斯蒂德曼在联合生产问题上的观点。

冲盐对这个问题的处理是假定一种单一的生产技术生产出联合产品 A 和 B。A 的价值介于零和最大值之间，这个最大值是当 B 的价值为零时 A 所具有的价值。由于冲盐以一种纯技术的方式分析价值，所以他认为 A 和 B 的整个价值是确定的，但无法确定 A 或 B 的价值。结果当某些商品是联合生产出来的时候，包括这些商品的剩余产品价值和工资商品的价值都是不确定的。同时，冲盐对他所提出的只有当剩余价值率为正时一般利润率才是正的这一基本马克思主义定理产生了动摇，他对此做了重大修正并写道：“不论劳动者是否被迫生产剩余产品剥削的存在都是确定了的；利润存在的必要条件是劳动者被剥削。”[①]遗憾的是在这里冲盐抛弃了作为分析资本主义剥削工资劳动者剩余劳动者的马克思价值论的实质性内容。

阿姆斯特朗、格林和哈里森也认为“价值不能赋予个别的商品”，如果这些商品是联合产品的话。[②] 然而他们试图把劳动力价值定义为包含在一组劳动过程之中的全部劳动；这种劳动对于至少能够生产出工资商品来是必须的，同时又最少地产生可能的额外联合产品。在这个定义的基础上剥削率用价值术语来表述。正

① 冲盐：《马克思主义经济学》，东京，1977 年。

② P. 阿姆斯特朗、A. 格林以及 J. 哈里森：“捍卫价值——回答伊恩·斯蒂德曼”，载于《资本和阶级》，1978 年夏，第 8 页。

如他们所承认的那样,“这个方法是不完善的。”[①]它倾向于系统地低估剥削率,并且不可能做到非常精确。相互联系的联合生产越多,他们对剥削率的定义就越失去意义。

希梅尔魏特和莫恩从不同的角度提出问题。按照他们的说法,作为一个斯拉法主义者斯蒂德曼不了解通过商品的交换把不同种的有用的具体劳动“同量”为抽象劳动的社会必然性。结果是他也不能理解在资本主义条件下通过竞争的利润率均等而实现的第二个劳动时间的同量化。具有正的利润的负的剩余价值这种异常现象“是由社会必要劳动时间的基本概念和它在资本主义竞争中全部结论的展开之间的矛盾所引起的。”[②]他们企图通过强调在马克思那里价值概念从商品价值到生产价格的发展来反驳斯蒂德曼。然而从他们的做法中却搞不清楚有关联合生产问题的异常现象为什么和怎么样从价值概念发展的矛盾中产生出来。这种异常现象没有得到解决,反而承认了它是资本主义商品中实际存在的一个矛盾。在我看来希梅尔魏特和莫恩所谓的头一个“同量化”是承继了一个根本上的误解,即认为和具体劳动不同,抽象劳动没有商品交换就不能存在。[③] 离开了对危机的分析,从价值到生产价格的必然发展本身是否就能表明资本主义经济中的矛盾,这一点也是令人怀疑的。

① P.阿姆斯特朗、A.格林以及J.哈里森:“捍卫价值——回答伊恩·斯蒂德曼”,载于《资本和阶级》,1978年夏,第9页。

② 见本书他们的文章。

③ 伊藤诚:《价值和危机》,纽约和伦敦,1980年,第58—60页。

一种不同的解决办法

在我看来，最近的这场争论中缺少的是对马克思有关价值的形式和内容的概念的正确理解。经典学派的一个根本缺陷是不去分析价值形式的发展而仅仅把注意力集中在价值的数量分析方面。斯蒂德曼、新李嘉图主义者所表述的联合生产问题以及继之发生的论战也没有避免这样的缺陷。[①] 我在别的地方指出，K. 乌昂曾确切地强调过马克思价值形式理论的意义并将其提炼为一种基本的循环理论。[②] 他也说明对任何形式的社会，劳动过程和劳动的二重性都是共同的经济规律。随后他试图证明在普遍经济规律必须完全通过价值形式起作用的资本主义经济中，价值规律作为资本主义生产的运动规律的逻辑必然性。从这样的观点看，由价值形式构成的商品市场不应被忽略，而是必须被当作价值规律起作用的一个完整组成部分。将这个观点加以扩展，我们就能提出对联合生产问题的一种不同的解决办法，如下面所述。

斯蒂德曼从有多少种不同的联合产品就有多少种不同的生产技术这个假设出发，推导得出了负的价值和负的剩余价值。这个假设显然是任意的，即使实际存在不同的生产技术，也必须从中选出一个作为劳动的社会分配的标准。让我们回到斯蒂德曼的数字例子。如果我们计算在过程 1 和过程 2 中一个单位的劳动所得的

① 伊藤诚:《价值和危机》,纽约和伦敦,1980 年,第二章。

② K. 乌昂:《政治经济学原理》,1980 年。

净产品,在过程 1 中得到 1 单位 A 和 1 单位 B,简记为($A1,B1$),在过程 2 中得到($A2,B2$)。只要条件允许,作为经济生活中的普遍规律肯定会越来越多地选择更有效的过程 2。然而如果过程 2 一时只能被范围有限地使用,同时过程 1 是一种占主导地位的普遍的生产条件,则过程 1 就肯定会在劳动的社会分配中被当作生产 A 和 B 的标准条件。在商品经济中,只要满足市场中需求波动的普遍供给条件是过程 1,生产的 A 和 B 的市场价值或市场价格就一定会按照市场生产价格的理论由这个技术过程进行调节。我在别的地方对此进行过更为一般的讨论。[①]

让我们假定过程 1 是当前有代表性的生产条件。由于在这个过程中一个单位劳动所获得的净产品是($A1,B1$),因此一个单位的商品 A 和一个单位的商品 B 中所蕴含的劳动量合在一起显然一定为 $l_1+l_2=1$。l_1 或 l_2 都可取值在 0 和 1 之间,只要它们满足方程的约束条件。在各种社会条件下都不存在普遍的技术法则足以确定比值 $l_1/l_2=a$。换句话说,我们得承认在联合产品之间劳动的分配具有某种基本的自由度或弹性,正如在社会剩余劳动的配置中具有的弹性一样。例如,在一个没有市场价格的公有制的计划经济中,内含的劳动数量只要在配置和分配社会产品时仍作为一种调节的因素,则当一致意见是相对于 B 而言要促进对 A 的直接或间接的消费时,按照涉及给定的技术生产过程的一定社会需求顺序,比值 $a=l_1/l_2$ 可以被降低。通过在变动中观察所引起的在消费和生产中的反应,这个比值能够被调整到一个合适的

① 见作者所著《价值和危机》一书,第三章。

水平。

一般的讲，只要我们能适当地假定在所论及的时期里每一个部门的有代表性的生产条件都是可以确定的，并且不同的部门不会生产出同一种产品，则当分配比值 a 被决定时就能在生产的社会物质条件的基础上确定分配在每一个单位的联合产品上面的劳动数量。而且，我们能使用像 a 这样的比值在理论上把某个联合生产部门分解为分开的单一生产部门，这些单一的生产部门中具有同样的技术构成，其大小按照比值而有所不同。这些确定劳动联合生产出的使用价值之间分配的比值既不仅仅取决于生产的物质系统也不能从个别的主观效用函数中得出。作为一条普遍的经济法则，它们是由生产技术系统和社会需要联合确定的，其中包括在社会主义经济中的政治决策，因此这种确定总是或多或少地具有一定的弹性或自由度。

按基本的资本主义经济理论，在联合产品中赖以分配劳动的这些比值，是通过利用货币的功能测度商品价值的形式以一种无政府的方法确定的。日复一日用货币对商品的购买活动，迫使商品的所有者对他们原先任意标上的价格进行修订，因而最终会找到作为商品价值形式的价格“重心”。货币测度商品价值形式的这种功能表现了一种在各部门间调整劳动分配以适应社会物质需要的市场机制，同时也明确了每一部门中占主导地位或具有代表性的供给技术条件。货币这种在市场上测度价值的功能同时也是按照联合生产出的商品平衡价格水平之间的比例去确定在它们之间分配劳动的比值的一种机制。

这并不意味着在商品中的价值能够通过流通或需求程度的变

化被创造出来或增加。例如在上面举的例子中,联合生产出的商品 A 和 B 的价值量每一个都必须介于0和1之间,并且两者之和必须为1。这个条件从根本上约束了在市场中它们所形成的平衡价格。这些价格,同时还有它们之间的比例,肯定还会受到它们的替代物的生产价格的进一步限制,如果在不同的部门能够生产出这些替代物的话。斯蒂德曼的数字例子只是一种简单的情况。在更为一般的情况下联合产品 A 和 B 在再生产过程中是和其他部门内部相关的。为了生产 A 和 B,有可能直接或间接地要求在生产中也投入进去 A 或 B。在这种情况下,投入的价值因 A 和 B 的整个价值(l_1 和 l_2)本身将依赖于劳动在 A 和 B 之间是如何分配的(即 a 本身)。因此,严格地说,在联合产品之间分配劳动的比率可能会影响到整个内含的劳动数量。不应该把这种影响解释为劳动价值论的根本困难之所在。按我的观点,这种影响意味着按照反映在 a 的变化中的再生产的社会条件的变化而对蕴含的劳动时间的社会估计产生了变化,正像在生产的技术条件变化了的情况下要求对过去的蕴含的劳动时间做出重新估计那样。

在任何情况下,在工资劳动者的必要生存资料中和社会剩余产品中所包含的劳动量以及剩余价值率都总是被确定在正值的范围,即使有某些商品是联合生产出的情况也是如此。只要在联合产品之间分配劳动数量的比值是通过在市场中测定商品价值的货币作用而决定的,上面所讲的情况就成立。对联合生产问题的这种解决办法,在极端的情况下即一个社会仅仅有一个生产部门联合生产出商品 A 和 B,有可能在涉及剥削率时变得毫无意义。虽然当我们沿用像李嘉图的交纳谷物的利润理论这类模型时可以想象出现上面那种极端的例子，但是它是过于简单了以致和现实的联合产品的价值量确定问题没有什么关系。如果我们不管斯蒂德曼的说法排除固定资本的情况（因为残留的固定资本并不是在使用固定资本的过程中联合生产出来的，所以它的价值问题应另做处理），那么联合生产就只发生于很多部门中的一部分而不是全部，更谈不上在一个社会里只有一个独一无二的生产部门了。因此，在联合生产部门具有更为现实的社会位置的基础上，我们的有关联合产品价值及相关剥削率问题的解决办法可以说是合适的。

总之，斯拉法所表述的联合生产问题目的是证明马克思的价值论存在不合理的地方，但它所揭示的是新李嘉图主义对价值论的片面抽象的纯技术式理解的狭隘局限性。为了克服这种局限性，同时也是为了克服因这个问题在马克思主义者中间引起的某些混乱，正确地理解马克思独特的关于价值的形式和实质的理论是极为关键的。从这个观点出发，解决联合生产问题必须搞清楚在联合产品之内分配劳动（尽管这种分配在技术上是不确定的）的资本主义经济历史地决定的形式和机制。要做到这一点就必须考虑在涉及贯穿历史的共同的社会经济规律时这个问题意味着什么，正如我们在前面已经看到的那样。我的意见是，这个解决办法不仅搞清了联合生产问题，而且在这个特殊的情况下也能从正面表明资本主义是怎样以一种历史所决定的特定方式在无政府的无意识的过程中解决社会劳动问题的。

第八章　价值、生产、交换[①]

米歇尔·德弗鲁依

本文综合了包括在一本即将出版的书中的某些想法，[②]目的是对直到最近一直流行于英美文献中的对马克思的价值论的理解做出改进。[③] 这种理解的主要特点是，对所有的实际目的来说都把马克思主义的价值论和李嘉图主义的价值论的内容等同起来。另一方面，本文所要捍卫的说法是这两种理论是根本不相同的。

总的来讲，针对价值论的有关内容我的提法有三点区别。第一，我认为价值的产生不是在生产中而是在生产和流通的结合过程中。第二，我认为没有货币理论的活价值论根本就不能成立，这两种理论的内部联系对于价值与价格之间的关系会产生重大影响。第三点也是不那么显然的区别来自对两种时间尺度之间关系的考虑，这两种时间联系我分别称为“共时”逻辑和“历时”逻辑（或逻辑时间和历史时间）。在我看来，价值论提供了一个使交换的标

---

① 这里阐述的观点在与许多人的讨论中得到了提炼。我特别要对雅克·古沃纽、菲利普·范帕瑞斯和菲利普·德维勒表示感谢。

② 目前还仅是工作论文的形式。

③ 参见 M.多布：《亚当·斯密以来的价值与分配理论》，剑桥，1973 年；R.米克：《劳动价值论研究》，伦敦，1974 年；P.斯威齐：《资本主义发展论》，纽约，1942 年。

准即价格得以出现的测度空间。但是这些标准是从在交换时的普遍情况所决定的瞬时约束条件中得出来的。而另一方面，资本主义要比其他任何经济制度都更深地处于一种不可逆转的结构性变化之中，这种变化又不断地修改着生产和交换的标准。因此，价值调节总是受到历时逻辑的改变结构作用的阻碍。这就使我得出了一个看法：虽然价值论概括了商品体系达到了平衡状态时的情况，然而永远达不到这种平衡状态却是商品体系所固有的一种特点，之所以如此不仅仅是由于市场的不完善，也是由于并且主要是因为历史时间的这种不可逆转的作用。意识到两种逻辑之间的相互关系在理论上会产生重要的结果。一方面，它为研究资本主义法则引进了新的假定和综合。另一方面，它提醒人们注意到马克思主义理论家们所指出的某些研究途径可能是行不通的。

这里表述的想法就其单个来讲并不是完全初次提出的。的确，本文是受到了主要由法国作者们所提出的思想路线的影响，他们很多人的著作都已在《政治经济学的新发现》这一系列丛书中出版。虽然这些作者并不一定持有相同的观点，但他们都对李嘉图式的解释马克思提出了疑问。在讲英语的国家的学术传统中，诸如皮林、格斯坦、法因和哈里斯、希梅尔魏特和莫恩，以及威克思等作者也都采取了十分相似的立场。但是我主要的灵感是来自米歇尔·艾格赖塔的著作。事实上，本文可部分地被看作是为阐明包含在艾格赖塔的《资本主义调节理论》一书中的关于价值论的思想，并将它以一种教学似的方式表述出来而做的努力。这样一种任务是有用的，因为尽管这个理论观点在艾格赖塔的论述中起着中心作用，但是他对它的表述却十分简要并且是间接的。

也应该注意的是，我写本文的目的并不是打算把它的想法的起源追溯到马克思自己的著述中去。我并不断言我对马克思想法的解释是唯一可能的解释。相反我感到马克思的著述有时是矛盾的，因此李嘉图派和“反李嘉图派”都能找到某些段落来使他们自己的观点有所依据。而且，虽然本文包含着对李嘉图派的解释讨论问题的方式的批评（的确，如果我的问题被接受了，这种解释所提出的几个主要问题就失去了意义），但是并没有明确地提出来。

本文由五个部分构成。第一部分论述商品生产是一种特定的社会形式；价值论所涉及的范围都限于这种社会形态之中，并且价值的产生意味着生产和流通的某种交互作用。第二部分研究两种时间结构之间的关系及其对价值转移过程的作用。第三部分提出了货币与价值范畴密不可分的联系在一起这个原理。第四部分对价值和价格之间的关系进行了一些评论。最后，第五部分涉及达不到平衡状态所产生的效应问题。导进损失价值的概念来标示在创造价值和转移价值中的失败所产生的结果，同时提出流通利润和流通损失的概念来表明在缺乏一种完全竞争的环境或当供给和需求不一致时所产生的结果。

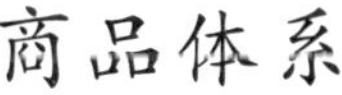

商品体系

在英文的马克思主义传统文献中通常将劳动价值论定义为某种生产理论。价值被和生产中的难题联系在一起，换句话说和生产一种给定的物品所需要的平均劳动量联系在一起。劳动价值论所涉及的领域是没有限制的，目的是得到一种无所不包的普遍性解释，不但适用于前资本主义社会、资本主义社会，甚至也适用于社会主义社会。

我这里所要讲的观点与之不同。与价值概念相关的东西限于资本主义生产方式，这种生产方式被看作一种其阶级结构采取工资关系的形式而商品是劳动产品最突出的社会形式的社会系统。这种看法暗含着一种比通常的概念(即商品是使用价值和交换价值的结合体)要窄的商品概念的定义。这里的观念涉及一个特定的理论范畴，是否属于这个范畴取决于生产受到影响的社会形式，而不取决于物质标准。[①] 那么何谓商品体系？它是一种特殊的社会劳动力分配的体系，或社会劳动力的社会劳动组成的体系。后一概念是把社会劳动看作一个“集体的工人”所付出的劳动，这个“集体工人”必须通过把它的劳动力分配使用在生产的许多不同的目标上来再生产它自己(即它存在于其中的社会结构)。社会劳动是一个总称的或普遍的范畴。因此必须区分它得以构成的各种特殊形式。从这方面看，商品体系的主要特点在于这里社会劳动是以一种间接的方式形成的。劳动首先作为私人劳动而付出，根据的是个别的独立决策。这种私人劳动通过并只有通过它的产品出售才转化为社会劳动。当社会劳动是在这种情况下形成的时候，它被称为抽象劳动，“抽象的”这一形容词指的是通过市场交换而

① 引用艾格赖塔的话来说，就是“使用价值是否成为商品不取决于其性质。商品是一种社会交换关系。因此，很可能发生这种情况，就是在一定的劳动过程和一定阶段的消费方式中，某种使用价值不是商品；而在资本主义发展的另一时期它们又变成了商品。”见《资本主义调节理论——美国的经验》一书，伦敦，新左派图书公司，1979年，第166页。

获得的均质化或抽象化。

因此，抽象劳动的概念绝不是泛指作为一种普遍范畴的劳动。它仅仅意味着在商品体系中的社会劳动。后者的特定性可以另一种方式加以理解，这时要注意到商品体系的主要特点是生产者的独立性。（“生产者”这个词不是指从事实际劳动的人，而是指做决定生产什么的资本家阶级。）在这种情况下价值的产生不再只是一种技术性过程。它有赖于私人决定社会劳动力分配的市场的承认。因此，**价值概念涉及的是私人劳动的有效实现，而不是仅仅联系着蕴含的劳动**。在这个体系中劳动的耗用（或者在服务的情况下，按顾客的意愿劳动力的动用）和它的有效实现两者是分离的。要使它们重新统一是极为困难的。这种情况意味着失败是可能的。根据这种情况，私人劳动的意义如下：当各资本家集团进行私人投资项目时，可以说他们处于一种向社会举债的地位。他们私自介入了社会劳动力的分配，期待其私人选择会通过他们的商品出售而得到社会承认。[①] 如果这种期望得到满足，则债务就抵销了。这时价值就被创造了出来并且收入也形成了。资本投入得到了补偿并且占有了一份利润。而如果这个投资项目失败，整个情况就不同了。这时并没有产生价值。正如艾格赖塔指出的那样：

> 产品滞销和开发活动的赤字，表明个别的生产者必须自己私人购买某些没有得到社会承认而他已将其花费列入成本

① 必须区分实现的发生和它发生时的比率。前者是一肯定或否定的过程，而后者正像后面会指出的那样，可以是平衡比率（当市场价格和平衡价格一致的时候）或者不是平衡比率（当市场价格和平衡价格不一致时）。

> 的东西，原因在于为了生产这些没有社会效用的产品他不管怎么说是抽用了一部分社会生产力。①

在这个解释中，价值概念指向生产和流通的交叉点。不能像李嘉图式的解释那样把它看作是一种生产理论，因为在没有流通即销售的情况下根本就不会有价值产生。只有通过交换才能发生从私人劳动到社会劳动的转化。但是另一方面，这又不是一种纯粹的流通理论，因为一旦买卖做成，价值产生了出来，价值的大小又取决于在交换时占优势的平均生产条件。交换产生价值而生产决定价值的数量。②

因此，商品体系表现出两方面的特性。一方面，它是处于无政府的混乱状态，因为不存在明确的有权威性的对社会劳动力的配置。另一方面，需要有某种社会内聚力来确保社会的再生产，这一点通过某种后发的规范而产生。价值论对应的恰恰就是这种间接调节的全部过程。

从逻辑上说，这个理论所必须回答的第一个问题是：如果要使商品交换成为可能，就必须存在一个理论上的测度空间，以使不同质的私人劳动产品能够转化为等价同一的范畴。这是价值存在的理由或目的。价值构成了一个共量化的空间，没有它就建立不起

---

① 米歇尔·艾格赖塔：《利润率、资本的周转和陈旧，积累和通货膨胀之间关系的研究》，繁荣研究和国际信息中心的工作论文，1979 年。

② 我之所以不喜欢“价值的实现”这种表达方式就是因为它意味着价值在实现之前就已存在并且是商品的固有属性，是蕴含在商品之中的。对我来说情况恰恰相反，在交换之前只存在可能的（潜在）价值。而且可以认为价值的存在是一种即刻的现实，仅仅限于交换发生的那一瞬间。

来等价同一的关系。在进行任何测量之前，首先必须建立起一种抽象。正如弗拉丁所写的那样："为了使两种物品之间的关系概念有意义，必须确定对物品进行过实际测量（隐含的或公开的）。这样做完全改变了经济对象的观念，正如引进了作为测量单位的质量使物理对象的观念发生了巨大的变化一样。"[①]因此价值是一个必须具有的范畴，因为它使具有不同质的现实特点的经济对象转换为商品即抽象劳动的产品成为可能。所有这些都是通过交换实现的。I.泽斯坦指出："离开实际产生过原作用的市场，没有办法将观察到的具体劳动还原为社会抽象劳动。"[②]

这些反映了价值论的范围并使我得出了两个限制条件。首先，价值论只对一种特殊类型的社会劳动组织体系有效：商品体系。第二个限制更为微妙。如果说价值是在生产和交换的交互作用点上产生的（在商品体系中），那么价值指的是一种测量，它的有效性限于进行交换的时刻。换句话说，价值是一种瞬态测量值。它所支持的社会内聚力是与交换的发生共时同步的。有关某种永远存在的"被包含"的价值观点是无意义的。第二个限制具有重要的理论结果，下面我就对之进行阐述。

共时逻辑和历时逻辑之间的矛盾

按刚刚讲过的概念，价值的真正存在是在短暂的瞬间。那么，

① 雅克·弗拉丁：《价值、货币和资本》，博士论文，巴黎大学，1973年，III，第7页。

② I.泽斯坦："生产、流通和价值"，载于《经济学与社会》第5卷，第3号，第253页。

我们怎样把不同的交换时刻联系起来？怎样才能把离散的片刻聚集起来？这些问题又牵扯到几个子问题。第一，一定要有一种范畴其作用是克服时间序列中各时点之间的间断性。在下一小节中我将论证这正是货币在理论上存在的两个原因之一，因此这个问题将留待进一步的详述。第二个问题有关在前面的循环中创造的价值仍有可能介入当前价值的产生的方式，这是价值转移的问题。之所以提出这个问题是因为在生产和交换的周期长度（如果做出这种独一无二的周期能够存在的大胆假设的话）与生产资料的利用或消失的过程长度之间并不完全交叠。这就对资本家提出了一个非常具体的问题：如何分摊固定资本的损耗。第三个问题与第二个问题有关，但是涉及的是现在与将来之间的关系而不是过去和现在。这里资本家们所面临的问题是当他们做出决策特别是投资时，他们仅有的是对收益的预期。这种不肯定性（按凯恩斯的意思[①]）是与资本主义制度更深刻的本性有关的两个特点所造成的结果。一个是我已经提到过的生产者之间的分离和独立。另一个是我们很快就会讲到的时间的不可逆转，资本主义制度下这个问题比在其他任何生产方式中都更为突出。[②]

把离散的片刻聚合起来的问题，如果时间流逝而不发生什么

---

① 在我所理解的马克思与“后凯恩斯流派”所理解的凯恩斯之间在这个问题上有重要的共同点。参见 H. P. 明斯基：《约翰·梅纳德·凯恩斯》，纽约，1975 年；P. 戴维森：《货币和现实》，伦敦，1978 年；A. S. 艾克纳：《后凯恩斯主义经济学导论》，纽约，1978 年。

② 菲利普·德维尔：“经济学中的时间和动态：总平衡理论的教训”，见一般系统研究会和美国科学促进会召开的第 24 届北美年会会议录《系统科学和科学》，B. H. 巴纳塞编辑，旧金山，1980 年 1 月。

变化或换句话说如果生产和交换的规范是不变地被再生产出来，恐怕就不会变得如此重要。在这种情况下把过去所发生的事综合起来的指导原则会十分简单。让我们假定生产资料一直保持着同样的效率，尽管它的寿命也就延续最终产品的几个生产周期，或者说它是生产周期的一个倍数。在每一个周期机器的全部价值中的一部分将转化为商品价值的一部分，[①]被转化的价值的数量取决于前面所讲的那个倍数。在每一周期结束时生产出的商品的全部价值包括两个组成部分：创造出的价值（即当前社会劳动的产物）和转移的价值（即过去的再次实现的社会劳动的产物）。同样，在每一周期生产资料都失去其原来价值的一部分，直到最后它们报废了并价值为零。因此价值的转移建立了一种在生产资料和最终产品之间的联系载体系统。假如等价的关系能够不断地保持，则这就产生了离散片断的聚合作用。表现为实物磨损的生产资料价值的不断下降叫作折旧，它在金融方面的对应是分期支付。当机器的生命周期结束时，打入折旧基金的钱应该足以购买一台新的机器设备。

在这里我要强调价值转移不是一个自动的过程而是有条件的。正如我们已知的，私人劳动的使用并不是创造出价值的充分条件。同样，仅仅使用了生产资料并不会产生价值转移。最终商品必须被卖出去。商品出售会有两个结果：一方面它肯定了私人劳动；另一方面它重新实现了过去已被承认的社会劳动。如果这

① 在我的概念中，价值转移是沿着时间发生的（从一个时期转移到另一个时期），并不是指同时发生的从一个人手中转到另一人手中。

些商品没有卖出去，则失败的结果也是双重的，既不能确认价值也不能转移价值。价值的创造和转移都是瞬时过程。生产资料可以保持其价值，只要它们能够被转手出售（对其他商品也一样）或者只要能在不变的生产条件下被当作生产性的消费。但是这种价值保留是有条件的，因为它依赖于销售的发生。

然而，在前面的推论过程中的时间观念的特点是缺少变化，而这是站不住脚的。不可逆转的时间观点要比任何不变再生产的假设都更适合于资本主义。资本主义生产方式自相矛盾的地方就在于在维持其基本的阶级关系——工资关系的同时却承受着无休止的变动。这些变动涉及生产规范（并且如果生产规范在各部门之间差别很大，则它们修正相应的规范），包括新产品的产生和新的部门的出现，以及消费方式，市场结构与国家干预等。这些过程的突出特点是它们的不可逆性。一旦引进了一种变化就不可能再回到原有的状态中去。至于这种几乎带有强制性的变化的内在基本原因，这种资本主义生产方式的如此突出的特点的内在核心，我既不认为是凯恩斯主义者经常说的所谓“企业家的野心”，也不是很多马克思主义者很可能提出的竞争。相反，按照艾格赖塔的观点，我们应该把这种变化的原因归于工资关系本身，归于资本主义生产方式中典型的阶级对抗。“进步”可由此被视为阶级对垒所造成的结果。

> 技术进步是解决生产中反复产生的冲突的实质性方法。它使资本主义的管理阶层不断处于挣取工资的阶级之上。因此技术进步是一种不停的改造过程，也是生产中建立的社会

关系的变化。它分裂和重新组合挣取工资的阶级，并且当工资方面的要求变得“喧闹”和趋于普遍化时，它去瓦解和“分流”它们。技术进步通过改变劳动调节方式和集体劳动的组织形式去消除或“疏导”对抗。这就是革新的来源和目的，并且是它在工资关系中历久不衰的原因。这也是很多经济学家犯错误的地方，他们误认为革薪的起因唯一地在于企业之间的竞争，并由此而宣布资本的集中会使技术进步寿终正寝。[①]

技术进步可使生产的规范方法变得更有效率，而这打乱了“正常”的价值转移过程。让我们假定某台机器的价值减小了，从而改变了生产的规范。由此会产生一系列的变化：效率提高了，但转移到单位产品（因而最后商品的价值）却减少了。在充分竞争的环境下，单位产品贡献给折旧资金的数量也降低了。这里讲的问题并不是指资本家的企业用新的（低的）价格购买的这台机器从而它对应于新的（低的）价值量，而是指那些确实是用老的原价购买机器的情况。在这种情况下，拥有这台机器的资本家就很难做到捞回为购买它而花的本钱。当出现一种更有效率的新机器也会出现上面讲过的同样情况。当这种新机器变得愈益普遍时，即使原来使用的机器并未损坏，所有的企业为了跟上新的规范要求就必须都采用它。在两种情况下除折旧之外生产资料的价值都会减小。我

① M. 艾格赖塔：《资本的贬值积累和通货膨胀之间关系的研究》，繁荣研究和国际信息中心的工作论文，1980 年。

将这种现象称为贬值,[①]它的物质对应就是废弃(区别于损耗)。

历时逻辑是以这种不可预见的不可逆转性为特征的,它与共时逻辑的作用以一种极为特殊的方式交叉在一起。的确,第一种逻辑阻碍了第二种逻辑充分起作用。没有理由认为相同的关系会总是保持稳定。甚至可以进而言之,由于新的规范总是出现,先前的规范也就总不能贯彻到底。

这个说法会有什么样的理论后果?事实上它并没有剥夺价值论的全部意义或连贯性,但无疑揭示了价值论的局限性。可以从两个方面来对这些进行表述。首先,价值论讲的是资本主义体系运转的一个方面,它并不能包括由于资本主义的发展所带来的物质和结构变化这一特点。价值论仅仅集中在资本主义的不变的基本点上。例如,不管积累的方式和结构状况如何,总是可以断定利润率依赖于剩余价值率和资本的价值构成之间的相互作用。其次另一种表述方式是可把价值论看作一种平衡理论。但是要完全达到这种平衡是做不到的,这不仅是由于市场不完善,而还因为有不断调节着瞬时规范的历时逻辑在起着重要作用。尽管这种起干扰作用的逻辑并没有使价值论完全不着边际,但是它的存在的确影响到我们对某些研究课题的立场判断。例如简单和扩大再生产,这个问题经以往的研究已成为正式的学术性很强的理论。事实上,由于没有考虑到生产和交换的规范变化,依我看来这个理论完全脱离了构成资本主义发展核心的问题。在这个理论中所说的增

① 贬值的概念对理解资本主义调节极为重要。如可以认为用加强积累的方式来资助和吸收后继的价值损失恰恰是爬行的通货膨胀的主要原因。参见艾格赖塔的《资本主义调节理论》和我在鲁汶大学的工作论文“货币和加强积累的通货膨胀”。

长过程，正好与实际的资本主义的动态过程相反。

货　　币

各种经济理论都承认货币在市场经济中起着一种重要的实际作用，但是对货币的理论意义说法不一。最为普通的说法源于亚当·斯密。新古典主义经济学家，李嘉图主义者，以及像多布、米克和斯威齐这样一些杰出的马克思主义者都持有这种观点。[①] 按照这种观点，在实质上市场交换和以物易物并没有什么不同。货币确实方便了交换，但是它的存在并不是理论上所要求的。没有货币整个市场体系也可以运行。因此用一种众所周知的比喻来说，要看清世界的本来面目就必须揭去金钱的面纱。价值范畴（目的是用来解释交换比率）和货币范畴之间是隔开的。对上面这个说法，我将表明按照抽象劳动理论情况完全不是如此，在价值概念和货币概念之间存在着内在的固有联系。

我认为如果不考虑货币价值论就不完整，或根本就不能成立。之所以如此有两个原因，而这两点都与价值的瞬时性这个特征有关。第一点产生于被定义为在商品体系中社会劳动所采取的形式的抽象劳动所具有的矛盾的特点。抽象劳动被认为是一种使产品共量化的理论范畴；产品之间虽然在各方面都彼此不同，但事实上它们都是抽象劳动的产品。据原来的概略的说法必须紧跟着补充说商品之间的交换关系取决于生产它们所需要的抽象劳动的数

① 但这里不包括“后凯思斯主义者”。

量。但是问题也跟着来了：事实上抽象劳动似乎不能起到分配社会劳动力的作用。首先抽象劳动只是通过推理而建立起来的一个概念，它是看不见摸不着的；其次它内含着一个真正的矛盾。正像马克思在他的《政治经济学批判手稿》[①]中指出的那样，一方面，说抽象劳动构成共量化的基础和确定交换比率的基本标准意味着它在逻辑上要先于交换；但另一方面，又说只有当交换实际发生时抽象劳动和价值才形成，而这意味着在逻辑上抽象劳动后于交换。因此为了起到它的作用，抽象劳动首先必须有一个看得着的具体替身，其次这个替身的作用不能背离抽象劳动与交换的矛盾关系。这恰恰是货币所起的根本作用。对第一点，货币是抽象劳动的社会约定的符号。[②] 货币使私人活动形成一种社会一致性并使这种活动所得的产品作为商品而存在。通过与货币的关系这些产品才能够得到社会的承认。由于引进了货币，认可过程有了一种更为具体的意义。生产资料的所有者能够出于他们的需要进行任意的生产，只要满足一个被称为“金钱约束”的条件：他们的产品必须卖

① “但是这些特殊的使用价值所代表的不同的个别劳动，事实上只有通过实际的相互交换才能变成……社会劳动。……这样说来，社会劳动时间在这些商品中以潜伏的状态存在，并且只有在它们的交换过程中才显露出来。出发点不是被认为是社会劳动的个别劳动，恰恰相反，个人个别的特殊类型的劳动只有在交换过程中取代了其原来的特点才能证明它是普遍的社会劳动。因此普遍的社会劳动不是一种现成的先决条件而是产生的结果。这样就出现了一个新的困难：一方面商品必须作为物化了的普遍劳动时间进入交换过程，另一方面个别的劳动时间只有作为交换过程的结果才能变成物化的普遍劳动时间。”（卡尔·马克思：《政治经济学批判手稿》，莫斯科，1970年，第45页）

② 这就是为什么对它的崇拜不是出于一种“幻觉”。

出去即换回货币。[①] 商品体系中最基本的规则就是有偿支付。在法律惩罚的威逼之下合同要求必须履行。对第二点来说，货币完全含有上面所描述过的矛盾特点。它同时既是自主的又是被动的范畴。作为一种自主的范畴，它先于交换并且是新刺激的焦点。但是它又是被动的，因为归根结底金融系统要受商品交换的要求的支配。任何没有得到认可的金融冲动都会导致纠正效应，它的逻辑是重新确立货币对交换的从属关系。[②]

货币之所以必要的第二个原因，来源于前面讲过的共时和历时逻辑之间的矛盾。为了有可能从一组规范过渡到另一组规范，肯定存在着历时范畴。这也正是一般的等价物重新组合的过程。一方面，货币使建立在瞬态处理上的理论范畴能随着时间的推延长久地存在下去，从而使经济活动参与者能随时进行经济核算。[③] 另一方面，一般等价物的变化表现了社会规范的改变；换句话说，由于技术进步而产生的各时点之间的不稳定性在货币上反映了出来。下面引述的艾格赖塔的一段话综合了上面所作的论断：

"尽管对这些流派（古典的和新古典正统派）中的每一个来讲价格体系都具有不同的含义，其共同的特点是都只能相对地予以定义并且都依赖于生产和交换条件的外部变量。这里始终未搞清

① 应再加上一句，为了能在竞争中生存，他们必须按能够使他们获得本行业的平均利润率的价格出售产品。

② 在我的"强化积累中的货币和通货膨胀"这篇论文中，深入地研究了这个问题。

③ 凯恩斯对这点看得很清楚，他写道："货币的重要性实质上在于它是现在与未来之间的联系。"《通论》，第 293 页。

从一组条件过渡到下一组条件的问题。只有马歇尔学派曾经试图通过研究各个时间的平衡类型来解决这个问题。但是由于缺少合适的价值论的支持，这种经验性的研究不能对生产条件不可逆转的变化的真实历史进程进行分析。只有一种价值论能够比协调一致的相对价格体系的观点更深入一步；对这种价值论来说，价格的货币形式不是一种伪装，而是生产活动和交换关系存在条件均质化的独有的形式。货币价格在时间上的持续存在，使得有可能理解作为任何实际动态过程特点的不同时间的价格体系之间的不一致性。实际的动态过程对每一个身在其中的经济活动者来说都是不可逆转和充满巨大的不确定性的。"①总之，归纳起来我的观点(我承认它和对立的观点一样未能被证明)就是货币绝不仅仅是一种为便利交换而设计出的一种实用手段；它的存在具有一种理论上的必然性。货币是价值调节起作用不可缺少的东西。

还应该对货币的特点做一些进一步的评论，这些可被集中为三点。

(1)某种特定的使用价值通过分离的过程而充当一般等价物，这一点马克思已经做了很好的描述。然而也应该强调的是赋予货币地位(货币化)的做法中也涉及国家的干预。可以说这是以最不受国家干预为特征的社会制度都要有的最低限度的国家对经济的干预。这种干预主要要达到下列目标：官方认可一般等价物的选择；确定货币单位的分类；在货币有某种实物支持时，确定货币基准单位与这种实物基准单位之间的对应。

① 艾格赖塔：《资本主义调节理论——美国的经验》，第300页。

(2)货币千万不要与它的实物支持混同起来。例如,说黄金就是货币是错误的。这种金属本身绝不会构成货币。后者是一种社会认可的符号名称系统,它可以但不需要附上某种物质的基础。换句话说,货币是在货币化的过程中组织起来的一种社会关系,并不是某种物质实体。虽然许多马克思主义者可能同意这一原则,在实践中却常常将其搞混。举例来说,如果货币是一种附在某种东西上的符号,则影响这种东西的变化并不一定对符号有影响。如果提炼黄金的生产率提高了,这可能影响到货币单位的交换价值,但不是必然的,因为实物的变化能够由在货币和实物单位之间对应量定义方面的相反变化完全抵消。

(3)我所理解的价值概念与私人劳动被认可的过程而不是劳动的付出相联系。这一点对货币的理论地位来讲具有重要意义:我们不再能跟着马克思说货币具有价值(并且因为价值和商品的概念外延重合,货币也是商品)。要为这个说法解释很容易。如果把认可的概念与不认可的可能性相联系,则认可的过程不可能是一种会自动完成的绝对有保证的过程。然而,对货币来讲情况正好相反,对货币的认可是有保证的。因为货币是社会公认的抽象劳动的代表,认可过程并不构成对货币的挑战。货币本身的生产绝不会面临是否有人要的问题。货币总是被进行交换,尽管交换的比率是变化着的。[①] 马克思本人证明了货币不能具有价格。如果现在我们也表明了它不具有价值,则货币只保留了商品所具有

① 这个说法有效的前提是我们忽略掉由私人发行的“假冒货币”的情况。在我著的《强化积累中的货币和通货膨胀》中,对这种情况进行了研究。

的三个特性之一:交换价值。

价值和价格概念的连接

当私人劳动得到认可时,只有一件事是可观察到的:某一给定的使用价值以一定的价格卖出,这个价格被称为市场价格。但是要解释后者的数量,必须建立一系列的相互联系着的并且没有直接可观察的对应物的概念。马克思主义价格理论的特点之一,是它的确发展出了一个远较正统经济学复杂的概念框架。价值、交换价值和价格的概念在其他地方是当作同义词使用的,而在马克思主义理论中却分别具有非常明确的不同含义。而且价格的概念被认为是一个总称,必须将其分解为几个不同的形式。在这一段里,先回顾一下这些定义和区分。

首先让我们就价格概念的意义讲点儿意见。按新古典主义和李嘉图主义的理解,所谓价格是表现不同商品的实物单位之间等价比率的相对价格。这是一种"实际的"比率。因为这也是交换价值的定义,因此两个概念是等同的。这种说法等于不要货币。为了再引进货币,在"价格"一词的前面应加上形容词"货币的"或"标准的"。由于在我的论述中价格的概念总是意味着货币价格,因此一般就不再加什么形容词了。我所说的"价格"是指商品的交换价值所有可能的表达方式之一,即它以货币单位来表示。这里含义的不同不仅仅是个约定问题,而是在于赋予货币的作用方面有很大的认识差别。根据约定的观点,货币是外生的。相对平衡价格是由货币本身的条件独立的确定的。我的看法恰恰相反,现实经济首先是并且最重要的是一种货币经济。货币是使价格得以存在的东西，是树立价格概念的逻辑上的先决条件。正如德布鲁恩霍夫指出的那样："货币不是事后才加到一种非货币经济中去的。它必然地比较着商品，因此代表着商品的价值。"[①]

这就是说，我们现在能够研究价值和价格之间的连接问题了。[②] 这两个概念固有地联系在一起，因为它们都涉及同一过程即私人劳动的认可。价值的产生，市场价格的建立，以及出售者收入的形成肯定都是同时发生的。价值作为一种概念是无法观察的，只有通过价格媒介才表现出来。照我的理解，说价值能脱离开它的价格表达而本身独立地存在是无意义的。[③] 只有在思维推理中才能够把这两个概念区分开，这时可以说价值是根本而价格是现象。借用哲学上的话来说，它们的关系是一种"掩饰性的表现形式"。一方面，价格隐藏了价值，因为在所有的可观察的范围之内，充满的都是价格；另一方面，价格也表示了价值，因为要了解价格的性质和可能性会导致价值概念的建立。

当然，这些定性的考虑会有定量的结果。这时须分为两个层次，一个层次是社会生产的总体，另外一个是特殊的商品。让我们

① S.德布鲁恩霍夫：《国家、资本及经济政策》，伦敦，1978年。

② 对三元组中的第三个概念即交换价值，这里不准备过多地考虑。仅需指出的是不要把它与价格或价值混同起来。交换价值是一个一般概念，在形成交换比率时所指的交换物可是任何一种其他的商品；价格是一种交换价值，其中货币起着交换物的作用。交换价值是一种比率，而价值是一种绝对大小的量。价值在逻辑上先于交换价值。最后，价值和交换价值并不需要相伴产生。

③ 因此严格讲不存在"价值转化为价格"的问题，因为价值永远是直接转化为价格的。见我所写的"关于马克思价值的过时问题"一文。

从第一个层次开始。假定一个非常抽象的封闭的商品体系，其中首先所有的劳动产品都采取商品的形式（即只存在生产性劳动），[①]其次不存在对自然资源的租金。如果流通速度等于1，或者所研究的期间限于某一单位时间，则流通的货币量等于总销售额或总收入，即价格的总和。在纯商品体系的这种抽象层次上，价格总和严格地对应于价值总和。实际上在这种情况下除非通过创造或转移价值，否则不可能形成任何收入。因此总收入是总价值量的货币形式，它在不同人中间的分配反映了他们在整个社会劳动产品中所占的份额。此时正像布洛克和耶非所说："总价格不表示总价值是不可能的。"[②]

然而不能对这种关系做出错误的解释。价值和价格概念分属不同的理论范围。因此，将它们混用在同一方程式中的数学运算毫无意义。不幸的是，这一点很少被人注意到，大多数人和马克思一样陷入这种错误，似乎假定这类运算从认识论上讲是合理的。例如，他们谈论什么价值量大于价格，或价值总合大于、小于或等于价格总和，等等。这些说法都是不能接受的。在价值总和和价格总和之间只存在一种总体上的定性联系，这种联系通过社会劳动时间的货币表达（缩写为 ME）这个概念体现出来：

$$ME=\frac{\text{价格总和}}{\text{价值总和}}$$

① 有关生产性和非生产性劳动之间的区分问题，可参见注上面所引述的文章。

② F. 布洛克和 D. 耶非："通货膨胀、危机和战后繁荣"，载于《革命共产主义者》，第3—4期，1975年11月，第14页。

这是一个纯数，表明单位价值总量相当于多少个货币单位。[1] 从经验角度看，ME 的变化被反映在价格总水平的变化上。然而 ME 的增加，并不一定表明一般价格水平有一相似的变化，因为后者同时也反比于生产率的总变化。这就是为什么不能把两个概念搞混是非常重要的。[2] 这里的篇幅有限，因此无法把确定 ME 的变化的因素全部解释清楚，但是 ME 的变化从根本上取决于一般等价物采取的特殊形式以及产生货币的社会约定的内容。[3] 价格总和只能以两种方式变化：通过整个价值量的变化或通过 ME 的变动。

现在我们可以转而研究特殊的商品的价值和价格之间的关系。首先必须重申上面所讲的认识论方面的问题。不能用数学运算在同一方程中把价值和价格混淆起来。然而，存在着价值和价格量的数值相等的可能性。如果假定满足下面四个条件（同时记住更一般的假设），则价值和价格的数值就相等：

① $ME=1$；

② 不同部门具有相同的资本有机构成；

① 如果 $ME=1$，则价值总和和价格总和两者的数字是一样的，但是这种数字的相等不能被考虑为某种有意义的结果，因为两个量是非共量化的。只是因为对 ME 的数量做了特殊的假定，才使两个量的数值相等。

② 换句话说：$\frac{\Delta GLP}{GLP}=\frac{\Delta ME}{ME}=\frac{\Delta\text{ 生产率}}{\text{生产率}}$。

③ 在我的《强化积累中的货币和通货膨胀》中，对解释 ME 的大小发生变化的因素进行了研究。这里我们仅需注意到 ME 的数量变化并不改变货币的定性作用。例如，如果 ME 增加了一倍，这意味着一个货币单位仅仅表示它原来所代表的价值量的一半。但是，货币作为抽象劳动的社会约定的符号的地位，并没有因为这一变动而改变。

③ 所有得到认可的商品，其供给价格都处于这样一点上：在这点需求量和供给量相等；

④ 不存在市场强权。

这时，价值量和价格量都可用同一数字来表达。如果 *ME* 不等于 1，[①]而其他三个条件仍成立，则虽然价值和价格会取不同的数值，但在两个范畴之内仍会保留完善的对应关系。因此上面第一个条件仅仅是增加了数值相等这一条而已，对于价值和价格之间的对应关系来说并不是必需的。当获得其他三个条件时，某种商品的价格由它的价值唯一确定。这个价格量被称作简单价格，[②]因为它简单唯一地表述了价值量而无任何偏差。

但是这三个条件是很难成立的，所以绝不应就此止步不前。如果我们去掉第一个条件并且允许资本有机构成不相同，那么这时的平衡价格就不能是简单价格而应是生产价格。后者是指这样一种价格，它与简单价格之间的偏差使各部门的利润率都相等。[③]这种新的平衡局面意味着市场价格会和生产价格相一致。和别处一样，这一点也只能间接地观察出来：如果存在平衡的话，则所有的部门都将显示同一利润率。因此利润率方面的实际不均等就表明经济距平衡状态到底还有多远。由于我集中注意到时间的不可逆性，生产和交换的规范条件的不断变化和部门之间界限的随时

① 当然没有理由讲 *ME* 应该为 1，除非为了举例的方便。(但同时它有可能妨碍搞清混淆的问题。)

② 可在布洛克和耶非的文章中找到简单价格的概念，“通货膨胀、危机和战后繁荣”，第 15 页。它对应于赛克的“直接价格”。见赛克的“马克思的价值论和转型问题”。

③ 在这种情况下会出现与简单价格作为实际平衡价格时的不同的利润率。

更动，因此对永远达不到这种平衡状态毫不奇怪；相反，不是这种情况倒会令人惊讶。如果进一步放松其他两个条件则更会使这些分散性的作用大行其道。永久性的供需不平衡，向新的产品的转移，市场的结构化，国家可能进行的干预等等，所有这些都会使市场价格与平衡值之间拉开差距。[①] 这里没有篇幅对这些问题进行充分的讨论、然而应该强调指出这些变动只是价格内部的调整，并不意味着其总和有变动，因为它们并没有伴随着 *ME* 或整个生产出的价值的调整。换句话说，简单价格之和一定等于生产价格之和以及市场价格之和。价值与价格的连接以及价格概念细分为不同的形式可用一个图形来表示，在这个图中我们任选由四种类型的商品 *A*、*B*、*C*、*D* 构成的商品体系，它们的价值分别为 4、3、2、1（见图 8.1）。设 *ME* = 1。假定它们全部得到认可，但是资本有机构成不同从而生产价格偏离简单价格。同时进一步假定由于某种未加以解释的市场条件，市场价格又偏离生产价格。

作为这一节的结束我想再谈谈两个更为一般的定义问题。它们关系到价值论的对象和目的，以及价值规律概念的内容。下面依次讲一下我的认识。在其他的理论中价值论的目的是解释价格水平，如果不是市场价格的话至少也是长期平衡价格。在马克思主义理论中，事情要复杂得多，因为它在两个不同的层次上同时展开。一方面，它竭力去理解商品体系的内在性质。在这方面提出的问题是：在一个所有的生产决策都是私人做出的制度中，怎样才能解释社会内聚力的形成呢？换句话说，什么是使所有的产品都

① 所有这些偏差都是在逻辑上被分开的，而在实际过程中都是同时进行的。

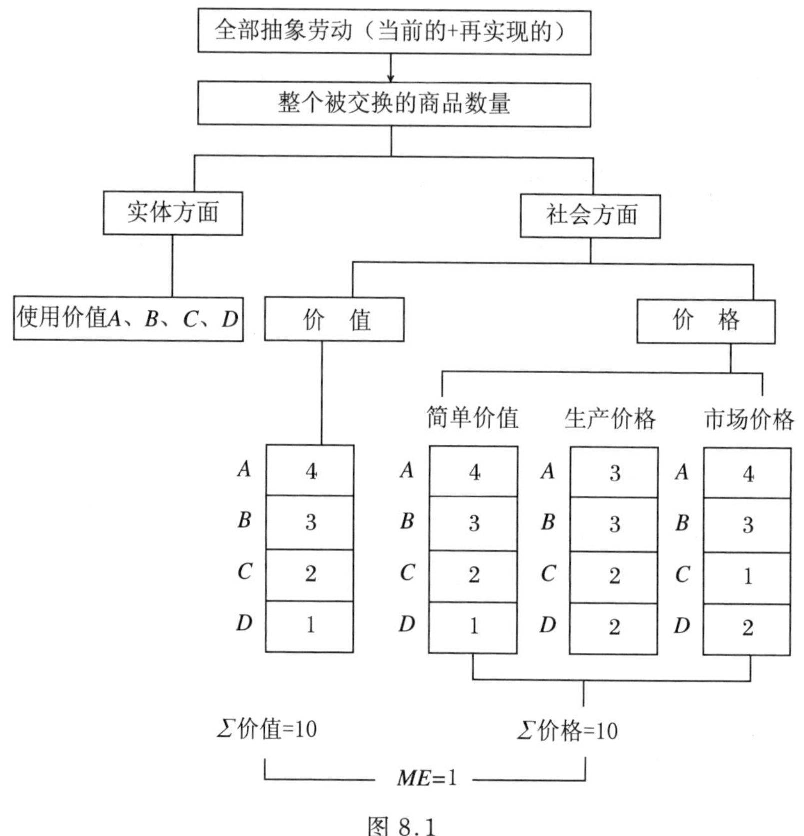

图 8.1

采取商品形式的社会制度具有运行可能的条件？为了回答这些问题，建立了一个概念网络，据说是反映了现实的范畴，尽管其中有一些不是直观可见的。价值处于这一概念网络的核心，但它不能脱离开与之相连的其他概念。然而，另一方面价值论显然也要对付价格形成这一狭义的问题，就和其他理论所要做的一样。但是在这方面它的雄心不如李嘉图主义的理论。它并不认为仅仅依仗社会必要劳动即排除流通因素就能对平衡价格做出解释。事实上，如果平衡价格就是生产价格，那么对这一现象的解释需要除了狭义的价值概念之外更多的东西。因此我提出对特定的商品来说，价值论的目的并不是充分地（或独自地）解释它们的平衡价格和交换价值，它只是一种有关价格的基础的理论。我所坚持的看法是在价格形成中价值是一种不可缺少的要素，但并不像李嘉图曾希望证明的那样是解释长期交换比率的唯一要素。

其次，必须重新检验价值规律概念的内容。常常认为这个规律指的是根据劳动的数量去测定价值。然而这只不过是个定义的逻辑前提。把这一点称之为规律似乎过于牵强，因为所谓规律通常指的是变量之间的一种有规则的联系，应该是可以观察到的，也是有可能被新的事实驳倒的。价值规律因此有可能的其他两种含义。首先，价值规律可以指的是交换的平衡条件：在平衡状态中，市场价格和生产价格应该符合一致。但是，这也同样可以导致误解，因为这样做有把价值规律和价值交换的概念混淆起来的危险。众所周知，价值规律并不等价于按价值的交换。因此，我建议赋予“价值规律”这一术语以另一种含义：它表明了一个事实即尽管具有无政府主义的性质，商品体系仍旧受到一系列的被加于人们头脑中的规范的左右。它表现为商品生产者屈从于一个社会约束条件：他们必须以各种方式维系住他们的资本或使其增值，或者换个同一意思的说法，他们必须避免价值的损失。企业一方面可以生产他们打算生产的任何产品，只要产品能以允许他们在竞争体制中站住脚跟的价格卖出去；另一方面企业必须应付时间结构的不可逆性并避免贬值的损失。下节将对资本主义企业所面临的各种可能的失败做一论述。

私人主动性的失败

私人主动性具有固有的风险。不会每一个决策者每一次都会获得成功。有必要区分出两种性质不同的失败。第一类的情况是产品被社会认可,但是交换的比率不同于平衡时的比率。其共同的后果是导致所谓的流通利润和流通损失。第二类情况是指价值损失,包括价值和价格的收缩。这种情况又分为两种形式:销售不足和贬值。让我们顺次对它们进行研究。

流通利润和损失

流通利润和损失是不能完全实现交换的规范条件的结果。当存在一股控制市场的势力或者在供给价格使供应量和需求量之间不平衡的时候就会发生这种情况(供给价格在平衡时对应于生产价格)。这些情况会导致收入在经济活动代理人之间的转移。如果卖方处于有利地位,他们就能够在平衡价格之上加一个头寸。如果买方处于有利地位,他们就能够降低价格。这些转移的特殊性质是在总体上相互抵消掉了,因为按照定义某些人的利润是其他一些人的损失:利润和损失之和为零。而且,这些转移影响不了价值和价格空间的大小(只要引起转移的因素不会立即导致价值损失)。它们只是通过变动商品之间的实际交换比率而在价格空间引起内部分派的变化(见图 8.1)。

然而这种补偿作用只发生在总体水平上,并且不适用于把交换关系的总集合分割开的几个关系子集合之间。这一点具有重要的影响。让我们把总集合划分为两个范畴，第一个包括资本家之间（即资本家的企业之间）的交换；第二个包含资本家与雇佣阶级之间的交换，不管它们是出卖劳动力还是雇佣者去购买商品。如果由资本与劳动的交换构成的子集不能完全补偿，则会发生阶级之间收入的转移。它改变了资本家可用于积累和消费的总利润的数量。如果市场力量有利于资本家阶级，会产生两个结果。一个是平均工资将不会使消费的规范标准得到满足；另一个是可用于积累的总利润将由两部分构成：从剩余价值所形成的利润和从有利于资本的交换所得的阶级转移利润。如果市场是相反的情况，则收入的转移也会倒过来。

价值损失

价值损失来自两个方面：销售不足或生产资料的贬值。第一个方面是生产的错误选择造成的。某些私人主动生产了某种产品，结果找不到销路（部分或全部），因而就实现不了或产生不了价值。价值空间的有效大小要小于它原应具有的大小（其他方面一样时价格空间也是如此）。一定不要把价值损失的概念理解为从价值现存的数量中扣除掉的东西，而应将其理解为某种潜在而又未能实现的东西。除了使个人的或现有的劳动不能充分实现外，销售不足还带来另一个后果，即可能把价值从生产资料转移到最终的商品中去。往往是在花费了劳动耗用了机器之后才发现做出了错误的选择产生了浪费，但是先是做了错误的选择才导致了浪费的结果。

由于贬值所造成的价值损失从理论上说，甚至在产品全部售出充分实现的时候也会发生。它同样涉及一个错误,但是只有在一定时间之后它才显得是一个错误,事先是无法预料到的。一个企业在一定的时期所做出的选择,在这个选择的时候是完全合理的,过后却又变成了错误,原因就在于技术进步改变了生产的规范条件。其结果是发生贬值,除正常的折旧之外生产资料的价值突然跌落。这就导致不能完整地转移在前一时期中创造的价值,如果没有技术进步的话这些价值本来是应该重新实现的。图 8.2 根据转移过程的成败综合了利用生产资料所可能产生的结果。

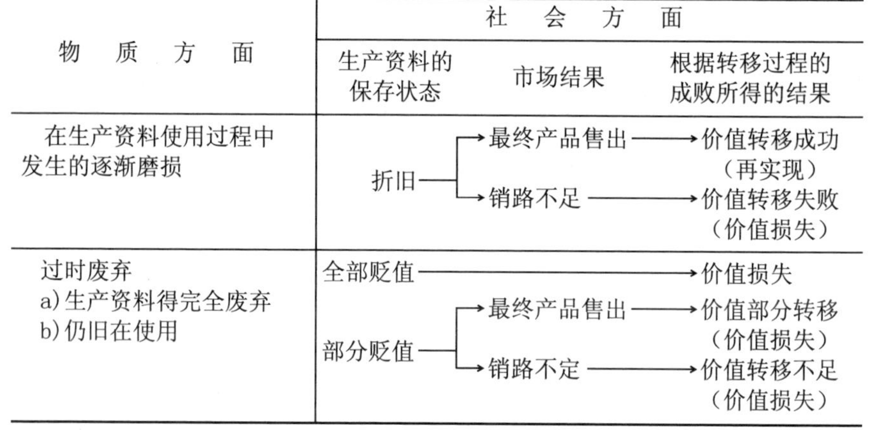

物质方面	社会方面 生产资料的保存状态	社会方面 市场结果	社会方面 根据转移过程的成败所得的结果
在生产资料使用过程中发生的逐渐磨损	折旧	→ 最终产品售出	→ 价值转移成功（再实现）
		→ 销路不足	→ 价值转移失败（价值损失）
过时废弃 a)生产资料得完全废弃 b)仍旧在使用	全部贬值		→ 价值损失
	部分贬值	→ 最终产品售出	→ 价值部分转移（价值损失）
		→ 销路不定	→ 价值转移不足（价值损失）

图 8.2　使用生产资料的可能结果

和流通损失的情况相反,价值损失是得不到补偿的。不管它们取何形式,是销路不足还是贬值,它们总是表示着商品社会在社会劳动的配置方面的浪费。在这样的社会里社会的内部协调是靠"价格"开路的。[①] 如果不犯这些错误而可以获得的价值的潜在数

① 在一个集中式的分配体制中,也同样可能产生资源的浪费,但是根据定义会具有不同的形式。

量，正是这种社会造成的整个收入和社会生产下降的数量。[1] 必定会有些人以其收入下降的形式来承担价值损失。在以充分竞争和金融系统发展的一定阶段为特征的社会情况下，价值损失的惩罚会落在那些进行失败的项目或者成为设备过时的受害者的资本家头上。然而在别的情况下，惩罚能够被转嫁到别的人身上。不管怎么样，必定会有人付出代价。在 *ME* 不变的情况下价值损失不同形式的效应如图 8.3 所示。

所有这些不同类型的损失，都可被称为系统的“机能失调”，因为它们表明的是不能取得平衡。但是不管怎么说，它们都是系统运行中所固有的东西，随着商业循环和结构演变而变化的只是它们的相对数量，以及它们的被承受的公式。我已经将它们分别描述过了，然而它们理所当然地是纠缠在一起的，其中每个都会触发其他。例如，在一个市场上产生的流通利润会减少在别的市场上产生有效需求的购买力，因而这些市场会相继地面临销路不足或者流通损失。

流通利润和价值损失的概念，对于理解资本主义经济的运转具有至关重要的意义。不幸的是它们未受到应有的重视。这种忽视和下述事实不无关系：马克思主义的分析通常都是依据静态平衡展开的。平衡价格的确定机制，几乎都是在私人劳动会被充分认可并且不存在废弃过时的条件下被证明的。结果，很多马克思主义的理论家都忘记了平衡从来就没有实际上达到过这个事实。

① 如果价值空间的大小缩小而 *ME* 保持不变，则价格空间也会缩小。这时我们面临的是“标准收入”的减少。如果整个价值的下降伴随着 *ME* 的上升，价格总和能够保持不变甚至上升，但是仍然存在着“实际收入”的减少。

产生的价值或收入

转移的价值或总收入的转让部分

价值或收入损失

Ⅰ **充分认可、而没有贬值的情况**

产生的价值：10
转移价值：4
价值损失：0

总价值：14

价值空间　A　B　C　D　价值空间

ME=1

价格空间　价格空间

总收入：14

产生的收入：10
转移收入：4
收入损失：0

Ⅱ **没有全部认可的情况（商品D未卖出）***

由于未能转移价值造成的价值损失

产生的价值：9
转移价值：3
价值损失：2

总价值：12

由于未能创造价值造成的价值损失

价值空间　A　B　C　D

ME=1

价格空间

由于未能创造价值造成的收入损失

总收入：12

产生的收入：9
转移收入：3
收入损失：2

由于未能转移价值造成的收入损失

Ⅲ **贬值的情况****
（所有的生产资料失去一半价值）

产生的价值：10
转移价值：2
价值损失：2

总价值：12

由贬值而造成的价值损失

价值空间　A　B　C　D

ME=1

价格空间

由贬值而造成的价值损失

总收入：12

产生的收入：10
转移收入：2
收入损失：2

* 假定没有价值。
** 假定全部认可。

图 8.3　价值损失图例

他们对说教的倾心导致忽略掉了他们所研究的制度的两个中心特点：第一，在商品社会中社会内聚力的形成方式不可避免地引起市场的失效；第二，资本主义的时间不可逆性，意思是生产和交换的规范条件在持续地变动着，并且从来没有拘泥于自身。对从事理论论证工作来讲，平衡的定义肯定是必要的步骤，但是这不能是分析的终结。同样必要的是把作为解体力量的各种要素结合起来，并且研究它们对工资关系中不变的基本比率的作用：即剩余价值率、资本的价值构成以及利润率。

第九章　劳动价值论和剥削的概念

G. A.科恩

是我们开进荒原，
建造了他们的立身之地。
是我们掘开矿坑，
修建车间铺设铁路长轨。
我们却被抛弃忍饥挨饿，
眼望着这一切无可奈何。

摘自：拉尔夫·查普林所写《团结》（《共和国战歌》的歌词）。

本文证明劳动价值论和剥削概念之间是互不相干的。[①] 劳动价值论对于马克思主义者为反对资本主义而提出的对剥削的指控来说，并不是一个适宜的基础。这种指控的真正基础要简单得多，但是由于将会讲到的原因，反倒被劳动价值论弄得混淆不清了。

---

① 本文首次刊登在《哲学与公众事物》，1979 年 4 月号，第 8。这里的重印已经得到普林斯顿大学出版社的认可。

I

我将从简单复述我们在《资本论》第一卷所了解的劳动价值论讲起。(《资本论》第一卷及其后续部分之间的不一致将在后面提及。)首先是定义“价值”,然后我将说明劳动价值论本身所指的是什么。接着用一种方式来表述《资本论》第一卷前面几页的内容。在此之后我还将引述一种不同的理解方式,我认为这第二种理解方式是不正确的。

引证交换价值来定义价值较为方便,因此我们就从交换价值开始。

交换价值是一种所希望具有的物的属性;用马克思主义的话来说,它是使用价值的一种属性。[1] 然而它不是所有的使用价值的属性,而是那些在市场交易中买和卖的使用价值的属性。马克思主义把这样的使用价值称之为“商品”。因而,交换价值是商品的一种属性。

它是一种什么属性呢?一种商品的交换价值是它交换一定量的其他商品的能力。它用在平衡条件下它所换取的任一种其他类型的商品的数量来衡量。因此一件大衣的交换价值可能是 8 件衬衫,也可能是 3 顶帽子,同样也可能是 10 枚银币。

交换价值是一个相对量。潜在于一种商品的交换价值背后的

① 这里所用技术性名词的较充分定义,参见拙著《卡尔·马克思的历史理论》,1973 年,附录Ⅱ。

是价值，是一个绝对量。商品 a 把 n 个单位的商品 b 作为它的交换价值，恰恰在于 a 和 b 的价值之比为 $n:1$。当两种商品的价值都发生变化时，如果两者的变化方向和比例相同，则每种商品相对于另一种商品的交换价值不变。

劳动价值论的核心说法是价值量由社会必要劳动时间确定。更确切地说：一种商品的交换价值正比于在标准劳动生产率条件下为生产它而需要的劳动时间量，并且反比于为生产其他商品而需要的标准劳动时间量，仅此而已。单独上面第一个条件本身就完全讲明了价值的确定公式。

按照我们给出的价值定义，不能认为劳动价值论是正确的。在《资本论》第一卷的开初几页上有不同的表述方法，价值被定义为社会必要劳动时间。但是一个技术性名词的规定式定义并不就是一个理论，并且在价值被定义为社会必要劳动时间的时候，也不能就把社会必要劳动时间确定价值当作劳动价值论的核心理论论断。赞成这种不同定义的人有时的确提出一个理论命题，即价值确定平衡价格：在平衡条件下价格等于价值，而价值则由社会必要劳动时间定义。

这种争论的范围可能被夸大。事实上，我们有两个命题：

(1)社会必要劳动时间确定价值。

(2)价值确定平衡价格。

我们认为按定义(2)是正确的。其他人会说(1)是正确的。①

---

① 例如，可见罗纳德·米克在《斯密、李嘉图和马克思》中的论述。米克认为(1)按定义是正确的，而(2)是独立存在的命题。但他在书中承认这些提法是可以争论的。

但是无论谁是正确的，(1)和(2)合起来我们得到下面的命题：

(3)社会必要劳动时间确定平衡价格。

无论怎样推断，按定义(3)都是不对的。但只要同意《资本论》第一卷关于劳动价值论的说法，也就是(3)，并且按定义(3)又是错误的，则我倒并不希望坚持我的观点即认为按定义(2)是正确的而(1)不是；这时可以采用其他的定义。而为了能符合别的定义，差不多所有随后的论述都得改写才行。(这就是为什么发现有利的别的定义要在后面表述的一个糟糕的理由。)

现在我们转向劳动价值论的一个所谓的[①]推论，即劳动剩余价值论。

劳动剩余价值论被试图用来解释资本主义条件下非工资收入的来源。当工人付出其能量和才能时，我们说工人在用其劳动力在劳动。注意到在资本主义条件下劳动力是一种商品，它被工人按其使用时间卖给资本家。作为一种商品，它具有某种价值，并且和任何商品一样按照(1)它的价值由生产它而需要的时间所确定。由于如果并只要人生存下来他的劳动力就被生产了出来，所以生产劳动力所需要的时间量等于生产工人的生存资料所需要的时间量。因此“劳动力的价值，就是维持劳动力所有者所需要的生活资料的价值”。[②] 非工资收入的来源，是劳动力的价值与劳动力所生

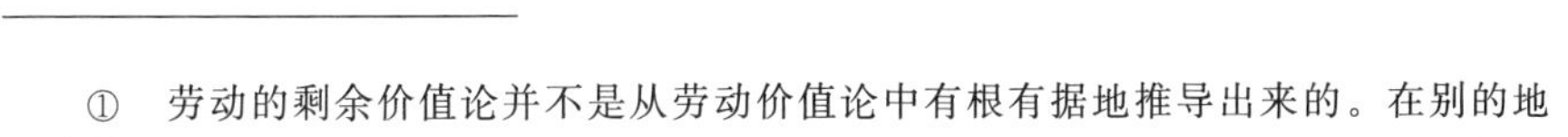

① 劳动的剩余价值论并不是从劳动价值论中有根有据地推导出来的。在别的地方我将证明这一点。

② 《马克思恩格斯全集》第23卷，第194页。严格地讲，按照马克思的意思，劳动力的价值是再生产劳动来源的生存资料的价值，因此包括抚养儿童的生活资料价值。这种复杂化对理论来讲并无益处，在这里将对这一点不予考虑。

产的价值之差。换种说法，它是劳动者用以产生他本人能够生存一段时间所需要的东西的劳动时间，与在那一段时间内他用以从事生产的整个劳动时间之差。

作为工资付出的资本等于生产者劳动力的价值并称之为**可变资本**。工人生产的超出可变资本的价值被称为**剩余价值**。剩余价值对可变资本之比称为**剥削率**：

$$剥削率=\frac{剩余价值}{可变资本}=\frac{剩余价值}{劳动力价值}$$

$$=\frac{工作时间-生产工人所需生存资料的时间}{生产工人所需生存资料的时间}$$

为什么把这个比率称为“剥削率”呢？是不是因为用这样一个词能够表达出某种不公平非正义的意思？恐怕很难想出用这个词的其他原因了。

然而有很多马克思主义者说马克思主义的剥削概念是一纯科学的概念，并不具有道德方面的内容。他们说用马克思主义的语言讲到 a 剥削 b，并不含有对 a 或者 a 所做出的这种安排进行谴责或批判的意思。对他们来说，(4)是不正确的：

(4)需要推翻资本主义的一个原因是它是一种剥削制度（而剥削是非正义的）。

有两类马克思主义者否认(4)。第一类这样做是因为他们不认为有任何理由要推翻资本主义。有人要推翻是因为想这么做。有的去这么做是因为他们本身的阶级地位所致，或者他们在道德上无法对其他人的阶级境况加以认同。

第二类人相信推翻资本主义有着很好的理由，但是非正义性并不是理由之一。因为他们认为正义并不是一种马克思主义的价值观。资本主义的问题不在于它的非正义性，而是它压制人的潜力。破坏博爱，鼓励人对人的非人待遇，以及其他总的与非正义性相区别的悲惨结果。

我也确信有许多马克思主义者同意(4)，马克思也在其中。但是我将不为(4)做辩护。否认(4)的马克思主义者会发觉本文不那么具有挑战性，但是我希望他们还是读一下为好。虽然我所讲的主题是(4)与劳动价值论之间的关系，但是在这样做的同时我深入地揭示了劳动价值论本身及其被忽略的模棱两可的地方，并且我相信恐怕不会有马克思主义者会否认很多马克思主义是坚信劳动价值论的。

III

我从一个基于劳动价值论的论点开始，其结论是工人受到剥削，而剥削是非正义的。我们可以将它称为传统的马克思主义观点。对于那些认为劳动价值论支持(4)的相信(4)的人来说，下列各点成立：

(5)劳动且只有劳动创造价值。

(6)劳动者得到其劳动力的价值。

(7)产品的价值大于他的劳动力的价值。

∴ (8)劳动者得到的价值少于他创造的价值。

(9)资本家获得剩下的价值。

∴ (10)劳动者受到资本家的剥削。

前提条件(5)来自劳动价值论,而劳动剩余价值论提供前提条件(6)、(7)和(9)。

对传统的马克思主义观点的这种阐述从两个方面来说是不完整的。首先,这里没有提出一个实质性的规范的前提。这个前提的内容用通俗来说就是:从某人那里获取某些东西而没有回报即为剥削。确定有关的条件并因此使这个前提更为精确,超出了本文的考虑范围。这里我们所要求的无非是某种特点是缺乏互惠的粗略的剥削概念。

对另一种不完整性,这里也不打算去进行矫正。其缺陷是没能点出资本和劳动之间关系的确切的特点,即在事实上劳动者是由于自身一无所有,才被迫为资本家工作。这里无法详述这个理应进一步阐述的受到攻击的真理。[①]

最后,注意传统的观点和本文其他各处一样,提到的是“劳动者”和“资本家”。因而仿效《资本论》的做法将阶级关系拟人化了。这种做法避开了识别工人阶级和资本家阶级的问题。这两个阶级现在的规模都要比马克思的时代大得多。我确信这个问题有办法解决,并且解决的办法能使传统观点的提法仍然成立,但是在本文中也不打算进一步讲这个问题。

---

① 对这一提法的攻击之一,见 R.诺齐克:《无政府、国家和乌托邦》。反驳见我的“R.诺齐克和 W.张伯伦”一文,载于 J.阿瑟和 W.H.肖编:《正义和经济分配》,新泽西,1978 年,第 257—259 页。某些进一步的阐述,见我的文章“资本主义,自由和无产阶级”,载于 A.瑞舍编:《自由的观点》,牛津,1979 年。

IV

传统的马克思主义观点用劳动剩余价值论来得到前提条件(6)、(7)和(9)。但是我们可以用一条不言自明的论断来取代这三者,并且照样得到劳动者受到剥削的结论。这样做就得到一种较为简单的马克思主义的阐述(语句(11)是不言自明的):

(5)劳动且只有劳动创造价值。

(11)资本家获得产品的一些价值。

∴ (8)劳动者得到的价值少于他创造的价值。

(12)资本家获得一些劳动者创造的价值。

∴ (10)劳动者受到资本家的剥削。

因此,当马克思主义者说资本主义是剥削性的时候,这一道德论断并不一定要借助于劳动剩余价值论。用什么来解释工人生产出的价值与其所获得的价值之差并不重要。[①] 重要的是存在着这种差额。(注意,虽然较简单的马克思主义观点中去掉了劳动剩余价值论,但其中仍然存在着可区分出来的剩余价值的概念,即工人生产的价值与其获得的价值之间的差额;工人所获得的价值仍旧被称为可变资本。)[②]

① 意思是它对有关剥削问题的道德论断并无什么妨碍;尽管从另一种观点来看,这个问题也是值得注意的。

② 是可变资本的概念,而不是劳动力的价值对于劳动价值论的理论应用起着关键性作用。例如,它对再生产问题,对价值转型为价格,对利润率下降的趋势等都是至关重要的。《资本论》至少允许在短期内在劳动力的价值和可变资本之间存在着差异;而无论在什么地方只要存在着这样一种差异,在所涉及的问题中都是可变资本而不是劳动力价值起着实质性的作用。

V

我们曾从劳动价值论讲起，其意思是商品的价值由生产这种商品的社会必要劳动时间所确定。由此我们得到一种观点，其结论是劳动者受到资本家的剥削，并且这种观点的有争议的前提之一被认为是来自劳动价值论，即前提条件(5)。但是，现在我们将证明劳动价值论并不支持(5)也就是劳动且只有劳动创造价值这一提法。相反，按照劳动价值论，这个提法是错误的。[①]

假定一个商品在时刻 t 具有某种价值。按劳动价值论的说法，这个价值是由生产此类商品所需要的社会必要劳动时间确定的。现在让我们进一步问：什么时候所需要的是社会必要劳动时间？回答是在时刻 t，即当此商品具有要被解释的价值的时候。如果劳动价值论是正确的话，则在过去生产它所需要的时间，以及生产它所实际用去的时间，在数量上和它的价值是没有什么关联的。

极端的情况会使这一说法更清楚。(a)假设有一在过去的时间中生产出来的使用价值 a，并且虽然 a 的存在只有经过劳动，但是现在 a 的出现不再需要那种劳动了。那么根据劳动价值论，a 是无价值的，尽管曾有劳动“蕴含”在它里面。(b)倒过来，假设现在市场上有一种商品 b，这个 b 的产生并不曾通过劳动，但是现

① 按照劳动创造价值这一提法的传统含义，(5)的一部分含义是价值的数量是劳动数量的某种函数。其他可能的含义，如我们将在下面第Ⅹ节中讨论的东西，和这里讲的内容无关。

在和 b 一样的东西的出现却需要花费大量的劳动。(b 可能是一定数量的干净空气,在需要人工制备干净空气之间就已经用瓶装好了。)那么 b 也会具有价值,尽管没有劳动“蕴含”在它里面。[①]

这些说法都是从劳动价值论得来的。按此理论过去的劳动和一种商品现在具有多少价值并无干系。[②] 但是如果过去的劳动创造商品的价值的话它就不会是不相干的。因此**如果劳动价值论是正确的,则劳动并不创造价值**。

让我们把社会必要劳动时间确定价值这个命题即劳动价值论称作**严格的教义**,并把诸如(5)或价值是包含的凝结的劳动这样的提法称作**流行的教义**。严格的和流行的教义一般总是被相互混淆,这有好几个原因。最感兴趣的原因以后会被提到,而最乏味的原因在于马克思经常把这两种教义做并行的阐述。举出两段作为例子:

> 一种商品的价值都和任一其他的商品价值有关,正像一种商品的生产所必要的劳动时间与其他商品的生产所必要的

① 也可以否认对于马克思来说 b 不能具有价值这种提法,因为他讲的仅仅是劳动产品的价值问题。他的原著上的观点虽然可能是正确的(见《资本论》第一卷),但是想来不会有明智的马克思的捍卫者会去为劳动价值论的不幸的缺乏普遍性进行辩解。对于认为马克思也会认为 b 具有价值的人来说,他可以想象 b 之中也具有少量的劳动。极端的例子只是为了演示,重要的是要注意到按照劳动价值论存在着“价值关系的不断变化”,因为生产某种类型的东西所需要的劳动数量是随时变动着的。参见《资本论》第二卷上的有关论述。

② 尽管用的是令人误解的术语,即使是对于斯拉法的“到期的劳动数量分析”来说这一点也是对的。见斯拉法的《用商品生产商品》,剑桥 1960 年,第 6 章;以及斯蒂德曼的《按照斯拉法思想研究马克思》,伦敦,新左派图书公司,1977 年,第 70 页。

劳动时间有关一样。作为交换价值,所有的商品都只不过是凝结着的劳动时间的一定数量。

……至于商品价值数量的确定,照我看来是由包含在它里面的劳动时间的数量所决定,而后者不过是由生产这一物品所花费的标准劳动量所决定,如此等等。①

我并不是说马克思从来就没有意识到严格的和流行的教义之间的区别。下面一段话表明情况相反;"确定价值的东西并不是产品中所包含的劳动时间的数量,而是当前所必需的劳动时间量。"②所谓"当前所必需"的意思,即是说在商品具有给定价值的时候,是在这时为生产它而必需的劳动时间量。所谓社会必要劳动时间是指现在所需要的时间,而不是当这一商品在被生产时所需要的时间:"每种商品的价值……不是由包含在其中的必要劳动时间决定的,而是由它的再生产所要求的劳动时间所决定。"③

因此,我并不认为马克思忽略了两种教义之间的区别。但是我的确认为这种区别对关键性的马克思主义命题有破坏性作用。它的消极影响普遍地说没有引起注意,包括马克思本人。我们主要关心的是它对剥削这个概念的含义。它对纯经济理论也有影响,下面我们也会涉及一些。但是首先还是让我们更加仔细地看

① 第一个例子见《资本论》第一卷,英文版,第130页。第二个例子见马克思的"关于R.瓦格纳的笔记",载于T.卡弗所编《卡尔·马克思:方法论问题》,牛津大学出版社,1975年,第184页。

② 卡尔·马克思:《政治经济学批判大纲》。

③ 《资本论》第三卷,莫斯科,1966年,第141页。(所谓再生产一种商品,是指生产出另一个但是和它一样的产品这种情况。)

一下两种提法的区别本身。

使一特殊的产品中实际耗费的劳动数量有可能不同于现在生产同一种产品所要求的标准劳动数量的原因有二。一是在实际的劳动过程中效率的非标准水平,它的效率可以高于也可以低于社会的规范。二是技术性变化,它造成规范的变化。

考虑低效率劳动的情况。马克思主义者总是把下面一种说法视为对劳动价值论的一种十分笨拙的批评:低效率生产出的照明灯要比高效生产出的灯具有更多的价值,因为后者用的时间要少些。从严格的教义来看,这种说法的确不能成立。但是,凭什么说它不符合流行的教义呢?如果说劳动通过凝结在产品中而创造价值,那么为什么就不能说产品中凝结的劳动越多它的价值就越大呢?

低效率劳动的情况表明在严格的和流行的教义之间存在着不一致的地方。马克思主义者是了解这种情况的,但是他们无论如何还是不情愿拒绝流行的说法。说到底,在马克思主义文化中之所以存在两种教义,之所以单要一个不够,原因就在于其中每一个都各自有知识上的和政治上的作用。相应地,当面临诸如低效率劳动这类问题时,很多马克思主义者提出一种混合命题,目的在于对流行的教义进行修订使之纳入严格教义的轨道。因此作为对低效率劳动问题的一种反应,混合命题是:

(13)工人创造价值,如果且仅仅如果他的劳动是社会必要的。对于超出标准要求的劳动时间而言,劳动并不创造价值。这个命题的提出显然是打算在不和严格教义相矛盾的情况下保留流行教义。但是我们将证明这是做不到的。按严格教义不能容纳这样一种混合的提法。

严格的教义肯定会否定(13)，因为(13)中提到的是错误的社会必要劳动时间的数量，也就是说它讲的是当商品被制造出来时所需要的社会必要劳动时间的数量。[①] 正确的应是当商品在市场上时所要求的社会必要劳动时间的数量。要想忠实于严格的教义，一种混合式的提法就不能像(13)那样，而应是：

(14)工人创造价值，如果且仅仅如果当产品被投放市场时他所付出的劳动数量是社会必要的。

马克思主义者认为(14)可从严格教义得出来，因为他们错误地认为(14)可以从一个的确是严格教义的推论中得出来，但实际上是不相及的。这个推论是：

(15)当耗费的劳动数量是当产品被投放市场的时候社会必要的，价值由所耗费的劳动时间确定。

的确命题(15)可从严格教义推论出来，正像下面的命题(16)可以从有关气压计的真实说法得出一样：

(16)当第一天的气压和第二天的气压一样的时候，第二天的水银柱高度由第一天的气压所确定。

命题(16)是由这样一个事实得出来的，即第二天的气压决定第二天的水银柱的高度位置。但是从(16)并不能得出结论说第一天的气压决定第二天的水银柱高度的位置。相似地，(15)并不能支持(14)。

一般地说，如数量 m 在因果关系上依赖于数量 m'，并且有一

① 也可能不存在这样一种唯一的数量，这就使(13)的提法更糟。

个数量 m''等于 m'，则不论 m''是什么东西的数量，都可以从数量 m''，预见到数量 m。在这种情况下就有可能造成一错觉认为数量 m''解释了数量 m。我认为正是这种类型的错觉困扰了那些认为(14)和严格教义相一致的人。

这种混合式的提法的另一问题是存在下面这种情况，即对于那些具有异常效率的劳动或者使用着优于现有水平的生产资料的劳动来说，所花费的劳动要少于现在的社会必要劳动。在这种情况下，不能再断言价值是由其束缚条件为数量是社会必要的劳动所创造的了，因为这里并没有耗费足够的劳动。当存在着低效率的时候，总还有机会找到借口说某些发生了的劳动并不产生价值。而当存在着特殊的高效率时，总不能找到类似的借口说并没有发生的劳动也创造价值吧！

我们的结论是想借助于混合式命题来保住流行的创造价值的观点的企图是不会取得成功的。

VI

如果劳动价值论是正确的，则在过去所需要的是什么以及过去发生过什么——所有这些事情在原则上都应该与商品的价值无关。但是并不是从认识角度讲毫不相干。由于技术条件改变的相对缓慢，在最近的过去的社会必要劳动时间通常可以充当目前的社会必要劳动时间的良好指南。而且，过去的典型的实际劳动时间又可以充任在过去多少劳动时间是必要的最好指南。因此，过去所发生的是现在所需要的良好指数。当然这并不意味着过去的劳动时间创造了商品的价值。

我们的阐述表明，如果劳动价值论为真，则劳动不创造价值；但是要为劳动创造价值这一命题寻求一个不同于劳动价值论的理论基础则又纯然是一种堂吉诃德式的举动。[①] 因此我们可以采取这样一种立场，即无论劳动价值论正确与否，劳动都不创造价值。

有人会发出疑问，如果劳动不创造价值，那么什么创造价值？但是，认定价值必须被创造出来本身就是一种先入为主的偏见。当然，肯定会有某种东西去解释价值及其数量，然而并不是所有进行解释的因素都是创造性的因素。对价值数量的一种被认定的解释是劳动价值论，这里指的是它的严格的教义。但是它并不是价值的创造因素，除非我们硬把解释称之为创造。现在我们讲的是生产出某一确定类型的商品需要的是什么，并不是在任何文字意义上的创造因素。

为什么流行的教义得以流行？一个原因是它显得比严格的教义更适合作为对剥削进行指责的基础。我们将看到（第Ⅷ及第Ⅸ节）这两种教义都并不能支持这种指责，然而看起来流行的教义似乎更适于做到这一点的原因就在于只有它声称劳动创造价值。但是还有一个使流行的教义变得流行的局部的独特原因，就是某些反对严格教义的论断倾向于暗自滑向流行的提法而得到印证。下一节将暂时把有关剥削的问题搁置起来而对这一点进行解释，并且我将证明严格的教义也是错误的。对剥削的讨论将在第Ⅷ、Ⅸ两节完成，这一讨论并不以下节的内容为先决条件。

---

① 这里是指传统意义上的“劳动创造价值”。这里涉及的只是这种含义。

VII

用以反对劳动价值论的一个明显的论据，是价值的大小受到社会必要劳动时间之外的其他事物的影响。一种这样的不同事物是生产资料占有的形式，通过反映它的讨价还价力量的分配而能够影响价值。在存在着某种程度的垄断时，生产资料产品很可能在平衡时具有某种比在没有垄断的情况下要高的价格，因而按我们已给出的价值定义具有较大的价值。

但是如果价值是某种对它进行解释就必须确实地创造它的东西的话，则因为生产资料的所有本身并不创造出什么东西，因而不管看起来如何，所有权的形式并不能影响价值的形成。这正是马克思主义者们所说的意思。他们认为只有劳动创造价值；所有权的形式能影响价格，因而影响到不同的所有者各自得到多少价值，但是他们所得到的价值本身却不是由于所有权而创造出来的。

这种说法的思路实质上依赖于劳动创造价值的观念。如我们坚守着并不要求有任何东西去创造价值的严格教义的话，就不会有诸如此类的想法了。

为了讲得更清楚一点，我们回到开始时表述劳动价值论的三个命题上来：

(1)社会必要劳动时间确定价值。

(2)价值确定平衡价格。

(3)社会必要劳动时间确定平衡价格。

我们的观点是(2)是定义性语句，(1)是实质的理论。(1)和

(2)推出(3)。我们曾说我们将提出为什么有人偏爱从定义出发而把(1)看作是真理。下面就是一个为什么的原因。

(3)的反例是很多的，诸如我们注意到的关于生产资料所有权的形式，或者生产周期和资本有机构成相背离的情况。命题(3)是错误的，《资本论》的第二卷和第三卷的很多内容都是针对着这个事实的。

现在，如果(3)是错误的，则(1)和(2)至少有一个也一定是错误的。如果(2)按定义讲是对的，则(1)就是错的，并且劳动价值论也就完了。因此马克思主义者所做的是把(1)当作按定义是真的，因而使(3)的反例影响不到(1)，同时完全去掉(2)。但是这样一来就剥夺了劳动价值论的所有实质性内容。然而这样的后果却被下面的做法隐藏了起来，即把(1)变换成一种流行的式样，把它说成是劳动创造价值，因为这种说法就不再像是一种定义了。然后就说不管什么决定市场比率，因而也不管何人得到多少价值，反正是劳动单独创造了所有的价值。在处于反例的压力之下，(1)被当作定义为真而(2)被去掉，并且理论在实际上失去了所有的内涵的时候，流行的教义提供了某种具有实质性内容的表象。《资本论》的第一卷由于其简单的假定，尚可借助于(2)的价值定义而进行。当放松这些假定时，(1)和(2)就不能两者都对了。因此在《资本论》的第二和第三卷中，命题(2)就被抛弃了。

这里看一下马克思对李嘉图的批判的核心是有启发性的。如果我没搞错的话，它根据的是流行的提法。

李嘉图定义价值如上面提到的(2)，并且暂时讲了某种像(1)那样的意思，因此也得到了(3)。然后他承认生产周期的多变排斥了(3),因此(1)也是错误的(因为(2)是定义为真的)。所以他允许价值(即平衡价格)偏离社会必要劳动时间。[①]

按照马克思的说法,李嘉图这里失之于表象。真正的偏离不是价值偏离社会必要劳动时间,而是平衡价格偏离价值(即社会必要劳动时间)。[②]

李嘉图和马克思都认为平衡价格偏离社会必要劳动时间,那么两人之间的理论区别究竟是什么呢?我相信这只能在于流行的论述,马克思在这里诉诸的正在于这一点。因为他说在生产周期和有机构成方面的变动并不影响所创造的价值数量,而仅仅影响到在创造价值的各种场合中占有多少价值。但是如果有人问究竟这里劳动所创造的东西是什么,那么我要说的是一旦价值就像现在那样不再能够像(2)那样定义的话,则会是没有答案的。[③]

劳动价值论有两种样式,严格的和流行的。这两者是相互矛盾的。但是劳动价值理论的理论家们不能用修补的办法简单地抛弃流行的说法就算完事了。尽管它们两者之间相互并不一致,但每一种教义只有它认为会从另一个得到支持时才会显得真实。“劳动创造价值”似乎是(但并不是)价值由社会必要劳动时间决定这一命题的简单结论,而这一命题本身显得只有当它能够和劳动创造价值互换时才能逃脱对它的攻击。

① 见李嘉图的《政治经济学原理》第一章。或 M.布劳格的《经济理论回顾》,伦敦,1968 年,第 96 页。

② 见《剩余价值理论》,第二卷,莫斯科,1968 年,第 106 页及 174—180 页,以及《政治经济学批判大纲》,第 562—563 页。

③ 因此,如果我是正确的话,则转型问题严格地讲是一个不连贯的问题,不管它本身是否具有一种数学“解”。

VIII

在这一段里我将确认出马克思主义对资本主义生产过程中剥削的非难的真正基础，确认出究竟是什么想法在真正激励着马克思主义者，而不管他们可能想的和说的是什么。真正的基础并不是通常所说的命题(5)，而是一个与劳动价值论无涉却又比较普遍地被和(5)相混淆的相当明显的真理。而因为(5)本身又被和劳动价值论混淆在一起，因此又把劳动价值论和这个即将申明的相当明显的道理混在一起了。[①]

我们进行讨论的一个副产品将是对下面这种现象提出一种解释，即为什么理应受到争论的劳动价值论甚至会被十分明智的马克思主义者认为是相当明显的真理。当马克思主义者认为显然是对的东西被其他人认为是完全不显然的时候，至少有一方会是十分错误的，而单单依据阶级地位或意识形态立场对这种错误做出解释看来是不够了，因为这样解释明白怎么会产生这种错误，错误的产生是通过什么样的知识推断而产生的。解决了这样一个问题有助于解释为什么十分明智的马克思主义者有可能犯了错误。

回想一下已经证明的东西。我们已经看到如果劳动价值论是对的，则劳动不创造价值。因为如果劳动创造价值，则过去的劳动创造价值，并且如果过去的劳动创造价值，那么过去的劳动确定产品的价值。但是劳动价值论说价值量是由当前的必要劳动时间确

① 尽管“被混淆”并不是一种可传递的关系，上面的讨论却还是对的。

定的。由此得出如果劳动价值论成立，则过去的劳动并不创造价值。除此之外，也不存在别的看起来讲得通的东西支持劳动创造价值。因此，劳动创造价值是不成立的，它不会构成对剥削进行攻击的坚实基础。

同样，严格形式的劳动价值论本身也不能充当这样一种基础。一旦我们看到劳动价值论并不意味着工人创造价值，任何这样的印象都会烟消云散。事实的确是从劳动价值论出发，看不到工人创造出任何东西。

然而工人显然是创造了某种东西，他们创造了产品。他们并不创造**价值**，但他们创造**具有价值的东西**。用语上的微小差别掩盖着概念上的巨大差别。对剥削提出的非难不在于资本家获取了某些工人生产出来的价值，而是他获取了工人所生产的**东西**的价值。不管工人是否生产价值，他们的确是在生产产品，而产品具有价值。

并且，没有其他人生产产品，或者说得更小心一些，生产者是唯一的生产具有价值的东西的人：根据定义，在人类活动中只有生产才生产出具有价值的东西。这并没有回答谁是生产者这一困难的问题。但是不管回答是什么，只有那些被确认为生产者的人能够被认为是在生产具有价值的东西。在我们获得完整答案之前我们知道被认为是资本所有者的人不在此列。

注意我并不是说不管什么具有价值的东西都是由劳动生产的，因为我不曾说凡是具有价值的东西都是生产出来的。我也不否认为了生产出具有价值的东西通常还需要工具和原材料。我下的断言是说在最广泛的可能意义上的劳动者，是生产出任何具有价值的东西的唯一的人，而资本家并不是这种意义上的劳动者。如果把资本家也算进去，则资本和劳动就不会是相互区分的“生产要素”了。[①] 资本家提供的是资本，而资本并不是一种劳动。

有人会对资本所有者不生产任何东西提出疑问。当然，某个资本所有者也会参与某种生产活动，例如会承担一项否则就会落在他的雇员身上的任务。在这时他是一个生产者，但是不是作为一个资本所有者。更加中肯一些的反对意见是资本所有者在其能力范围内，总要完成一些重大的生产功能，如风险资本，做出投资决策等。不管这些说法正确与否，并不能得出结论说他们在这里所说的意义范围内生产任何东西，或他们所从事的就是生产活动。

要使活动具有生产性，只要做些有助于产生出被生产的东西就足够了，并且并不意味着要直接参与去生产它。因为没有刀你无法进行切割，但是它并不意味着由于你没有刀而我借给你一把，使你有可能进行切割，我就成为一名切割工或任何一类的生产者了。这里的差别就是生产性活动和生产活动之间的差别。资本家们勉强可以说从事着前者，但是一旦搞清楚了其中的差别，显然他们并不从事后者（除非他们不仅仅是资本家）。

请搞清楚，如果资本家是一个具有生产性的非生产者的话（我在这里对这一点既不赞成也不否定），则对他是一个剥削者这一说法就值得斟酌了。它对针对资本家进行的剥削所发出的非难来说

---

① 这里我用了引号，因为对这种把资本和劳动当作截然不同的而不是可比较的生产因素的分类法，马克思主义者已有非常好的反对意见。注意在某种意义上所有生产所需要的就是资本，因为资本不仅买生产资料也买劳动。见《资本论》第三卷，第48章，那里的反对意见只是稍带提了一下，并且不影响上面正文中的观点。

是一种挑战。说他们进行剥削的前提就是他们不生产任何东西。但是,对这一非难的前提提出挑战是错误的,因为他们的确什么都不生产。由于这一点是公认的,它不能被否定。

我想,正是这一显而易见的事实构成了对剥削的马克思主义非难的核心。这种非难的真实基础不是工人生产价值,而是他们生产出具有价值的产品。对于(10)的真正的马克思主义论证并不是那种简单的马克思主义的论证(见第Ⅳ节),而是一种不同的论证(平铺的论证):

(17)劳动者是创造出具有价值的产品的唯一的人。

(11)资本家获取到一些产品的价值。

(18)劳动者得到的产品价值要少于他们所创造的产品价值,并且

(19)资本家获取了一些劳动者所创造的产品的价值。

(10)劳动者受到资本家的剥削。

这种平铺的论证在结构上模拟了简单的马克思主义论证,条件是前提(17)取代了前提(5)。这两种论证是完全不同的,但是很容易相互混淆。

IX

我已经讲过是劳动创造具有价值的产品而不是劳动创造价值,正是从这一点出发使资本主义是一种剥削制度的非难有所根据。现在我必须捍卫这种立场。我们已经看到劳动不创造价值。现在我要说即使劳动创造价值,也不会对剥削问题有什么冲击。

首先，劳动创造价值的提法，对于劳动受到剥削这一命题并不是必需的。即使我们假定是什么别的东西创造价值，如果原来我们就有了劳动受到剥削的印象，则它仍会持续下去。想象一种商品的价值量完全取决于对它的欲望的强烈程度，并且因此我们可以说价值是由欲望而不是劳动创造的。在这种情况下如果同时我们有劳动创造所有具有价值的东西并且资本家占有了一些价值这样的提法，是否就会使对剥削的非难失去力量呢？肯定不会！因此，工人创造价值的论断对于这种非难肯定不是必需的，因为这里我们已经假定了是某种别的东西（欲望）创造价值，而非难仍旧成立。

但是，劳动创造价值对于对剥削的非难来讲不仅是不必要的，而且就是从它出发也没有什么理由去进行这种非难。我们可以再次想象欲望创造价值的情况。如果说因为劳动者创造了价值则价值的劳动创造给了劳动者拥有价值的权利，那么同样的价值的欲望创造也会给有欲望的人以这种权力。然而难道我们会说有欲望的人受到了剥削，原因是他们创造了产品的价值而资本家却部分地占有了价值？这个提法显然是荒谬的。[①] 同样荒谬的是因为劳动者创造价值而别人占用就认为劳动者受到了剥削。

---

① 注意我并不是说某人对某物的欲求不构成为什么他应该得到它的原因。当然这是一个原因，虽然这种欲望可能会是无止境的。但是一个人对某物的欲望不能构成他在他的欲望增加了此物价值的基础而得到它的原因，即使他的欲望的确增加了它的价值。这样一种基础是虚无缥缈的。

还要做一个防止误解的声明。我并不认为得到报酬的正确原因是按照生产性贡献。例如可以在不认为所有的价值都应归工人所有的同时又认为资本家剥削了工人，因为资本家占有了部分工人所创造的价值。同样，也可以赞同按劳分配的原则，并且认为资本家剥削了工人的原因是需要没有形成资本家占有部分工人生产的价值的基础。

它是荒谬的，但它看上去并不显得荒谬，要解释清楚这之间的差异就不要忘记劳动创造的是具有价值的东西。当我们说工人创造价值的时候，我们似乎很坦然，因为我们会很自然地认为工人当然只能创造出具有价值的产品，但是在不自觉中在概念上就犯了错误，就会把后者错当作前者了。之所以要把(17)当作对剥削的非难的真正基础，原因之一就在于(5)是似是而非的。(17)和(5)之间的关系澄清了这种错觉。

然而，认为实质在于劳动创造了具有价值的东西这一提法，还有更为直接的原因。再看一篇本文开首摘录的《团结》中的诗句。那里根本就没提到价值，并且不需要用劳动价值论来印证其主题即“我们”受到了剥削。而他们的确提到了是“我们”创造出了所有那些具有价值的东西。

因此，既不是劳动价值论(即社会必要劳动时间决定价值)也不是其流行的代用品(劳动创造价值)，而是平凡的真理(劳动创造了具有价值的东西)在歌中回响，这个平凡的真理是对剥削的马克思主义非难的真正基础。

我们已经讨论了在资本主义条件下对一无所有的挣取工资的工人的剥削。但是，如果在马克思主义中有任何东西可称得上是剥削的范例的话，那就是对封建农奴的剥削。按照马克思的说法，那些农奴并不生产价值。对他们的剥削是最显而易见的，相比之下无产阶级所受的剥削则要隐晦得多。马克思所要做的是显示无产阶级所处的位置事实上类似于农奴的处境，从而证明无产阶级也受到了剥削。

农奴所受的剥削是一目了然的，因为事情明摆着：他生产的东西的一部分不是留给自己而是上缴给封建领主。在资本主义制度下，事情就不是如此显然，因为产品不是直接在资本家和工人之间两家分，而是先被投入到市场中去。①

马克思主义者此时断言需要用劳动价值论来揭示对挣取工资的工人的剥削，而我却不敢苟同。所需要的并不是错误的不相干的劳动价值论，而是本文的语句(2)独立于劳动价值论所定义的纯粹的价值概念。它使我们能够说不管价值的大小取决于什么，工人并没有得到所有的他的产品的价值。

马克思主义者认为：

(20) 农奴生产全部产品，而封建领主占用了部分产品；并且

(21) 无产者生产了全部产品的价值，而资本家占用了部分产品的价值。

我接受(20)，但是要修改(21)的头半句以类似于(20)的头半句，结果是：

(22) 无产者生产全部产品，而资本家占用了部分产品的价值。

照我看来，对无产阶级的剥削要比传统的马克思主义所说的更类似于农奴所受的剥削。

X

在前面几节里我坚持劳动创造的是具有价值的产品，并且不

① 要了解进一步的讨论及有关内容，见我所著《卡尔·马克思的历史理论》，第333—334页。

断地否定了劳动创造价值本身这一提法。然而会有人提出反对意见，认为这两者之间并不矛盾，简单说来他们认为(23)是成立的：

(23)因为劳动创造具有价值的产品，因此劳动创造价值。

然而这一反对意见实在是把问题搞混了。原因是即使(23)中"劳动创造价值"在某种意义上是正确的，它和传统的意义也是不同的。当马克思主义者肯定(5)时，他们所要讲的正是这种传统的意义。当"劳动创造价值"像(5)那样被用于解释商品的价值大小时，它是不能从"劳动创造具有价值的产品"这一命题中推论出来的。从劳动创造具有价值的产品这一事实，怎么可能就得出结论说产品的价值数量会直接均匀地随着耗费的劳动数量而变化呢？①

那么从"劳动创造具有价值的产品"得出的"劳动创造价值"，是否存在着一种不同于(5)的意义？恐怕还是有的。如果一位艺术家从某种尚不能说是美丽的东西中创作了一个美丽的作品，我们自然会说他创造了美；我们同样很自然地认为从较少价值的东西中制作出有价值的东西的工人创造了价值。但是这种情况并不能用以支持劳动价值论的流行的教义，尽管它有助于解释为什么有这么多的马克思主义者全都错误地坚持这种观点。

我曾指出如果有什么东西会证实资本家剥削工人这一马克思主义的非难的话，那就是真命题(17)即工人单独创造出产品。这并不就证明(17)是一个圆满的判断，或适当扩展了的平铺的提法

① 如果的确能推出这样的结论的话(这是不可能的)，则严格的教义也就不成立了。

是一个好的提法。[1] 在清算完了使人心烦意乱的劳动价值论之后，我希望在别处再有机会对这种平铺的提法进行一番评价。

① 所谓扩展是在上面第Ⅲ节中已经提到的经过完善的形式之上的进一步扩展。

第十章　真实的抽象和异常的假定

苏姗·希梅尔魏特　西蒙·莫恩

有关马克思主义经济学的基本范畴的辩论在马克思主义一诞生时就开始了。随着1945年以后长期的世界经济景气的终结，正统的经济学表现出了它的不中用，因此在20世纪70年代对这种辩论的兴趣又开始浓厚了起来。[①] 虽然辩论实质上触及了马克思经济学的所有领域，它基本上是围绕着价值论的性质和地位以及它与工资、价格以及利润等日常概念的关系展开的。在其他问题上的立场，诸如生产性和非生产性劳动，或利润率的波动是否显示出某种趋向等，都不能越过对有关价值的根本性争论的理解。本文可视为对这场辩论的一个贡献：它处理的是围绕对马克思的价值论所做的现代"新李嘉图主义"批判所涉及的问题。尽管我们对这些问题进行的讨论是为了回答这种批判，却并不打算无批判地捍卫马克思所写的每一个词句。我们的目的是站在一定的高度

① 我们要对社会主义经济学家联合会中来自英国、美国及荷兰的如此众多的同志表示感谢，他们挤出时间不厌其烦地阅读了本文的草稿并做出了评论。本文的一种初稿曾以"资本的异常"为名发表于《资本与阶级》第6期（1978年秋），并在《新左翼评论》杂志、《剑桥经济学报》以及社会经济学家联合会的赞助下，曾以"价值论和当代分析"的标题提交给在1978年11月的大会。

看一下在理解价值概念中发生的问题，并且检验一下不同的理解的理论含义。

在术语的使用上我们碰到某种困难。我们所要提出的主要观点之一是马克思把某些范畴区分开来，而其他人则觉得这些范畴没有什么不同。例如，马克思把“交换价值”与“价值”区别开来，而李嘉图则把两者都称为“价值”。一般情况下，我们都努力使用正在讨论的作者的术语。但当要对范畴本身的详细内容进行批判分析时，显然我们就不得不使用马克思所用的术语了。我们希望这不致引起混淆。为了清楚起见（起码在刚开始时），我们将对马克思的用语提出我们的理解。至于其他作者的用语则希望从上下文本身能够得到理解。

对于马克思来说，商品之所以具有价值是因为它们是为了在一个商品关系已经变得普遍的社会中进行交换而生产。这就使它们区别于一般的劳动产品，并且意味着“每一个商品的价值……不是由它所包含的必要劳动时间，而是由它的再生产所需要的社会劳动时间所确定。”[①]社会劳动时间只有通过市场交换才能实现。它是商品据以交换的交换价值。商品为了金钱而买卖，它们交换的金钱数量被称为它们的价格。货币变成了价值尺度，所以交换价值的确定同时也就是价格的确定；有关其中一个的理论也就是关于另一个的理论。所以，我们可以交替地使用“价格理论”和“交换价值理论”这两个短语。

另一对马克思进行了区分而李嘉图没有的范畴是抽象劳动和

---

① 马克思:《资本论》第三卷，伦敦，1973年，第141页。

具体劳动。所以当我们引用李嘉图的“劳动”时，我们指的既不是抽象的也不是具体的劳动，而是一个未加区分的概念。这一点是重要的，因为很容易误认为李嘉图只是没有进行马克思的抽象并且认为马克思所说的“具体劳动”就是李嘉图所说的“劳动”。我们将会阐明为什么我们认为这种看法是错误的。

重要的是要注意到一般的所讲“抽象的”并不意味着是“理论的”；具体的概念范畴也是理论的而“事实”本身也是抽象。然而，仅考虑经验的事实（表面现象）却不会有什么结果。只有精心的构思产生了对更具体的范畴的理解，抽象才能有效地成为分析的出发点。在我们看来这正是马克思写下面一段话的意思：“具体之为具体是因为它是许多确定因素的集中，多样化的统一。因此，它作为一个集中的过程，作为一个结果，而不是作为一个出发点出现在思维过程中，尽管在现实中它是一个出发点，因此也是从事观察和概念化的出发点。”[①]

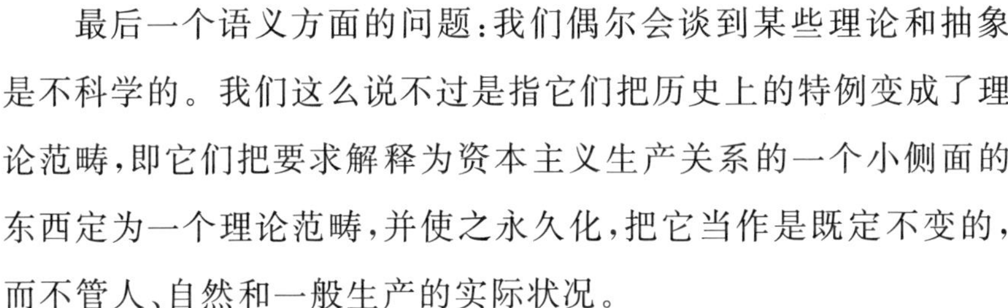

最后一个语义方面的问题：我们偶尔会谈到某些理论和抽象是不科学的。我们这么说不过是指它们把历史上的特例变成了理论范畴，即它们把要求解释为资本主义生产关系的一个小侧面的东西定为一个理论范畴，并使之永久化，把它当作是既定不变的，而不管人、自然和一般生产的实际状况。

本文的计划如下：第一节考虑李嘉图的劳动价值论和它所陷入的根本矛盾。第二节考虑马克思的价值论，并且表明尽管它基

① 卡尔·马克思：《政治经济学批判大纲》，与《新左翼评论》，联名的企鹅丛书社，哈蒙兹沃思，1973年，第101页。

于完全不同的方法，这个理论是如何合并、改造李嘉图的理论，并且能够解脱李嘉图的两难处境的。下一节概述了马克思对李嘉图的批判，更清楚地对他们二者方法论之间的差别进行阐述，并且根据对李嘉图的矛盾所采取的立场对当前的各种观点做一下分类。最后两节检验目前对价值理论的指控，诸如它的冗余性或内部的不一致等；并且表述为回答这些问题而出现的对价值的不同理解。

李嘉图和凝结的劳动

现代的针对马克思的价值论所做的批判，起源于李嘉图的价值论。因而必须对后者进行检验以便于后续的讨论。首先我们必须决定马克思优于李嘉图的精确含义，然后我们才能表明所谓的“新李嘉图主义”尽管常常被当作一个侮辱性的名词，的确还是有一定的说明意义和正确的地方。

李嘉图发展出他的理论是为了抨击亚当·斯密的成本价格理论。正如李嘉图看到的那样，斯密的观点是在以私有财产为特征的社会里，商品的价格由三个组成部分之和所决定：工资、利润和租金。斯密写道：“工资、利润和租金是……可交换价值的三个来源。”①

斯密的确承认过“在先于任何货品的积累和土地的占有的早期未开化的社会里，只有为获取不同的物品而付出的必要劳动数量之间的比例能够作为它们互相交换的规则。”②

① 亚当，斯密：《国富论》，伦敦，1904年，第57页。

② 同上书，第52页。

但是他发现这样一种“劳动价值论”在私有财产和生产资料的积累出现之后就显得欠缺了，因为它没有考虑到租金和利润。因而斯密抛弃了他的劳动论而赞成一种马克思后来称之为“三位一体的公式”。[①]

李嘉图在这个问题上的贡献，在于他把斯密的劳动论从“早期的未开化的社会”扩展到了生产涉及使用积累起来的货品（资本）和私人拥有的土地的社会。李嘉图拒绝所有的关于商品价值是由付给劳动、资本和土地这些生产它的东西的所有者的报酬所决定的提法。相反，他认为商品的价值是由为了生产它而必要的劳动数量决定的，包括直接劳动和凝结在生产资料中的间接劳动。因此李嘉图的劳动价值论实质上是一种凝结劳动理论。李嘉图十分清楚他和斯密是如何区别开来的：

“亚当·斯密认为和在早期社会里一样，所有劳动生产的都属于劳动者，而当货品积累起来之后，一部分还要归于利润。无论资本的耐用性如何，或者其他的条件怎样，这种积累必然地提高商品的价格或交换价值，因而商品的价值不再由生产它们所必需的劳动数量调节了。与他相反，我坚持认为交换价值的变化，不是由于分成了利润和工资，不是由于资本的积累；在社会发展的所有阶段里，交换价值的变化只有两个原因：一是所需的劳动量的多少，二是资本持久性的大小。后者绝不会取代前者，而只能影响它。”[②]

① 斯密的讨论见《国富论》第六章。马克思对斯密的评论见《剩余价值理论》第二卷，伦敦 1969 年，第 165 页，以及在《资本论》第三卷，第七篇中有关“三位一体的公式”的讨论。

② D. 李嘉图：《论政治经济学与赋税原理》，P. 斯拉法编，剑桥，1951 年，第 30－37 页。

在这封致詹姆斯·穆勒的信中(1818年12月28日)李嘉图提出了和当前的争论中同样的问题。一方面,他建立了一种产品的价值要独立于和先于产品的阶级分配的理论,换句话说,他坚持认为商品具有一种固有的价值,然后才按照每一个阶级在生产中的作用而在它们之间分配。这种观点和斯密提出的由生产关系而构成的补偿的需求(即成本)之和构成商品本身的价值的观点是对立的。但是另一方面,虽然李嘉图并不总是首尾一致的,他一般总是把"可交换的价值"和"价值"看成是同义的概念,并且在他否认斯密的价值是由成本之和确定的观点的同时,他仍然要求二者的等同。在任何关于"平衡价格"的理论中("平衡价格"是现代庸俗经济学即新古典经济学给"可交换的价值"起的名字),按同义反复的定义这个价格必须等于所支付的全部成本,因为为商品付出的货币一定会是某些人的报酬,并且价格的全部定义就是全部报酬。[①]

① 这里的要点在于同义反复称不上一种理论(即管一个同义反复的命题会具有意识形态方面的内容)。从形式逻辑上讲价格是成本之和的同义反复,但这并不是一种解释,除非我们再有对成本的独立解释。回避解释成本的需要有不同的方式。斯密干脆就不做任何解释。斯拉法则把一种成本(工资或者利润率)当作已知的,从它再求出其他的成本,然后将所有的加起来求出价格。这里"初始给定"的成本显然还是没有得到解释。新古典经济学则从初始的才能、技术,以及个人偏好导出成本,但这些东西本身并未进行解释。斯拉法主义者有时还按同样的方法引用阶级斗争。所有这类"理论"所做的都不过是用形式逻辑的办法直接插入它们自身所做的假定,由于这个原因它们都可归于庸俗的理论一类。按照历史唯物主义,劳动活动提供了解释的基础。从这个角度看只有李嘉图和马克思不归于上一类,因为他们的价值论具有生产过程中的独立基础。然而只有马克思主义的理论才算一种人类劳动的本体论;它的辩证发展既是资本主义范畴历史的产物,又对这种历史提供了解释。这样一种价值范畴的发展正是本文所关心的中心内容。

这正是为什么李嘉图要被迫承认资本的耐久性会影响到凝结的劳动数量对价值的确定过程。因为如果商品确实按它们内含的劳动时间的比例相交换的话，则一个其资本不得不投放较长时期的资本家的年利润率会比一个资本快速使用的资本家的年利润率要少，即使在两种情况下整个凝结劳动的数量相等也是如此。然而，价格显然不能保持在这个比例上。在平衡条件下，较缓慢地生产出的商品的价格肯定要高于另一种商品的价格，否则的话就不会有资本家会用他的资本去从事前一种商品的生产。由于并不是所有的商品所涉及的资本都投放相同的时期，因此如果价值等同于平衡价格（交换价值）的话，它不可能在没有修正的情况下由凝结的劳动时间所确定。

针对资本持续性问题李嘉图做出了两条非常密切相关的论断。他把在所考虑的时间间隔内至少周转一次的资本称为流动资本（即如果资本在那段时期内被完全消耗掉），而把周转更长时间的资本称为固定资本（即如果它不会在所提到的这段时期中被完全消耗掉）。现在，考虑包含着同样数量的总劳动的两个资本。首先，它们分为固定资本部分和流动资本部分的比例可能不同。其次，它们划分的比例可能相同，但它们各自的固定资本部分的持续性可能不同。在两种情况下，尽管对每个资本来说所包含的劳动总量都是一样的，由于每个资本中的不同的部分投放的不同时间，它们生产出的产品的交换价值肯定不同。在竞争使资本在所考虑的时期中的利润率都变得相同的经济环境中，情况必然会是如此。因为固定和流动资本之间的区分仅取决于所选择的时间间隔，两种情况可以用一个一般的论断归在一起：由于在平衡时每个资本都必须获得同样的利润率，不同的周转时间肯定要影响由劳动凝结的交换价值的确定。

恐怕不能过分强调这些结果不是什么新东西（如果用当代货币来表达的话）；这些问题出现在李嘉图所著的《原理》一书的第一章里，并且的确给李嘉图带来不少的麻烦。1820 年 6 月他在写给麦卡洛克的信中写道："我有时想如果我再重写我的书中关于价值那一章的话，我应该注意到商品的相对价值是由两个原因而不是一个规定的，也就是生产商品所必需的劳动的相对数量，以及直到商品被投入市场为止这段资本保持休眠的时间中的利润率。"[①]

但是在四个月后在他写给马尔萨斯的信中，李嘉图仍然坚持他的凝结劳动价值论。他写道："你说我提出的命题即'除极例外的情况，在商品中使用过的劳动数量决定它们相互交换的比率'是'没有什么根据的'。我承认我的说法并不是百分之百的正确，但是我认为作为测定相对价值的一种规则，它是我所知道的最接近于真理的近似。"[②]然而就这里所讲的情况来说，马尔萨斯是正确的。因为经济中一般利润率的形成，使商品的交换价值的确既随着凝结的劳动数量又随着在具有不同持续性的资本中劳动体现的临时结构而变化。如果这些结构不同，则相对（交换）价值也就不同于凝结劳动的比率。李嘉图只简单的说凝结的劳动是确定价值的最重要的要素。但是对于单考虑解释交换价值数量的理论来讲，这是一种武断的说法。

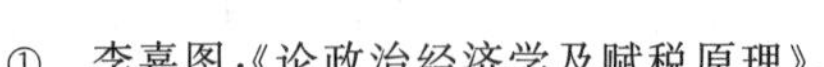

① 李嘉图：《论政治经济学及赋税原理》。

② 同上。

李嘉图拒绝向凝结的劳动时间可能不是交换价值的最主要的决定因素的想法妥协；然而为了证实他的拒绝有道理，他应该本人先解决从价值本身的确定过程中找出价值和价格之间存在着的必然差别这一问题。为了沿这个思路解决问题，要求找出并未在李嘉图的著作中连贯地表述的价值和交换价值范畴之间的区分。找到了在凝结的劳动价值论与价格是成本之和的看法之间存在的矛盾，也就找到了李嘉图的科学成就本身的局限性。①

马克思和抽象劳动

李嘉图的矛盾有两种可能的解决办法。一种方法是抛弃作为第一级近似的凝结劳动价值论而赞同对交换价值数量的其他看法。从历史上看，这条路标志着从科学倒退回庸俗经济学。另一种解决办法涉及完全刷新价值的概念，把重新建立的价值论看作是一种抽象而不是某种假设的前提，就其意义和地位来讲这里面明显相互冲突的地方可被看作资本主义社会中真实矛盾的体现。这正是马克思所做的工作，他把他所发展的价值论当作是在分析资本主义生产关系时历史唯物主义方法的特殊应用。

历史唯物主义的方法通过在从事生产的人和占有剩余的人之间建立的阶级关系而确定了不同历史时代的特点。也就是说，区

① 对李嘉图的矛盾的这种归纳，见B.法因著“《马克思的经济学》.关于价值与增长的双重理论——有关森岛这本著作的述评”一文。载于《社会主义经济学家联合会公报》，第四卷，第12期（1975年10月），以及法因所著《经济理论和意识形态》，伦敦，1980年。

分不同的社会的经济构成的是在每一种情况下剩余劳动被从直接生产者即工人身上榨取走的形式。[①] 更普遍地说："没有补偿的剩余劳动被从直接生产者那里抽取出来的特殊经济形式，决定了统治者和被统治者之间的关系，它是直接从生产本身中形成的，又反过来作为一个决定性因素作用于生产。在这个基础上从生产关系本身建立了整个经济生活的各个方面，同时建立了它的特殊的政治形式。它总是生产条件所有者对直接生产者的直接的关系，这种关系总是自然地对应于劳动方法以及它的社会生产率的一定发展阶段。它揭示了最深处的秘密，整个社会结构被掩盖的基础。"[②]

把这个认识应用到资本主义社会，首先就要求研究在这个社会中的生产形式的特点，即它是一种商品生产。做不到这一点，则无法描述确定资本主义生产方式的榨取剩余的特殊形式。之所以如此，是因为资本主义剥削是一种与商品生产和交换关系，尤其是包括作为商品的劳动力的交换关系密切相关的剩余榨取的形式。剩余价值的榨取使资本主义和其他的有阶级存在的生产方式区别开来，并且它本身就是一种商品关系。因而尽管马克思在他的分析中有许多不同的出发点，他还是把商品选为他最终阐述的开端。

商品的特点是它们为交换而被生产。在这种交换过程中，两种商品要相互比较衡量来决定交换的比例，从而获得一定量的一种商品和一定量的另一种商品之间的对等关系。因此只要考虑到

① 马克思：《资本论》第一卷。

② 马克思：《资本论》第三卷，英文版，第 791 页。

它们的交换价值，商品之间就存在着一种对等关系，尽管这些商品具有不同的使用价值（即在消费商品时所得到的不同效果）。交换价值不过是在商品被生产出来之后，在纯粹的交换活动中体现在商品中的被用于对等衡量的东西。但是由于这里涉及资本主义的生产关系，因此分析工作不能从生产过程本身游离出来，并且必须研究把商品生产和一般的产品生产区分开来的东西。

因为一种商品的生产是使用价值和交换价值两者的生产，所以类似的界限存在于生产使用价值的劳动和生产价值的劳动之间。生产商品的个别有用性质的劳动是有用的或具体的劳动；这种劳动生产出产品，而这些产品只有在一定的社会中才能变成商品。在这种社会中，除了生产出使用价值这方面的劳动，还存在着另一方面的劳动把使用价值变为商品；这就是抽象劳动。马克思的“价值”是抽象劳动的产物。因而价值是一种商品生产的范畴，它的形式是交换价值；使商品具有交换价值的是生产出使用价值的劳动的抽象。由于这种抽象是真实的在资本主义社会的历史中产生出来的，因此对于是什么给了商品交换价值这个问题的答案已经寓于问题本身之中了，马克思所要做的一切就是去规定生产出商品的劳动的性质。所以要对这样一种规定再谈什么证据是无意义的。但是按照历史唯物主义的框架，可以保证马克思的答案不是任意的，而是由交换本身的性质确定的，因为作为一个真实的过程它影响到在商品生产的条件下劳动产品的公约性。

因此不可能存在对抽象劳动的预先确定，因为直到个别生产者的产品满足了他人的需要从而商品在市场上被实际交换时才有可能确定抽象劳动。是市场上的交换过程体现了个别劳动者的特

点，建立了独立的商品生产者之间的联系，确定了在交换中实现的价值（交换价值）作为生产商品的社会必要劳动的表现形式。因此，价值不是以凝结的劳动时间测定的，而是以“社会必要劳动时间”为单位测定的。劳动只有通过市场才能转化为抽象劳动：只有在交换发生之后，商品的价值才能且只能用其他商品的使用价值表现出来。

最终，所有其他的商品的价值都由一种商品表示出来，这种商品变成了一般等价物，即具有了货币形态。“商品首先是没有镀金，没有蘸糖，以本来面目进入交换过程的。交换过程造成了商品分为商品和货币这种二重化，即造成了商品得以表现自己的使用价值和价值之间的内在对立的一种外部对立。在这种外部对立中，作为使用价值的商品同作为交换价值的货币对立着。另一方面，对立的双方都是商品，也就是说，都是使用价值和价值的统一……商品的这种对立的形式就是它们交换过程的实际的运动形式。”①

商品价值的表达和商品本身的分离，现在被完成了。商品的价值只有作为交换价值，在市场上将其本身与其他商品公约化才能表示出来。然而交换价值本身，只有靠一种特殊的商品，货币，才能表示。价格就是价值的唯一表达。无论是实物、抽象劳动，还是其尺度，社会必要劳动时间，都体现不了价值。价值出现的唯一形式，或者说它能够显现的唯一途径，只能依据货币商品（例如黄金）及其数量尺度（例如重量）。所谓价格就是一种商品交换的货

① 《马克思恩格斯全集》第23卷，第123页。

币商品的数量，既然价格是交换价值表达的唯一形式，则显然它也是表达价值的唯一形式。

马克思将他的方法总结如下："我不从'概念'的基础出发，因而也不从'价值概念'出发，并且由于这个原因我没有以任何方式将它加以'细分'的任务。我的出发点是当代社会中劳动产品体现其自身的最简单的社会形式，亦即'商品'。这正是我所分析的东西，并且首先要明确，这是它表现出来的形式。从这里我发现，它在一方面为具有应用价值的物的自然形态，又叫使用价值，另一方面它又是交换价值的载体，并且从这种观点看来它本身就是一种交换价值。通过对后者的进一步分析，我发现交换价值不过是一种'表象形态'，一种独立的包含在商品中的价值的体现方式，随后即对这种价值进行了探讨。"[①]

所以马克思的出发点并不是某个任意的假设，而是现实，即被视为产品的具有历史特殊性的社会形式的商品。对商品形式的考虑这种抽象是一种现实的抽象。抽象劳动的理论发现的过程不仅仅是一种思想概括，而是在现实的交换过程中有现实存在的基础。用货币这种一般等价物作为标准，劳动产品的对等每天都在市场上进行着。由于个人在交换中转让着作为商品的产品，所以他们也在转让着生产这些商品的劳动。抽象劳动是一种现实的活动，因为社会的现实是个人从其自身转让出劳动力。

因此，对商品形式的分析揭示出交换的含义不仅限于产品的对等转让。在资本主义条件下人类劳动的对等只能采取商品价值

① 马克思："关于瓦格纳的笔记"，载于《价值研究》，伦敦，1976年，第214页。

对等的形式；根据社会必要劳动时间对抽象劳动的测度，只能具有劳动产品之间定量的价值关系的形式；生产者之间的社会关系，只能具有他们的产品之间的社会关系的形式。这正是马克思的价值论的中心思想，因为“私人劳动在事实上证实是社会总劳动的一部分，只是由于交换使劳动产品之间、从而使生产者之间发生了关系。因此，在生产者面前，他们的私人劳动的社会关系就表现为现在这个样子，就是说，不是表现为人们在自己劳动中的直接的社会关系，而是表现为人们之间的物的关系和物之间的社会关系。”①

从对商品拜物教的这种理解出发，马克思进而分析揭示了隐藏在交换关系的平等后面的资本主义生产关系的不平等。一旦直接劳动者工作的能力（劳动力）具有了商品的形式，这种形式中固有的矛盾运动就构成了在资本主义中榨取剩余的方式。只要实现了劳动力变为一种商品的条件，那么它的能够创造多于它自身的价值的独特的使用价值就足以解释剩余的生产，以及它作为价值被资本家的榨取。通过对资本主义生产关系的这种认识，用不着借助某种所谓不平等交换的理论就能够理解剩余价值的榨取。

然而这只是第一步。在以前的生产技术的基础上，劳动还只是资本的逻辑前提，它还需要开通道路成为资本主义关系的真正前提，并使这种关系影响到劳动过程的每一个方面，使生产方式发生“革命性”的变化。然后，就可详尽地阐述资本主义发展的运动规律。但是在这里资本仍被考虑为资本一般，“是把作为资本的价值与作为价值或作为货币的价值区分开来的性质的体现。价值、

① 《马克思恩格斯全集》第23卷，第89—90页。

货币、流通与价格等，都是预先假定的，就像劳动一样。但我们仍然既没有在意资本的某种特殊形式，也没有把某一个别的资本与其他个别的资本区分开来。我们在这个阶段上只是在论述它的形成过程。资本形成的辩证过程只是资本发生的现实运动的观念上的表述。后面的关系都被看作是这个初始阶段的进一步发展。”①

只有通过这些后面的关系的发展我们才能认识到资本主义生产不是为使用价值而是为（剩余）价值而生产，而且资本本身就是在发生着变化的价值。在这一变化中某一给定的价值在它的自我扩张过程里具有不同的使用价值的形式。只有通过这种价值与使用价值的分离，即社会的分离而不仅仅是理论上的分离，才能讲清在资本起作用时的剥削关系。在此基础上，资本一般可被个别化为不同的资本，只要通过将带有不同的使用价值的流通的生产加以综合；但是现在商品不再能被认为以对应于资本一般的水平的价格相交换，价值表现的形态的某种进一步发展是必须的。

马克思在推导出这个结果时，首先证明有两个原因，按他的分析逻辑会预先要求在不同的行业中具有不同的利润率。第一，只有活劳动产生价值，但利润率是对全部资本而言的。因而对于一给定的剩余价值率，由劳动力（可变资本）构成的资本的这一部分大于生产资料的部分，则会生产出比生产资料（固定资本）占更高比率的情况时更多的剩余价值。反映资本的价值构成的比率，在给定资本的价值和剩余价值率的情况下，决定所生产的剩余价值

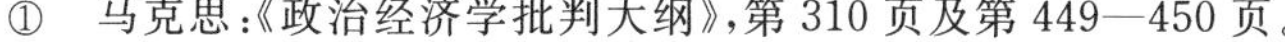

①　马克思：《政治经济学批判大纲》，第310页及第449—450页。

的数量。如果我们依据价值单位能得出利润率的话，由于它是总剩余价值除以总资本，因此在给定剩余价值率的情况下，会随着资本的价值构成而变化。

第二，具有同样的剩余价值率和相同价值的两个资本，如果具有同样的价值构成但是不同的周转时间，则周转快的资本（即具有较短周转时间的资本）具有较高的利润率，原因是每次周转都产生剩余价值，尽管投入的资本保持不变。在讲明具有不同周转时间的问题之后（在这个说法中最明显不过地具有和李嘉图提出的困难问题一样的基础[①]），马克思进而集中注意不同的资本构成的问题。

这里讨论的利润率是“价值利润率”，或者说是根据价值得出的每个资本的利润率。从代数上讲，利润率可用下式来表示：

① 马克思讲到的不同周转时间的问题似乎直接把我们带回了李嘉图的有关说法。但是李嘉图所说的资本，一旦投入了钱财，就只能变化其占用的时间，因而固定资本和流动资本的区别，以及固定资本的区分，纯粹根据的是它们占用货币的时间。对于李嘉图来讲，“在这两种情况下，问题都是一定量预付价值向产品的转移，以及这个价值由产品的出售得到的再补偿。现在的区别只是在于，价值转移，从而价值补偿，是一部分一部分地逐渐地进行，还是一次进行。这样一来，可变资本和不变资本之间的决定性的区别就被抹杀了，剩余价值形成和资本主义生产的全部秘密，即一定的价值和体现这些价值的物品借以转化为资本的条件也被抹杀了。资本的一切组成部分，就只有流通方式的区别（而商品流通当然只和已有的、既定的价值有关）”。（此段译文摘自《马克思恩格斯全集》第24卷，第244页。）如果我们只注意市场现象而“不去洞察资本主义生产过程的内部机构”（同上书，第241页），则资本的不同预付期间的差别和资本的不同价值构成都具有同等的重要性。但是马克思集中注意的是后者，因为关键的是剩余价值的生产，而不是特殊价值的转移方式。强调特殊价值的转移只能造成下面的情况，即“资产阶级经济学特有的拜物教也就由此完成了。这种拜物教把物在社会生产过程中获得的社会的经济的性质，变为一种自然的，由这些物的物质本性产生的性质”（同上书，第252页）。

$$r=\frac{S}{C+V}=\frac{S/V}{C/V+1}$$

其中 C、V 和 S 分别是不变资本、可变资本和剩余价值。剥削率是 S/V，而 C/V 表示的是资本的构成。各个资本之间竞争的结果是产生一种不同的资本的利润率都变得相等的趋势，因而趋向于产生一般利润率。现在，假如类似的有一种形成一般剥削率的趋势，①但资本构成却没有这种趋势，则不同行业的“价值利润率”会有所不同，因而就不会是一般利润率。

所以马克思至少在处理个别的资本时，实际上把“价值利润率”放到了一边。他写道：“对不同产业部门来说，平均利润率的差别实际上并不存在，而且也不可能存在，除非把资本主义生产的整个体系摧毁。所以，在这里，价值理论好像同现实的运动不一致，同生产的实际现象不一致，因此，理解这些现象的任何企图，也好像必须完全放弃。”②然而当然他不会放弃理解真实现象的想法。承认了不相容意味着承认商品肯定不能按它们的价值进行交换，因为这是在资本主义竞争条件下价值分析扩展到它的逻辑结论的直接结果。价值分析是基于通过商品交换的社会必要劳动时间的

① 马克思确认存在着这种趋势，他说：“即使工资和工作日，从而剩余价值率在不同生产部门之间甚至在同一生产部门的不同投资之间的平均化，会因各种地区性障碍而受到阻挠，可是随着资本主义生产的进步，随着一切经济关系服从于这种生产方式，这种平均化会日益形成。不管关于这些阻力的研究对于专门研究工资的著作来说多么重要，但在对资本主义生产进行一般研究的时候，可以把这些阻力看作偶然的和非本质的东西而搁在一边。在进行这种一般研究的时候，我们总是假定，各种现实关系是同它们的概念相符合的，或者说，所描述的各种现实关系只是表现它们自身的一般类型的”（《马克思恩格斯全集》第 25 卷，第 160 页）。

② 《马克思恩格斯全集》第 25 卷，第 171—172 页。

公约化,而资本主义竞争是基于通过平均利润率的形成有偿劳动时间的公约化。这两种公约化已经证明是相互矛盾的。后者是前者的结果,因为劳动力能够变成一种商品并且产生资本主义竞争只能是在交换中商品的公约化的结果。尽管竞争的公约化是社会必要劳动时间公约化的结果,它还是反过来改变后者的作用。

正是这种改变作用,被假定是由“价值”转型为生产价格而表现出来的。这里的要点是在更具体的利润形态中表现剩余价值的存在。在某种更具体的形态中表现某种东西一般被称为转型过程。在这里谈到的特殊的转型是把剩余价值表现为利润,并且在这样做的时候揭示了价值和它的形式即交换价值(用价格表示)之间的矛盾。

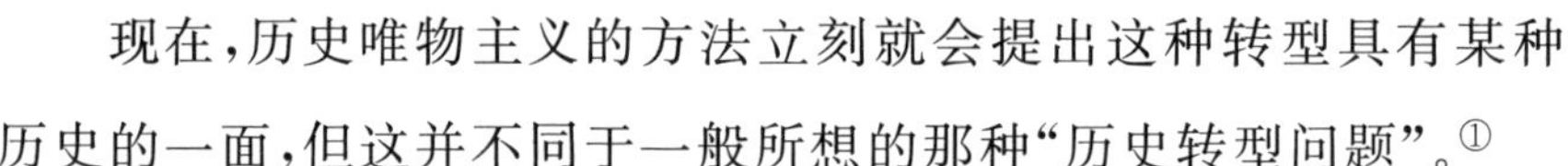

现在,历史唯物主义的方法立刻就会提出这种转型具有某种历史的一面,但这并不同于一般所想的那种“历史转型问题”。[①]

劳动力的卖和买,比起其他很多商品来倒是一种在历史上发展起来的现象。因此讲社会必要劳动时间的公约化还是有意义的,这种公约化是通过商品交换而发生的;正像以前其他的公约化

① 在“价值和地租理论”(《资本与阶级》1977 年 3 月号)一文中,R.默里赞同一种历史转型的观点,并且提到了有关这个问题的进一步的文献。也有一种把“转型”问题解释为某种迭代过程的看法(见森岛:《马克思经济学——一种价值和增长的双重理论》,剑桥,1973 年,以及“从现代经济理论来看马克思”,载于《计量经济学》,1974 年,还有 A.赛克的“马克思的价值论和‘转型问题’”,载于 J.施瓦茨编《资本主义的精细解剖》一书,桑培莫尼卡,加利福尼亚,1977 年。)很可能会认为这种迭代过程并不涉及我们在正文中讨论的内容,但是这种想是不正确的,因为迭代的每一步不是别的而是再分配,而我们下面会阐明这种再分配没有现实基础。森岛和卡特弗里斯显然在用迭代过程解决转型问题时拒绝了对此问题的历史解释(《价值、剥削和增长》,梅登希德,1978 年)。

一样，它是通过利润率的平均化来实现的。但是——这是很关键的——它只能通过雇佣劳动关系的发展，正是这种关系同时使这种公约化起作用，社会必要劳动时间变成了以钟点为单位的等价物。接着简单商品交换的抽象，没有理由认为与一个木匠一小时劳动的产品相交换的一个裁缝的劳动产品花费的是裁缝的一小时劳动。这里实际上是社会必要劳动时间使二者等价的。只有当劳动被出卖一段特定数量的时间时，钟表时间才进入雇佣劳动关系。因此尽管在资本主义竞争发展起来之前商品交换是按照它们的用社会必要劳动时间为单位衡量的价值进行的，资本主义竞争的发展并没有对先前存在的社会必要劳动时间加上什么价格偏差，相反倒是使这些社会必要劳动时间具有了一种以前所没有的独立的定量的性质。

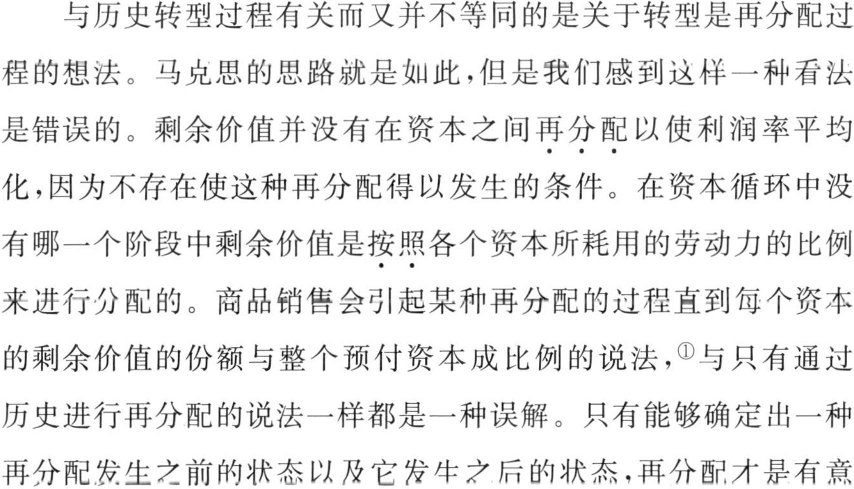

与历史转型过程有关而又并不等同的是关于转型是再分配过程的想法。马克思的思路就是如此，但是我们感到这样一种看法是错误的。剩余价值并没有在资本之间**再分配**以使利润率平均化，因为不存在使这种再分配得以发生的条件。在资本循环中没有哪一个阶段中剩余价值是**按照**各个资本所耗用的劳动力的比例来进行分配的。商品销售会引起某种再分配的过程直到每个资本的剩余价值的份额与整个预付资本成比例的说法，[①]与只有通过历史进行再分配的说法一样都是一种误解。只有能够确定出一种再分配发生之前的状态以及它发生之后的状态，再分配才是有意

① 要更清楚地了解这种说法，W.鲍莫尔的“转型问题：马克思的原意”，载于《经济学文献月刊》，1974年4月。

义的。

“历史的转型问题”和“作为再分配的转型”两种说法，都在对资本主义历史的理解以及逻辑上走错了路。正如一般资本的运动必然以资本之间竞争的形式表现出来一样，货币形态的剩余价值必然以货币形态的利润的形式表现出来。矛盾的任何一方都不能表示为另一方的简单的数量关系，企图去这样表达是不理解抽象的性质和转型的意义。因此，转型“问题”是资本主义生产关系的矛盾性质的必然结果；它是现实中的矛盾，而与反映这种现实的马克思的理论没有关系。的确，我们可以说李嘉图的问题在于他未能识别出两种公约化之间的矛盾，所以他没有提出转型“问题”而只是认为这是已经解决了的。因此，是由于他的理论在反映矛盾的现实方面的不完善而不是辩证的现实造成了形式逻辑上的矛盾。

方法论的不同

前面一节里，马克思的价值论被放在他的历史唯物主义的布局中加以考虑。现在我们要更明确地表述他的(抽象)劳动价值论的方法论，为的是进一步阐明他的抽象化处理和对李嘉图的(凝结)劳动价值论的批判。我们之所以要包括后一点，是因为我们所看到的可悲现实是现在仍有许多人继续按着李嘉图的理论框架进行研究工作，并且的确有大量的现代“马克思主义理论”不仅未能超出李嘉图的理论，甚至在实际上还从它已取得的巨大成就向后退。

马克思对他认为是古典政治经济学的最杰出的代表者李嘉图的最根本的批评，是他“从来也没有提出过……为什么劳动表现为价值，用劳动时间计算的劳动量表现为劳动产品的价值量”。[①] 因此，对资本主义来讲，“而这种劳动的形式——作为创造交换价值或表现为交换价值的劳动的特殊规定，——这种劳动的性质，李嘉图并没有研究。”[②]因为这里的问题是劳动和劳动时间为什么在资本主义条件下会采取这些特殊的形式，不能解决这个问题的同时也就不能搞清资本主义生产方式的历史规定性。马克思写道：

“古典政治经济学的根本缺点之一，就是它始终不能从商品中分析，而特别是商品价值的分析中，发现那种正是使价值成为交换价值的价值形式，恰恰是古典政治经济学的最优秀的代表人物，像亚当·斯密和李嘉图，把价值形式看成一种完全无关紧要的东西或在商品本性之外存在的东西。这不仅仅因为价值量的分析把他们的注意力全吸引住了，还有更深刻的原因。劳动产品的价值形式是资产阶级生产方式的最抽象的、但也是最一般的形式，这就使资产阶级生产方式成为一种特殊的社会生产类型，因而同时具有历史的特征。因此，如果把资产阶级生产方式误认为是社会生产的永恒的自然形式，那就必然会忽略价值形式的特殊性，从而忽略商品形式及其进一步发展——货币形式、资本形式等的特殊性。”[③]

至少在两种意义上使有的分析工作不能分辨出资本主义的历

① 《马克思恩格斯全集》第 23 卷，第 97 页。

② 《马克思恩格斯全集》第 26 卷 II，第 181 页。

③ 《马克思恩格斯全集》第 23 卷，第 97 页注释。

史特殊性。在较弱的意义上说，可能就是不能解释什么是历史的特殊性。李嘉图的分析可以被归于这一类，因为尽管他明白无误地谈论着资本主义，他却不能解释它的历史特殊性。由于这一失败，李嘉图陷入了在他的理论框架中无法解脱的矛盾之中。试图沿着庸俗经济学的方向解决矛盾，导致出了在较强的一种意义上忽视了历史的特殊性：把历史特殊的范畴看作是普遍的因而是自然的范畴。这样做的结果是不加批判地使用这些范畴总是倾向于把对资本主义才有效的社会特殊性赋予超社会的、自然的甚而是永恒的性质。[①] 所谓经济范畴不是别的，而是作为现行生产关系的明确的抽象的思想产物。也就是说："资产阶级经济学的各种范畴。……对于这个历史上一定的社会生产方式即商品生产的生产关系来说，这些范畴是有社会效力的，因而是客观的思维形式。"[②]

马克思认为不承认这一点就不会有科学的理论。李嘉图的"伟大的对科学的历史功绩"就在于他证明"资产阶级制度的生理学——对这个制度的内在有机联系和生活过程的理解——的基础、出发点，是价值决定于劳动时间这一规定。李嘉图从这一点出发，迫使科学抛弃原来的陈规旧套，要科学讲清楚：它所阐明和提

① 只要这些范畴确定了分析的参考坐标，则至今从应用这些范畴可以得出的政治结论倾向于不赞成革命性的变革。因此在资本主义的早期阶段，会产生一种要将现状中已经蕴含着的东西普遍化的热望（所以李嘉图要反对地主而维护工业资本主义的利益）；而在资本主义成熟阶段，会反复为现状辩解（所以新古典主义经济学要集中于平衡分析）。此外停田在这个框架中的批判性理论只能在主观的道义原则基础上才能否认现状（诸如小资产阶级的或乌托邦的社会主义）。

② 《马克思恩格斯全集》，第23卷，第93页。

出的其余范畴——生产关系和交往关系——同这个基础、这个出发点适合或矛盾到什么程度；一般说来，只是反映、再现过程的表现形式的科学以及这些表现本身，同资产阶级社会的内在联系即现实生理学所依据的，或者说成为它的出发点的那个基础适合到什么程度；一般说来，这个制度的表面运动和它的实际运动之间的矛盾是怎么回事。”①

但是他的处理方式却是错误的：“李嘉图的方法是这样的：李嘉图从商品的价值量决定于劳动时间这个规定出发，然后**研究**其他经济关系(其他经济范畴)是否同这个价值规定相**矛盾**，或者说，它们在多大程度上改变着这个价值规定。人们一眼就可以看出这种方法的历史合理性，它在政治经济学史上的科学必然性，同时也可以看出它在科学上的不完备性，这种不完备性不仅表现在叙述的方式上(形式方面)，而且导致错误的结论，因为这种方法跳过必要的中介环节，企图**直接**证明各种经济范畴相互一致。”②

然而不可能按李嘉图想象的方式存在着“经济范畴之间的一致性”的证明。因为李嘉图起始于商品、工资、资本、利润、一般利润率、流通过程中资本的不同形式(固定和流动)等的存在。换句话说，他起始于整个资本主义生产和工资与利润率之间关系的完整推理，非但不应假设一般利润率的存在，“他倒是应该研究一般利润率的**存在**究竟同价值决定于劳动时间这一规定符合到什么程度，这样，他就会发现，一般利润率同这一规定不是符合的，乍看起

① 《马克思恩格斯全集》第 26 卷 II，第 183 页。

② 同上书，第 181 页。

来倒是矛盾的，所以一般利润率的存在还须要通过许多中介环节来阐明，而这样做与简单地把它归到价值规律下是大不相同的。”[1]

在李嘉图的著作中各范畴之间缺乏贯通，是李嘉图的理论框架中的一个不可越过的障碍。面对价值的劳动凝结理论和成本总和的价格学说之间在逻辑上的矛盾，李嘉图的科学精神体现在他顽强地面对着后者而坚持前者，而不是随波逐流地顺从对现象的消极反映而取消这个矛盾。思考一下凝结劳动这个范畴。由于在运用它去估价商品时，诸如谁做的、在什么地方做的、生产的什么这些有关生产商品的劳动的不同方面都被忽略掉了，因此肯定进行了某种抽象。这种抽象的内容纯粹是使具有不同物理特性的对象成为可公约的。因此凝结的劳动成为一种汇总的手段，它可适用于任何一种特定的社会而毫无限制。[2] 仅承认公约性并不足以使这一概念历史地规定资本主义，就是说凝结劳动还不是抽象劳动。这里的意思并不是说凝结劳动的概念不涉及抽象；而是说它不是一种对应于特殊社会过程的社会抽象，它只是一种任意的观念上的方便约定，一种劳动是均质的假设，但事实上却不是这样。李嘉图的劳动概念不具有历史的规定性，因为它不是抽象的一种

① 《马克思恩格斯全集》第 26 卷 II，第 192 页。

② 可以有理由认为还是有限制的，因为一般利润率的存在会确保这里推证的是资本主义。然而正文里的说法对李嘉图的价格理论来讲还是对的，它并没有说凝结劳动应限制适用于资本主义。进一步也可以说劳动时间的公约化意味着凝结劳动只限于适用于某种类型的社会：因为这种公约化只适用于劳动是可以流动的社会。很清楚这并不妨碍把凝结劳动的概念应用于资本主义社会、奴隶社会和共产主义社会也会满足这个条件。

社会过程的产物；由于这个原因，他的理论对解释什么是历史的特殊性是个完全的失败。

所以李嘉图的理论只是一个建立在假设上的模型而不是凭借抽象得出的有关现实过程的理论。假设是不具备现实的存在而是被发明出来借以简化和理顺理论分析的复杂性的思想产物（例如新古典主义的关于完全竞争的假设）。当然在提出假设时还是试图能够反映一点现实的，但就其程度来讲，纯粹是为了通过一些所谓的经验“事实”而达到表面上的一致和言之成理而已。因此它们表达的只是表面现象，并且把这样一种直觉的形式当作所研究的现象的全部本质。但是对表面现象的描述排除了作为这些直觉形式运动的确定因素的必要的矛盾存在的可能性。对于现象的特殊性这个层次，表象之间可能矛盾也可能不矛盾，均属偶然，因此就谈不上承认存在着确定的矛盾的现实。进一步说，从假设本身是推论不出来任何没有已经被这些假设所决定了的东西的；因此理论变成了同义反复，变成了从假设所得出的结论的推论。

相反，马克思的抽象方法即他的辩证方法恰恰是证明了资本主义表面的形式就是表面的形式而已。通过对这些形式及其在资产阶级思想中的反映所做的批判分析，马克思首先证明这些理论未能辨别出它们所表达的社会形式，相反把它们当作了自然存在的现象（商品拜物教）；其次证明了资本主义的表面形态总是不断变化的，因为它们构成了自身进一步发展的障碍。这不是神秘的唯心主义，而是对通过矛盾而运动的过程的唯物主义认识，这样一个过程贯穿于整个人类的历史。这种辩证法“按其本质来说，它是批判的和革命的”，它“对现存事物的肯定的理解中同时包含对现存事物的否定的理解，即对现存事物的必然灭亡的理解；辩证法对每一种既成的形式都是从不断的运动中，因而也是从它的暂时性方面去理解”。[①]

由于只有用这种方法才能掌握住历史的进程，因而对历史的真正的社会抽象只有通过辩证的分析才能产生。为了掌握以最简单的形式存在的资本主义社会组织结构的要素，可从交换过程的内在抽象得出抽象劳动。随后立即可以了解到纯粹的价值形态到它的特殊的资本形态的内部发展过程（就像在历史上先出现商品生产再进化到资本主义生产一样），构成最抽象的要素的矛盾通过调解、暂停和再次出现而相继表现为更为具体的要素。

马克思区分了研究方法和叙述方法。对前者来说，他在大英博物馆多年的研究使他“充分地占有材料，分析它的各种发展形式，探寻这些形式的内在联系。只有这项工作完成以后，现实的运动才能适当地叙述出来。”[②]马克思进一步提出如果这种研究方法获得成功，“材料的生命一旦观念地反映出来，呈现在我们面前的就好像是一个先验的结构了。”[③]然而这种“先验的结构”是一种唯物主义的现实结构，因为价值是资本主义社会关系的真实的组成形态，从这里出发可以经过不同层次的抽象分析而最终达到对现实世界的全面了解。一旦把握住了基本的资本

① 《马克思恩格斯全集》，第23卷，第二版跋，第24页。

② 同上书，第23页。

③ 同上书，第23—24页。

与劳动之间的关系，就能表明“资本的各种形式，同资本在社会表面上，在各种资本的互相作用中，在竞争中，以及在生产当事人自己的通常意识中所表现出来的形式，是一步一步地接近了。”①

在竞争能够在抽象劳动的基础上得到解释之前，可考虑的协调还是需要的。当然，“竞争不过表达一种现实，一种由资本的本性所产生的一种外部的必然性；竞争无非是很多资本的存在迫使资本的固有要素之间及它们本身挤压的方式”。② 然而这样一种协调对于解释资本主义生产方式的社会关系必然采取的表面形态还是很重要的。所有起因于竞争过程的各种现象，“似乎都和价值由劳动时间决定相矛盾，也和剩余价值由无酬的剩余劳动形成的性质相矛盾。因此，在竞争中一切都颠倒地表现出来。经济关系的完成形态，那种在表面上、在这种关系的现实存在中，从而在这种关系的承担者和代理人试图说明这各种关系时所持有的观念中出现的完成的形态，是和这种关系的内在的、本质的、但是隐蔽着的基本内容以及与之相适应的概念大不相同的，并且事实上是颠倒的和相反的。”③

马克思对一般利润率形成于竞争的看法，他所说的转型过程，恰恰就是指这种从“内在的、本质的、但是隐蔽着的核心形式”向着在表面上的经济关系的转移。这是一种运动，一种不同层次概念之间的抽象所要求的转型过程。正像已经指出的那样，它不是整

① 《马克思恩格斯全集》，第 25 卷，第 30 页。

② 马克思：《政治经济学批判大纲》，第 647 页。

③ 《马克思恩格斯全集》，第 25 卷，第 232—233 页。

个剩余价值的再分配过程。当然，竞争按照全部预付资本分配整个剩余价值，但是没有再分配。这是一个首先抽象掉竞争而考虑生产所产生的价值，其次又同时考虑到竞争的影响的过程。这种不同层次的概念抽象之间的转型会更有利于理解，而用不着再去借助于关于再分配的含混提法。

现在，我们可以把分别进行的讨论贯穿起来，以便就李嘉图主义和马克思主义的价值论及它们所使用的不同方法论做出一些结论。首先，李嘉图主义的作为凝结劳动的价值概念会导致不可解决的矛盾。价格就是且必须等于成本，因而成本确定的价格“理论”就是正确的（内容贫乏）。然而这样一来就没有办法以任何方式把凝结劳动价值赋予一般商品的同时又在凝结劳动价值与平衡价格之间及它们的变化率之间保持有意义的对应关系。这一点早已清楚，这也是为什么新古典主义经济学不是李嘉图主义的原因之一。所需要的是转型过程，它可推断出价值的存在形式，其基础是对作为价值本身的现实的抽象中固有矛盾的详尽阐述。资本关系是一种价值关系，但价值作为抽象劳动的数量只能以商品的形式存在，而商品又为价格在市场上买和卖。以这种方式价值和使用价值之间的根本矛盾找到了最完整的表述方式，事实上它是通过作为资本主义发展的运动规律的竞争而表现出来的。价值的数量是社会关系的体现，在某一物品与整个社会劳动时间的生产它所需的一小部分之间存在着一种必然的联系。正是市场造成了这种联系，并且必然是通过一种被扭曲了方式造成的这种联系。只有市场过程实现抽象劳动的量的表达，而这种量的表达只能具有一种价格的形式。正

如我们已经看到的那样,按简单的抽象价值直接获得价格的形式,但是一旦考虑到竞争,就不能直接把抽象劳动赋予商品了。从这种意义上说,所有马克思所举的数字的例子,由于直接赋予商品以价值数值,都潜在地会引起误解。同样地,他对转型"问题"的形式上的解法也是不成功的。这样做并不能跳出李嘉图所提出的疑难问题的圈子。

李嘉图的失败在于他认识了资本主义生产的特殊性及其价值形式,这使他坚持他的(凝结)劳动价值论必须对价格的确定有某种直接的作用,尽管他的理论和资本主义的矛盾都不支持这种联系。我们之所以要把这段插曲包括在政治经济学的历史中并提到马克思对它的批判,原因就在于大多数自称遵循马克思对价值的理解的现代著述在事实上并没有超越李嘉图。的确,困扰着李嘉图的凝结劳动价值论与价格为成本总合的观点之间的矛盾,可用以标志现代政治经济学中的此类著作。[①] 在"李嘉图主义的"这一题头下,包括那些仍纠缠在李嘉图的问题里而没有超越它的研究

① 以下的脚注会对我们区分的每一种倾向的最杰出的拥护者做出分类。但是在文献中存在着如此多的含混不清的地方,以致很多作者都采取了动摇不定和含混不清的立场,我们把这类情况舍弃掉了。法因和哈里斯(《重读〈资本论〉》,伦敦 1979 年)和格斯坦("流通与价值:马克思的政治经济学批判中'转型问题,的意义",载《经济与社会》第三卷,1976 年)承认李嘉图的问题在形式逻辑的水平是解决不了的,需要的是重新建立概念,但是他们进行必要的调整的方式却倾向于把价值和价格截然地分开。原因是他们试图构造某种先验的概念来填补现实,而不是进行产生于现实又反过来把握住现实的真正的抽象。然而不管怎么说,是这些最近的作者们把这个问题最清楚地提出来的。

著述。[①] "斯拉法主义的"这个词则用于那些片面地对待这个两难问题，整个地抛弃了价值范畴，因此在一百多年后又重蹈后李嘉图主义的覆辙从政治经济学退回到庸俗经济学的理论流派。[②] 尽管它们之间有区别（斯拉法式的分析构成庸俗经济学的一部分，而李嘉图主义则不是），一般都把二者统称为"新李嘉图主义"。它们的确具有某些共同点。对这两种学派来说，劳动既不是抽象的也不是具体的，价值（不管后面是否已拒绝了这个概念）是凝结的劳动，资本主义没有被赋予历史的特殊性，并且偶尔还带点某种阶级斗争的社会学理论以便保证"马克思"主义的真实性和严整性（仿佛阶级斗争是马克思发现的，尽管在李嘉图和其他许多人的著述中都明确地表述过阶级斗争）。[③] 正如我们将看到的那样，新李嘉图主义照样陷在困扰李嘉图的矛盾之中，这种情况并不出

① 参见格林和萨克利夫：《英国资本主义、工人和利润榨取》，1972 年；以及阿姆斯特朗、格林和哈里森："捍卫价值"，《资本与阶级》，5 卷，1976 年夏。

② 参见萨缪尔森，"思考马克思主义的剥削概念：马克思主义的价值与竞争价格之间的所谓'转型问题'的总结"，《经济文献月刊》，9 卷，2 期，1971 年；霍奇森，"马克思主义认识论与转型问题"，《社会主义经济学家联合会公报》II，第 6 期，1975 年秋，以及他的"剥削和凝结劳动时间"，《公报》V，第 13 期，1976 年 2 月；斯蒂德曼，"价值、价格和利润"，《新左翼评论》，第 90 期，1975 年；以及斯蒂德曼，《按照斯拉法思想研究马克思》，伦敦，新左派图书公司，1977 年。

③ 资本主义竞争是与商品交换同时引进的，而不是从商品交换的分析推证出来的，并且在逻辑上变得和剥削关系一样基本，而这种剥削关系确实是从交换得出来的。即使这种理论的倡导者承认资本与劳动之间的交换的更根本的意义，那也纯粹是一种主观的认定，它不是出自他们的理论本身，而是出自某种理论之外的道义立场。当同时对整体的所有部分进行分析的时候，（按这种理论）没有办法表明工人和资本家之间的交换必然是具有剥削性的，除非资本家之间的交换也潜在地具有这种性质。

乎意料。

另一个学派被称之为“原教旨主义者”，他们不承认李嘉图的问题及其所产生的东西。[①] 尽管“原教旨主义”这个词符合他们想证明马克思所说的每一句话都是正确的这种明显的愿望，但更重要的是要看到他们忽略了根本的问题。在采纳对价值的基本的马克思主义的理解并承认要在此基础上认识现实世界的现象的同时，他们坚持把转型“问题”解释为某种有关再分配的含混过程的做法，实际上意味着他们不顾在方法论上进行妥协而假定价值是一个可充当直接能用于各级较低层次的抽象的分析工具的范畴。因此他们要求现象和现实即使不重合一致（像李嘉图认为的那样），至少不要转型而能直接适用于同样的分析工具。本文的论题和对原教旨主义的批判有相当的关联。但是并不是要继续对其倾向是把真实世界化解为一般资本的附带现象的学说进行批判，而是要继续直接着眼于这些课题。

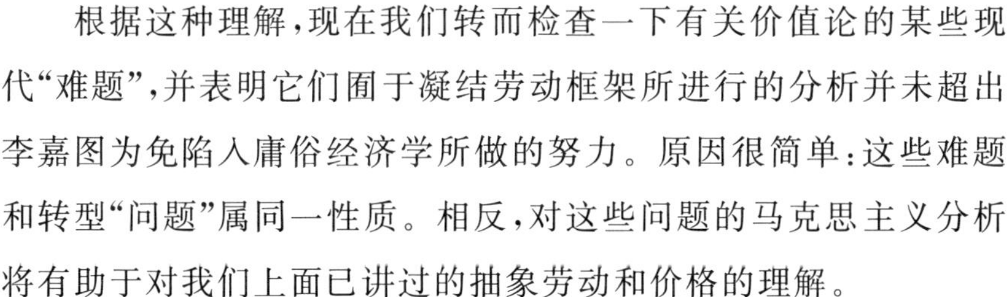

根据这种理解，现在我们转而检查一下有关价值论的某些现代“难题”，并表明它们囿于凝结劳动框架所进行的分析并未超出李嘉图为免陷入庸俗经济学所做的努力。原因很简单：这些难题和转型“问题”属同一性质。相反，对这些问题的马克思主义分析将有助于对我们上面已讲过的抽象劳动和价格的理解。

---

① 这个词是法因和哈里斯用的（“马克思主义经济理论中的有争议的问题”，载于《社会主义者名册》，伦敦，1976 年）。例子见亚菲的“寻求利润的危机：对格林和萨克利夫论点的批判”，《新左翼评论》，第 80 期，1973 年；以及亚菲的“马克思《资本论》中的价值与价格”，《革命共产主义者》1，1975 年 1 月；威廉斯的“对南非资本主义的分析——新李嘉图主义或马克思主义？”，《社会主义经济学家联合公报》Ⅳ，10，1975 年 2 月；默里的“价值和地租理论：第一篇”，《资本和阶级》3，1977 年秋。

对价值的现代攻击

把马克思论述的转型过程作为一个“疑问”提出，可以说是多数对马克思的价值论的现代批判的出发点。这样的现代批判的祖先可至少追溯到鲍特基维茨和庞巴维克，而目前则大都基于斯拉法的著作。正因如此，它恰恰符合马克思对李嘉图的著述所提出的责难。这些批判认为由于在分析开始时考虑了竞争的因素，因而导致出现类似李嘉图的同样的问题，而这些问题的出现则破坏了被解释为马克思的价值分析所得出的结论。的确，很多批判与现实相去甚远，它们宣称“对资本主义社会进行唯物主义认识只是在否定的意义上依赖于马克思的价值数量分析，即继续坚持后者对于前者构成了一个重要的障碍。”①

按其最激烈的说法，上述看法有两个根据，两者中的每一个都显然对价值分析有毁灭性的影响，而两者合一则是不可抵挡的。第一，价值是个内部不一致的概念，第二价值又是个冗余的概念：“已经证明马克思的价值推断常常是自相矛盾的，完全不能提供马克思寻求的对资本主义经济的某些核心特点进行的解释。相反，依据只字不提价值数量的理论倒可以对这些特点进行内部协调一致的解释。”②

① 斯蒂德曼：《按照斯拉法思想研究马克思》，第 207 页。

② 同上书，第 206—207 页，

价值的冗余性

我们首先看一下冗余性这一指责。为了避免任何误解，我们将从最不绕圈子的发难之一斯蒂德曼的书中照录一下这个指责：

“如果对每种商品的生产只有一种可用的方法，每种方法只用流动资本并且只生产一种产品，那么：

① 规定了生产方法的商品和劳动的实物量，和规定了给定的实际工资的商品实物量一起，足以确定利润率（以及与之联系着的生产价格）；

② 生产任何商品所需要的劳动时间（直接的和间接的），因而任何商品的价值，是由有关生产方法的实物数据所确定的：由此得出价值数量往最好处说在确定利润率（以及生产价格）时也是冗余的；

③ ……传统的价值图示，按照它在生产活动中所有的不变资本和所有的可变资本分量都分别累加起来并用单个的‘C’和单个的‘V’来代表，对于确定利润率（以及生产价格）是不适用的。”[①]

总之，利润率、价格以及价值都能计算出来，只要生产方法和工资都做了规定；另一方面，单单从有关价值的知识并不能计算出所有这些其他变量中的任一个。因而价值不过是从生产方法中

① 斯蒂德曼：《按照斯拉法思想研究马克思》，第202—203页。在责难开始时这些条件的意思是对最简单最无异义的情况而言的。但如果每种商品的生产只有一种方法，每种方法只用流动资本并只生产一种产品的话，则表现出难题从而引起有关自相矛盾的指责的那些情况根本就不会出现。

得出的统计数，是全部数据的浓缩，是失去了很多东西的一种简括。

照斯拉法主义者自己看来他们无疑是正确的。对实物输入输出要求的充分规定的确为计算交换率和利润率提供了足够的信息。[①] 进一步讲，只要需要信息的话，这样一种充分的规定也为计算凝结的劳动量提供了足够的信息。但是这样做并无意义，因为知道了凝结的劳动量并不足以计算出交换率和利润率。对斯拉法主义者来讲，“价值”确定无疑地是冗余的：价值是从实物的输入输出规定中推出来的，而不是反过来。单用价值不能得出交换率和利润率，而实物输入输出规定则可直接做到这一点。

自然应该搞清的是这里所讲的“价值”是指整个凝结的劳动，是李嘉图的价值概念。不然的话，怎么能知道商品的价值是由有关生产方法的实物数据确定而不是倒过来呢？为什么讲的都是价值的确定而不是用价值去确定呢？前者不过意味着通过函数关系用一类变量（投入系数和劳动投入矢量）确定一个变量（价值）。后者讲的是用一种方法靠着如此这般的商品生产关系使投入系数和劳动投入矢量得以确定。只有通过产品交换个别的劳动才能公约化并且确立社会必要劳动时间，这是极为重要的关键。这里产生的对立在于一方面把价值理解为生产所需要的实物量的产物，另

① 从形式上说，他们所列出的方程可以被证明等价于塞顿的联立方程组。（见塞顿的“转型问题”，载于《经济研究评论》，第24卷，1957年。）格斯坦（“生产、流通和价值……”）曾有一个对数学问题的有趣讨论。严格地说，应该注意到斯拉法实际上规定了输出的构成，因此他是用整个输入量来产生规定了的输出而不是用的输入输出系数。这样一来的结果是，他并不需要按比例返回，因为他排斥了在输出中的变化。

一方面抽象地把价值理解为生产需要的社会确定量。

那么斯蒂德曼怎样比李嘉图前进了一步呢？正如我们已看到的，李嘉图承认缺少价格及利润率和凝结劳动时间的相互关系。而斯蒂德曼遵循斯拉法已经解决了李嘉图这个问题，向我们证明了价格、利润率等变量的确相关。然而在这样做的同时，斯拉法和斯蒂德曼走的却是一条老路，这条路通向庸俗经济学和成本价格论。在解决李嘉图问题时，他们只是简单地在列出一连串的同义反复的命题，所谓相关关系的证明不过就是如此而已。由于碰到了凝结劳动价值论与价格的成本总合论之间的矛盾而进行不下去了，所以斯拉法主义者才把前者当作冗余加以抛弃。

尽管斯蒂德曼强调他的结论的逻辑纯粹性，事实还是斯拉法本人的著作中的论述最为清楚。由于斯拉法从来不认为他的任务专门是为了批判马克思主义，因而他觉得不管是引进一个区别于价格的价值概念还是把价值考虑为凝结的劳动都是不必要的。斯拉法所做的是证明只要全部规定了每一种商品的投入产出（即为生产这种商品所需要的所有商品，包括劳动力的数量清单），则每一种商品的价格就能被计算出来：这种价格是生产成本之和，包括投资于这种商品的生产的资本家所获得的利润。重要的是要认识到，斯拉法有名的截止期劳动分析即商品的价格被分解为由目前向以前追溯的所有时期的劳动投入成本之和，所得到的恰恰是依据成本的价格表达式。所以斯拉法含蓄地否定了所有的把价值视为在商品的生产中使用的劳动的一种性质的理论（不管是“凝结的”还是“抽象的”），他所赞同的是价格由生产成本确定，在截止期劳动方程中的系数是与李嘉图的凝结劳动价值论无关的凝结劳动量,也根本无法把斯拉法从庸俗经济学派中分离出去。对斯拉法也就是对庸俗经济学来讲,价格是由成本构成,而成本当然也就是价格。[①]

因此斯拉法经济学明确地不同于李嘉图经济学。它所讲的是实物产品和它在阶级之间的划分,而不是整个社会的劳动和它的划分。然而,斯拉法派和李嘉图派都要依靠一个假定即投入需求是给定的(无论是特殊使用价值的实物投入还是所需要的劳动量投入)。但马克思主义者则认为投入需求的规定是一个社会的过程。这并不意味着像新李嘉图主义者所说的那样,投入需求的规定简单地由阶级斗争和利润最大化所确定。它的意思是当规定生产什么(产出的构成)和怎样生产(生产的技术系数)时,如果抽象掉劳动过程的组织方式,抽象掉生产作为一种通过市场的对生产什么的普遍公约化的社会活动,会变得毫无意义。因此,不能把生产什么和怎样生产当作现成的东西。

价值的自相矛盾

斯拉法派发动的对马克思的价值论的另一批判是认为在价值概念本身存在着内部的自相矛盾。这个说法可以披上或多或少的技术性外衣。这里我们将努力做到使它尽可能不那么复杂,并且表明为什么在羊皮下面不是别的还只能是羊。

当给出的计算价值的方法得出不肯定的或负的结果时,所说

---

① 斯拉法的结论的被限定的性质,或迟或早会迫使斯拉法主义者转向冯·诺伊曼的一般线性生产模型。对用这样一种模型可能做些什么的非常清楚的阐述,见 C.J. 波利斯:《资本理论及收入分配》,阿姆斯特丹,1975 年。

的自相矛盾就会出现。当在生产同一种商品的两种同样赢利的技术之间存在一个选择问题时就会出现前者，而当同一生产过程同时产生两种不同的产品而产生怎样在两者身上分配凝结劳动时间时会出现后者。从根本上讲，两种问题都是出于同一原因：控制生产什么和怎样生产的资本家，他们的决策是基于最大化他们的利润率，而对一种给定商品的生产这意味着使成本为最小。但是成本就是价格而不是价值，使一个变为最小并不一定且一般讲不会使另一个也成为最小。因此，矛盾就出现了。

让我们再依次看看这两种情况。第一种情况发生于存在生产同一商品的两种方法，且两种办法同样节省（用价格来讲）并比所有其他方法更节省的时候。很清楚，这两种方法是有效率的资本家会用的唯一的两种方法，由于按照赢利的标准这两种方法没有区别，某些资本家会用一种方法而另一些资本家会用另一种方法。但是，没有理由这两种方法都使用同样数量的凝结劳动时间。在这种情况下，由于存在两种技术可供选择，究竟哪一种生产方法确定这个商品的价值呢？

第二种反常情况会在联合生产两种商品的时候产生。联合生产之所以被认为是一个重要问题是因为这是把固定资本放进斯拉法式的分析的标准途径。投入到这样一个生产过程中的是一台具有一定寿命的机器（及生产能力），其他的生产资料，以及劳动；生产的结果是一种要出售的商品，加上一台稍许多使用过的机器，这台机器将在下一周期的生产过程中使用。它将在每一周期中连续使用到它的使用不再赢利时为止。这种看待涉及固定资本的生产过程的方式，与明确的联合生产的实际例子一道，点出了怎样在两种商品之间分配凝结劳动以便确定每一种商品的价值的问题之所在。①

如果存在某种其他的生产过程可用于生产其中单独一种商品，我们可以从这种非联合生产的过程确定凝结在这种商品中的劳动，并用联合生产过程中凝结劳动的总量减去这个凝结劳动量而获得另一种商品的凝结劳动。但是，联合生产过程的凝结劳动总量可能会少于非联合生产过程中那个单个商品的凝结劳动，所以可能会使减后所得的第二种商品具有的“价值”为负值。很有可能一种只生产一种产品的生产过程所用的劳动要比另一种生产两种商品的生产过程所用的劳动还多，但前一种生产过程仍在保留使用，原因就在于像我们所看到的那样，资本家决定用何种生产方法是根据基于价格的利润计算而不是凝结劳动的计算，而前一种过程可能和后一过程一样赢利，尽管凝结劳动要“浪费”得多。因此这种怪现象的产生与第一种情况一样，皆起因于同一根源：资本家是在价格而不是凝结劳动价值的基础上做出决策。然而问题出现的形式不同，现在“价值”可能不只是不确定的，甚至可能变成“负”的。

对这些问题曾提出各种各样的解决办法，主要出自那些打算

① 联合生产的例子绝对不能说完全是偶然例外的情况，尤其在化学工业中是这样。例如在炼制过程中石油的裂解。联合产品包括焦油沥青，高辛烷燃料诸如煤油、汽油、滑油，大多数塑料的原料如聚氯乙烯，合成食品原料，以及工业酒精，等等。后者在其他的联合生产过程中也可以得到。因此联合生产是一种很值得注意的现象，并足以对凝结劳动的定量问题提出挑战。考虑到刚才提到的多数产品本身又在进一步的生产过程中作为投入，使基于凝结劳动量的各种比率如价值构成的计算也都发生问题。

成全斯拉法派的价值概念的人，但是所有提出的解决办法都涉及对概念的某种修正。

对价值不确定问题即同时有两种生产同一商品的方法的问题的一种处理，是将商品的价值取为凝结在它里面的平均“实际劳动时间”。[①] 所谓“实际劳动时间”的意思是用生产那种商品所耗用的全部劳动时除以生产出的那种商品的数量所得到的商。这确实提供了一种答案，只要给出了所要求的信息，但这里所要求的信息要比原来所要求的更多也更为具体。这就会比以前会更强烈地引发一个问题，即如果进行计算则要求不仅要对生产的方法而且对产品的扩展使用都要全部加以规定的话，究竟为什么“凝结劳动”还是一个值得计算的量。它现在成为了一种纯粹的描述性统计数字，失去了任何理论性的内容，并且在任何情况下只要出现联合生产这另一种情况，这个处理方法还都要被迫接受个别商品的凝结劳动价值的不确定性。因此这种拯救斯拉法概念的企图所要付出的代价，是在希望可不考虑联合生产的情况下把李嘉图的分析处理降低为劳动时间的经验监测。

一种被认为是更强的处理方式是森岛提出的。[②] 他沿着冯·诺意曼的思路，依据不等式而不是等式方程提出了他的价值理论。这意味着一种商品的价值是生产包括一个单位的这种商品的净产出而需要的最少全部劳动时间。因此在同一种商品的生产有两种同样赢利的方法的情况下，这种商品的价值取决于使用最少整个

① 见阿姆斯特朗、格林、哈里森：《为价值辩护》，第78页。

② 见森岛：《马克思经济学：一种有关价值与增长的对偶理论》，以及他的“根据现代经济理论来看马克思”一文。

劳动时间的方法。联合生产对此也没有影响:如果联合生产出商品 A 和 B 所需要的全部劳动时间为 x 并且没有其他生产 A 的方法,那么 x 就是生产 A 所需要的最少全部劳动时间,因此 A 的价值为 x。如果有生产 A 的其他方法,那每一种方法都会要求一定数量的劳动,而 A 的价值则是其中最少的那个劳动时间。这种做法避开了不确定性或负价值的问题,只要每一生产过程都使用确定的正的一定数量的劳动。商品的价值就是这些正的一定的数量之中最小的那个劳动数量。但是在另一方面,这个理论出现了另一种不同的问题,即价值的不可加性。两种联合生产出的商品的价值,如上面提到的 A 和 B 的价值,一般会不等于它们单个价值之和。事实上,在前面讲的情况下,如果 B 也不能用其他方法进行生产,则商品 A 的价值;商品 B 的价值,以及包括 A 和 B 的商品组合的价值都会是一样。这和不可加性在计算像剥削率这类变量时会造成问题,因为必要劳动和剩余劳动之和可能不等于付出的整个劳动。然而,这种理论的确抓住了凝结劳动价值的概念,并且并没有导致无意义的结果。如果这就是森岛的目的的话,那他显然做得很成功。

总之,李嘉图的框架中自身存在的问题为攻击价值是冗余的和自相矛盾的概念造成了口实。通过对概念做出某些修改从而使凝结劳动的概念避免对其一致性的攻击的企图,如果像李嘉图的想法一样要为某种价格理论提供基础的话,是注定要失败的。然而在这个框架之内又没有别的办法来确认对凝结劳动的计算,不管这种计算采取何种形式。因此,在李嘉图自己的著作中已经提到的冗余问题就显得更加尖锐。

冗余、自相矛盾和马克思的价值论

在这一节里我们回到马克思的价值论上来，看看关于冗余和自相矛盾的指责当指向抽象劳动这个范畴时是否仍然有效。首先，我们注意对于冗余的指责已经有了回答：在马克思主义里价值论不是冗余的，因为对于确定资本主义生产关系它是必要的。因此不能通过表明可以用投入产出数据从生产条件的规定中导出价值而“证明”价值是冗余的。价值规律本身是一个这样的过程，在这个过程中那些生产条件不能通过投入产出的规定而完全从技术上表现出来。正是价值分析揭示了资本主义生产方式的特殊性，而我们要论证的是价值具有真实的社会存在。把价值视为随便一种理论包袱，想带就带，想扔就扔，恰恰表明是把价值看作一种思想的产物，一种从它进行推导以与事实相比较的假设，而不是抽象过程的必然结果。价值的现实性取决于商品交换的现实性，而商品交换的普遍化即资本主义。在这样一种社会中必然总是有抽象劳动在起作用；由于抽象劳动并不纯粹是理论的产物，所以它的冗余与否也不是纯粹的理论问题。因此奥卡姆的剃刀不能用于抽象劳动范畴；所谓冗余的指责必须遭到拒绝。

第二个是关于自相矛盾的指责。我们已经看到凝结劳动量的计算问题除非以森岛的方式按一种规划理论重新加以定义，否则会遇到不可克服的困难。问题是在计算抽象劳动量时是否会遇到同样的困难，这里讲的是计算社会必要劳动时间。

为了回答这个问题，我们必须重新看一下在上一节描绘过的反常情况下所讲到的抽象劳动和具体劳动的分离。在这些情况下，问题起因于一种商品可通过两种不同的生产过程生产出来或两种不同的商品由同一个生产过程生产出来。两种商品只是由于使用价值的不同而产生性质上的不同。因此两种生产过程生产的商品之间的等同和一种生产过程生产的两种商品之间的区别，首先是一个使用价值方面的问题。

马克思用使用价值之间的不同来区分具体劳动。如果我们只考虑在任何时候都只用一种技术来唯一地生产出一种使用价值，则在这种情况下使用价值和具体劳动之间是一一对应的。异常情况下的问题是这种一一对应关系遭到破坏。在联合生产情况下一种具体劳动生产出一种以上的使用价值，另一种情况是不同的技术方法即不同的具体劳动生产出同样的使用价值。

这些特殊的现象皆起因于商品的使用价值方面，而对于商品的价值方面却没有什么意义，因为体现在交换中的并不是使用价值的异同。联合生产出的不同使用价值将各自单独出售，一般是以不同的价格售出。反过来，如果两种不同的生产过程生产相同的使用价值，它们肯定用同一价格出售。在反常情况下，生产过程和它们的产品的交换过程的一一对应是不成立的。然而，对这种对应关系的规定总是处于矛盾之中，价值作为所生产的东西的一种属性和它在交换中的商品形式的体现相对立。

这里问题又退回到随着价值抽象本身的逐步出现而产生出价值与它的形式即交换形式的矛盾的必然性问题上去了。直到这种抽象化的程度使资本主义竞争产生之前，并不需要对价值和生产价格做出区分，而反常现象也不存在。在这种情况下，市场把劳动分配到不同的生产过程中去和价值规律并不发生冲突；成本最小化就是价值最小化。因此生产的任何商品都具有确定的正的价值。在任何情况下交换价值为正的商品才会被生产，在这种情况下只有当商品价值为正的条件下才能生产出商品。[①]

但是通过交换的商品形式的发展带来了资本主义竞争。一旦这一点变得明显起来，生产价格通常会区别于价值。我们尽管可以继续认为价值是生产过程的属性，但是我们不再给联合生产过程生产出的各个商品分配价值，也不能赋予两种生产过程所生产的同种产品以唯一的价值。生产价格仍是价值的表现。然而最重要的是它们成为价值的唯一的表现。对前者来说唯一性和可分性是极为重要的，而对后者来说则不然。

当然马克思本人并没有特别地考虑到这些问题。但是我们这里的处理方式倒是和马克思对他的范畴的提炼方式相当一致，虽然论述方法有所不同。因此当他考虑生产过程生产出大批产品而使预付资本本身和剩余价值一块再生产出来的情况时，他评论道："消耗在每一种商品中的劳动不能被计算出来，而只能得到某种平均值，即概念上的期望值。在进行这种计算时，首先要考虑到被耗用掉而进入整个产品价值的那一部分不变资本；其次是共同使用的生产条件，最后是其劳动平均化的许多进行合作的个人所做出的直接社会贡献。这种平均化的劳动，是全部消耗在它之上的劳动经概念推断而得出的除得尽的部分。当确定单个物品的价格时，它不过是资本再生产出自身的全部产品中的一个概念上的小

① 这种观点出自法因和哈里斯的《重读〈资本论〉》，第二章。

部分而已。”①

个别的价值变成了“概念上的期望值”，整体的一个部分，并且是否能以价格形式得到实现取决于商品实际售出的量。当马克思讨论关于时间的闲扯时，他写道：“每当从事计算、算账时，我们都把商品变为价值符号，都把它们固定地视为仅仅是交换价值，抽象掉了它们借以构成的东西及所有的自然属性。在纸面上、在头脑中，这种变形借助于单纯的抽象而得以进行；但在实际的交换过程中需要一种现实的媒介，一种完成这种抽象的手段。”②

这样一种现实的媒介就涉及本文讨论的所有问题中的现实的矛盾。所讨论的异常情况比起转型“问题”的解来说并不那么异常，因为在每一种情况下反常现象都出自在社会必要劳动时间的基本概念与它在资本主义竞争中全部结论的展开之间的矛盾。对前者来讲意味着价值规律的作用，价值的最小化，而后者则表现于一般利润率的形成，以及成本即价格的最小化。正是这个矛盾本身使一旦明确地考虑到竞争问题就不可能赋予商品以数值化的价值。正是这个矛盾本身使把转型问题当作剩余价值的再分配的现实过程的理解不正确；为了在思想中把握住现实的矛盾世界，就需要概念范畴辩证地展开。

因此，由于价值规律通过资本主义竞争的歪曲了的形式而起作用，投入到某些会“浪费”社会劳动的生产过程的资本会因竞争而仍然有效，从而生产出全部剩余价值的一部分。这种“浪费的”

① 《资本论》，第Ⅰ卷，英文版，第954页。

② 马克思：《政治经济学批判大纲》，第142页。

过程中所消耗的用以生产某种使用价值的时间，要长于另外的生产同一使用价值的劳动过程所用时间（一种反常的情况）；或者它只生产一种使用价值而另外的生产过程能够生产同一使用价值以至更多，同时这些另外的生产过程所耗费的人的劳动力又等于甚至少于它所耗费的劳动力（另一种反常的情况）；还有一种“浪费的”生产过程只是由于竞争性的资本主义条件而不是由于价值规律的“纯粹”作用才得以存在。最后一种情况是资本主义生产的一般情况，这种资本主义生产本身就是极其反常的。

结　　论

在这篇文章中我们打算的是解释并扩展马克思的价值论。为了给有关价值论的性质和意义的大多数争论提供一个归类的框架，我们在李嘉图主义的凝结劳动价值论和基于抽象劳动范畴的马克思主义价值论之间做了区分。前者打算直接成为一种价格理论，而后者要成为一种价格理论只有经过几个中间过渡阶段或媒介。这些中间媒介对两种理论方法之间的根本差别是至关重要的。

李嘉图不区分价值和使用价值，毫无结果地要求他的理论成为对表面现象的直接解释。他之所以失败，是因为资本主义关系是内在地矛盾着的，它们所表现的形式的确产生一组与其根本确定因素相矛盾的现象。对李嘉图的失败有两种可能的反映。一种是庸俗经济学，干脆抛弃了寻求解释的努力，只看事物的现象，把所有的理论都限制在内部协调一致的范围之内。另一种是马克思的理论，承认资本主义的矛盾现实，试图以能够深入阐明资本主义世界的矛盾的方式来构造理论体系。因此，他的方法必然地能恰当地把握现实的运动，资本主义生产方式的历史规定性，以及它的暂时性。我们表明了他的抽象方法是怎样不同于在假设基础上建立理论的方法的，被颠倒的李嘉图的和庸俗的经济学共同使用的都是后一种方法。通过抽象出价值作为资本主义产品的特有的东西，马克思不仅确证了价值和使用价值之间的区别，而且能够从价值范畴本身得出这种区分的必然性。

因此，马克思的转型过程与李嘉图的不同，不是企图去校正某种凝结劳动价值论与利润率均等以得出价格的要求之间的"糟糕"的差距。相反，马克思把这种分离视为作为资本主义生产关系解释的价值和作为交换价值的价格表现之间的必然矛盾联系。所以毫不奇怪，当考虑到竞争时，价值和交换价值之间一对一的关系就消失不见了。

随后我们考虑了某些对价值的现代反对意见，并且表明当这些反对意见针对李嘉图时（常假借马克思的名义）还是说得过去的。但是这些意见的内容并不是什么新的东西，意思是它们反对的是交换价值与价值相区分所产生的结果。由于这个原因，诸如此类的反对意见与马克思的价值论并不相干，因为价值和价格之间的矛盾，以及由此而引起的异常，都可以作为承认价值这种生产的商品的属性只有通过交换才能实现的结果而从理论本身得到解释。和上面讲过的情况一样，我们同样可以重复说：毫不奇怪，当考虑到资本主义竞争时，价值和交换价值之间一对一的关系消失不见了。

因此反常情况均为一类，它们都是为了考虑到资本主义竞争这种现象而在详尽揭示价值和使用价值之间的矛盾的过程中表露出来的。我们已经表明了这个矛盾是怎样地包含在抽象劳动（它产生价值）和具体劳动（它产生具体劳动）之间的差别里的。前者是通过商品交换而公约化的。但在资本主义中还有第二种公约化：由于利润率的均等而按确定的时间量去购买和消费劳动力。这些通过利润率的均等而产生的时间量的公约化与通过商品交换而产生的社会必要劳动时间的公约化是矛盾着的。本文所负的重担是要阐明这样一点，即对于再生产出资本主义现实的矛盾的资本主义来说，两种公约化都是基本的。

对原教旨主义者来讲，价值是神圣不可侵犯的；因而在承认存在着雇佣劳动时间的同时，不允许它对社会必要劳动时间产生任何影响。对斯拉法主义者来说，价值是不相干的；唯一的集约化是资本主义竞争而产生的，而生产过程不过是一个投入产出系数组成的技术性的“黑箱”。对李嘉图主义者来说，李嘉图的矛盾是无法解脱的；集约化是现实劳动时间的一片混乱的结果，而不可能得出分析的结论的原因是在李嘉图的框架中不能容纳矛盾。

这篇论文的打算是提出一种展开使用价值和价值之间矛盾的处理方法，从而使资本主义中矛盾着的各种集约化用历史唯物主义的方法统一起来。然而，对于理解资本主义生产方式的复杂现实来讲，这不过只是一个开端而已。

第十一章　代数学的贫困

安瓦·赛克

导　　论

不久以前,正统社会科学的时行风尚是宣告太平盛世已经到来:贫穷消失了;异化没有了;意识形态终结了。

当然,这些都不过是在理论上说说而已。另一方面资本主义的现实却刺眼地不顾它的理论家们的柔弱感受,继续在以它那种严酷的危机不断的方式发展着。这是对正统经济学的最具有毁灭性的打击,它的整个立场都受到了马克思曾说过的那种"现实的实践的批判"。与此同时,伴随着正统经济学地位的理所当然的衰落的是对马克思和马克思主义经济学的兴趣的迅速复兴。现在一阵风过后,我们又都是马克思主义者了。

但是麻烦在于马克思和马克思主义经济学之间有相当大的不同。马克思用了25年以上的时间来写作《资本论》这篇巨著,并且这个作为他所计划的更大著作的核心部分的著作从来就未真正写完。[①] 而且他曾寄希望于他的后继者来系统地完成这个计划，但是这个任务却在实际上从来没有被完成。相反自他逝世后一百多年来，马克思主义经济学发展得很不稳定均衡，只是零星分散地联系到马克思本人的著作：[②]一会儿这里用一个方程，一会儿那里用一下再生产图示，到处用辩证法阶级斗争，不管什么资料都去乱补空子。这些材料，大部分又都是从正统经济学那里抓过来的。结果是原来的马克思主义理论和资本主义现实之间的关系，“被微妙地但又稳步地代之以马克思主义者和资产阶级理论之间的新的关系”。[③] 现在，一阵风过后，我们又都成了凯恩斯主义者了。

有了这段历史之后，对马克思尤其是《资本论》的兴趣的复兴，不可避免地要给马克思主义经济学造成极大的难题：怎样才能把马克思的概念结构，特别是他的价值论吸收到已有的，其绝大部分分析恰恰缺少这类概念的“马克思主义的”经济学中去？例如，在目前的理论中并没有实际“用到”价值概念的时候，怎样才能把这个概念吸收到对劳动过程、价格理论、有效需求、积累、帝国主义等

① 关于《资本论》在马克思计划的整个著作中的地位，见R.罗斯多尔斯利：《马克思的〈资本论〉的创作过程》，伦敦，1977年，第二章。

② 戴维·麦克莱伦的《马克思之后的马克思主义》（纽约1979年）足够清楚地表明马克思主义思想史很少依仗着《资本论》中所用的特殊分析方法。这里经济学只起着很小的作用，并且即使这样这个历史的很大一部分也是为证明需要放弃马克思的分析，或至少通过去掉其不必要的和过时概念（如价值）而使其“现代化”的而进行的一系列斗争。科利蒂的论文“伯恩斯坦和第二国际的经济学”，透彻地分析了这个修正的过程以及它的理论根源（L.科利蒂：《从鲁索到列宁》，纽约，1972年）。也可以参见佩里·艾德逊的带有刺激性的著作《关于西方马克思主义的思考》，伦敦，新左派图书公司，1976年。

③ 安德逊，第55页。

问题的占主导地位的分析中去?

困境是不可避免的。如果《资本论》的理论结构的确是科学的,那么它就是基于一个概念的系统,即所有概念都是相互关联和相互依赖的,不可能像从一本食谱里拿出一条菜谱那样简单地取用单个的概念。而且,每一个概念不仅相关于其他概念,而且都具有各自的特殊作用:这些作用都影响到揭示出的事实和得出来的结论,每一个概念都使它的存在被意识到,因而它的缺少同样会被意识到。举例来说,不可能把价值概念加到一个已经存在的并在事实上会预先指出缺少这样一个概念的理论中去:这两者不能够并存。

实际上只有两种做法可以脱离开这种左右为难的处境。一种是必须证明《资本论》的概念体系确实能够扩展和具体化来对付已有的论断和历史证据;另一种是表明当前被定为马克思主义经济学的主体理论在事实上具有一种更明确的结构,而马克思的概念只要是"适当的",则必须加以修定以适应这样一个结构。在前一种情况下,马克思主义经济学不可避免地要进行修正,这种修正可能是带有根本性的,以便被批判地吸收纳入到马克思的概念结构中去。在后一种情况下,马克思的概念结构本身要被修正,甚至很多内容要被否定掉,因为这些内容和当前所接受的理论不一致。

新李嘉图主义者们当然采取的是后一种立场。他们认为自己的理论框架要比马克思的严谨得多,在这个框架之中他们能够很容易地处理众多的涉及生产价格的问题,根本不用借助于价值分析。从这点出发,他们坚持认为价值概念本身就是冗余的。它不但是冗余的,而且会和价格分析不一致,因为依据价值所得的数值一般讲都不同于依据价格所得的数值。基于这种看法，他们得出结论说必须抛弃价值概念，就像必须抛弃马克思其他论断，诸如生产性和非生产性劳动以及下降的利润率等一样。剩余的部分被纳入到他们的框架中去，并被称之为马克思理论的“精髓”，这些当然很容易被和循着李嘉图—马克思—斯拉法—凯恩斯—卡莱茨基传统的现代理论框架结合起来。[①]

我恰恰持有相反的立场。我认为马克思的分析就其整体结构来讲要无比优越于在新李嘉图主义者的贫乏的概念空间中所能想象出的任何东西。事实上，正是他们自以为得意地把如此多的论断都严格地建于其上的代数学成为他们的最大弱点。正如我们将会看到的那样，之所以如此恰当，在于他们的代数运算是和取自马克思称为庸俗经济学的一系列概念直接连在一起的：平衡，利润算一种成本，尤其糟糕的是完全竞争的概念及其连带的一切。不是代数本身而是这些其辩护及意识形态来源是众所周知的概念，产生出他们的基本结论。这一点将立刻变得显而易见，只要我们证明一旦提出不同的问题同样的代数运算就会产生不同的答案从而得出非常不同的结论。而反过来讲，这些问题之所以不同恰好在于马克思的方法和概念体系，以及他对价值规律的科学分析是如此不同于庸俗经济学。

应该强调我并不是说新李嘉图主义分析应该不予考虑。相反，我希望指出的是只有去掉偷运进来的庸俗概念它的真正成果

① 伊恩·斯蒂德曼：《按照斯拉法思想研究马克思》，伦敦，新左派图书公司，第14章，第205—207页。

才能得以利用。“批判”这个词向来意味着批判地占有知识。

因此下面我将简要地勾画一下马克思的论述的结构，目的是突出劳动时间作为交换关系的调节准则的原因以及这种调节发生的方式，这是第 2 节的内容。

在第 3 节里，我将叙述和批判地检验以伊恩·斯蒂德曼的著作为代表的新李嘉图主义者的主要论断。这里将沿着前面所勾画的轮廓进行。第 4 节将包括不仅针对新李嘉图主义者而且针对某些降伏于新李嘉图主义的代数运算的某些马克思主义者的结论性述评，后者被迫在修改价值数量概念的同时把它的存在都一起否定掉了。这样做的目的，是为了从这些人的误解当中把马克思“拯救”出来。

马克思论述的基本结构

社会再生产中劳动的作用

在所有的社会中，满足人类的需求和欲望所要求的目标，隐含着按特殊的比例和数量对社会的生产性活动和劳动时间的某种配置。否则的话社会本身的再生产是不可能的，如果社会要被再生产出来，则人对自然的关系必须被再生产出来。而且，人对自然的关系只有在且通过一定的人与人的关系才能存在；这些是确定社会生活再生产方式的同一组关系的两个方面。物质财富的生产与社会关系的再生产是联系在一起的。

所有这些都意味着劳动不是独自起作用的。相反，劳动是一种人与自然的关系，在这种关系中人们主动地自觉地利用自然来达到自身的目的。这里的要点是生产过程就是劳动过程，这种过程是基本的人类活动，没有这种活动社会的再生产是不可能的。换句话说也是同样的意思：尽管使用价值偶尔会由自然界自发地产生（如野生葡萄），但显然如果没有使用价值的生产即没有劳动本身，就没有社会能够长久地存在下去。

在所有的阶级社会中，劳动还具有另一个方面，因为在这些条件下剩余劳动的榨取和由此而来的剩余产品的产生，构成了阶级关系再生产的基础。

因此，马克思的论点是对于社会再生产的调节来说的，劳动时间是具有根本性的东西：劳动的实现产生出使用价值和社会关系；剩余劳动的实现再生产出剩余产品和阶级关系；并且"按一定比例分配社会劳动"会生产出社会的和"各种不同的需要量相适应的产品量。"①

资本主义社会调节中劳动的作用

资本主义生产像在每一种其他阶级社会中的生产一样，通过劳动时间受到根本调节。但是资本主义生产具有基于广泛的商品生产的特殊性，就是说构成社会再生产的物质基础的大量产品是在和社会需要没有直接联系的情况下生产出来的。它们是在利润动机驱使下由私人的独立劳动过程生产出来的。有关的资本家的

① 《马克思致路·库格曼》(1868 年 7 月 11 日)，《马克思恩格斯书信选集》，第三版，莫斯科，1975 年，第 196 页。

直接兴趣既不是给定的劳动过程与社会劳动分工的联系，也不是产品本身的实际用途；归根结底只是利润在起作用。

马克思指出了这里存在着的根本矛盾。一方面每一个劳动过程都是私人进行的，好像独立于其他过程，并以交换获得利润为目的。另一方面，当进行这样的劳动过程时，大家又预先假定其他相似的劳动过程会在正确的时间并以适当的比例交叉进来。这种产品的买者，这种过程的生产资料的卖者，以及为这些资本家和工人提供消费资料的卖者，都必须事先知道这种买卖是否会实现，而且更重要的是这类买卖是否可以重复进行(再生产出来)。

每一个表面上是个人的独立的劳动因而必须事先假定存在着一种劳动的社会分工。而且为了使这种事先的假定能在实践中实现，私人的表面上是无政府的劳动，但事实上必须多少统一形成为某种社会劳动分工。

交换使每一种个人的表面上是独立的劳动过程与劳动社会分工中真实存在的相互联系的内部凝聚力产生对应的接口。交换是马克思所说的这样一个领域，在这里商品生产的矛盾“被暴露出来并得到解决”。[①] 在这个领域中私人的独立劳动被强行结合起来形成劳动的社会分工。[②]

注意这里所说的意思。在交换领域中生产本身内在的矛盾，私人劳动和劳动社会分工之间的矛盾被暴露出来。在交换中每一个资本家通过价格和利润的中介第一次听到好的或坏的消息。与

① 马克思：《资本论》第三卷，纽约，1967 年，第 880 页。

② 科利蒂，同上书，第 83 页。

此同时，由于这一矛盾贯穿在劳动社会分工本身，矛盾的解决意味着社会劳动时间对交换的结果，价格和利润的支配作用。交换的结果是“这种按比例的分工所借以实现的形式”。[①]

由此我们得到两重关系：作为再生产直接调节要素的价格和利润，以及作为价格和利润因而也是再生产的内部调节要素的劳动时间。这种双重关系的作用就是马克思所说的价值规律，并且正是因为他对劳动时间在社会再生产中的作用所进行的分析，价值规律是建立在劳动价值论之上的：在偶然的不变波动的产品交换关系中，生产产品的社会必要劳动时间作为一种自然的调节规律而体现出来。

抽象劳动和价值

我们已经看到为什么劳动时间以一种根本的方式进入交换价值的调节过程之中。现在我们需要精确地确定这种调节是如何发生的。

在所有的社会形态中，具体的（即特定的）劳动类型规定了产品的类型：织工生产布匹，烘烤工生产面包。他们的劳动的具体性质决定了他们生产出的使用价值的具体形态。

然而，商品生产是为交换而生产，而在交换时一定种类的商品的具体性质在交换过程本身被抽象掉了。当用布去交换面包时，一定数量的前者社会地相当于一定数量的后者。因此它们的具体差别让位于一种共同的社会属性，一种可以“定量的价值”，也就是

① 《马克思致路・库格曼》，第 196 页。

马克思所说的交换价值。所以作为商品,使用价值又有了一种附加的方面,即具有交换价值。

作为一种产品,某种使用价值出自具体劳动。这意味着使不同的使用价值相等,从而抽象掉它们的具体性质的社会过程,同时是抽象掉产生这些使用价值的劳动的具体性质的社会过程。相应地,同一组社会关系不但赋予了使用价值以交换价值的共同的定量性质,而且也赋予产生这种具体使用价值的劳动以产生某种共同的抽象数量的能力。因此当劳动旨在生产商品时也得到一个附加的方面:它获得了抽象劳动的性质,并且从这个观点看所有生产商品的劳动都变得相像,并可以进行定量的比较。

因为只有实际从事商品生产的劳动才具有抽象劳动的性质,所以只有这种生产商品的劳动的劳动时间规定商品的交换价值。而且,由于从一种社会的观点来看,生产一种商品的全部劳动时间包括直接的和间接的劳动时间,马克思称这全部劳动时间为商品的交换价值的内在尺度,商品的劳动价值。①

重要的是这里要强调上面描述的抽象过程是真实的社会过程。抽象劳动是当人类劳动在商品生产中所具有的性质,正因如此,它只存在于商品生产中。抽象劳动并不是我们所选择的一种精神的产物,而是实际社会过程在思想中的反映。反过来这也意味着抽象劳动,因而价值都是真实的。② 生产商品的劳动创造价值,而价值是物化在商品形态之中。很快我们就会看到这一点在

① 见马克思的《剩余价值理论》(《资本论》的第4卷)第2分册,莫斯科,1968年,第403页。

② 科利蒂,同前书,第87页。

关系到新李嘉图主义时是多么重要。

这里还有一个问题。我们已经看到抽象劳动源于使用价值变为商品的过程。但是这个过程中具有两种可能的形式，对抽象劳动有十分不同的含义。

设想生产出的产品不是为了交换而是为了直接使用，如前资本主义的农民的劳动。现在假如这些产品中的一部分偶尔遇到交换的机会。在这种情况下这些使用价值只是在交换发生时变为商品，这进而意味着只是在交换本身的瞬间生产它们的具体劳动才抽象化，获得抽象劳动的附加性质。因此非商品生产只涉及具体劳动和使用价值，其中的一部分只有在交换中才分别体现为抽象劳动和商品。

在商品生产的情况下事情就非常不一样了。这里使用价值是作为商品生产的，而且的的确确整个生产过程的性质取决于这样一个事实，即对于生产者来说商品的交换价值是问题的中心。在这种情况下使用价值获得作为商品的特点是在于事实上劳动过程存在于并通过商品关系体现出来，而并不仅仅在交换的瞬间。这种使用价值就其本来的概念来讲就是商品，并且从一开始劳动就既是具体的又是抽象的。因此在商品生产中涉及的劳动产生价值，而交换只是以货币形式来实现它。唯有如此，马克思才能够区分在商品生产中产生的价值和剩余价值量，以及通过交换实现的一般来讲不同的数量。我后面还要回到这个问题上来，因为恰恰是马克思的捍卫者本身在这个问题上走失了方向。

货币和价格

前面的分析也意味着货币对于发达的商品生产来讲是绝对必要的方面。交换是人们把不同的使用价值相互等同的过程，而货币则是这种等同借以表现的必要媒介，通过这一媒介个别的劳动实现了相互之间的连接。货币是抽象的媒介，是促成连接的手段。

因此每一种商品的价格都是一种货币价格，是它的定量价值的黄金尺度。它是马克思所说的交换价值的外部尺度，因而是价值在交换中所采取的形式。①

因为价格是价值在交换领域中的货币表现，它的确总是要比价值更复杂。即使在价格正比于价值这种最简单的情况下，商品的货币价格仍然是由商品的价值相对于价格标准（如一盎司黄金）的价值所决定的一定数量的货币，因而已经是经过变换的商品价值了。所以价格运动并不需要平行于商品价值的运动。例如，甚至当商品价值下跌时价格也可能上升，如果黄金的价值下跌得更快的话。②

正如我们所知道的那样，当马克思在《资本论》中逐步展开论述的时候，价格形式的相对复杂性就越来越大。在第一卷中一般把价格当作价值的简单价格形式，而工资分为计时工资和计件工资，已经表现出劳动力价值的更为复杂的形式。在第二卷中，流通和周转的结果是给价格形式的确定又增添了新的因素，最后在第

① 参阅《马克思恩格斯全集》第 23 卷，第 84 页。

② 同上书，第 138 页。

三卷中，生产价格的转化和剩余价值分为利润、地租和利息，进一步使价格形式具体化，这时个别价值和平均价值之间的区分使价值数量的确定更复杂了，通过它们也使价格数量的确定更加复杂了（个别的、平均的和调节的生产价格；不同利润率；以及绝对地租和级差地租）。这里必须看到价格——价值关系的不断增加的复杂性并不是什么缺陷。因为价格数量是再生产的直接调节因素，所以在价值规律中必须在其中包括一个有关价格现象的结构理论，且能够最直接地确定价格的变动。否则的话价格规律仍很抽象，很难用它来把握系统的现实运动过程。

另一方面，由于价格数量本身是由劳动的社会必要分配所调节的，不同价格形式范畴的展开必然关系到社会必要劳动时间的数量问题，后者的大小和变动决定和调整所有这些价格现象。我们不仅必须认识到价格数量表现为相对于价值的可变性（复杂性）的相对自主运动，同时也必须认识到这些变动的局限性以及这些变动的界限与社会劳动时间之间的联系。必须注意到，当马克思不断深入揭示价格现象的增长的复杂范畴时，他从来也没有忘记这些现象是由价值规律控制着的。“不管价格是怎样调节的，我们都会得到如下的结论：

（1）价值规律支配着价格的运动，生产上所需要的劳动时间的减少或增加，会使生产价格降低或提高……

（2）决定生产价格的平均利润，必定总是同一定资本作为社会总资本的一个相应部分所分到的剩余价值量接近相等……既然商品的总价值调节总剩余价值，而总剩余价值又调节平均利润从而一般利润率的水平，——这是一般的规律，也就是支配各种变动的规律——那么，价值规律就调节生产价格。”[①]

以一种十分现代的语调，马克思进而注意到把价格和价值之间的不同(即两者之间的关系)仅仅看作是一种区分是多么无意义而又非常方便的做法：“生产价格包含着平均利润。……实际上这就是亚当·斯密所说的‘自然价格’，李嘉图所说的‘生产价格’、‘生产费用’……不过他们谁也没有说明生产价格同价值的区别，——因为从长期来看生产价格是供给的条件，是每个特殊生产部门商品再生产的条件。我们也理解了，为什么那些反对商品价值由劳动时间，由商品中包含的劳动量来决定的经济学家，总是把生产价格说成是市场价格围绕着发生波动的中心。他们所以会这样做，因为生产价格是商品价值的一个已经完全表面化的，而且乍看起来是没有概念的形式，是在竞争中表现的形式，因而是存在于庸俗资本家的意识中，也就是存在于庸俗经济学家的意识中的形式。”[②]

我提请读者注意马克思在这里所说的他那个时代的经济学家是自称站在“古典”经济学立场上的，不过当然是在剔除了劳动价值论之后！

社会必要劳动时间的两方面内容

在任何社会中，社会劳动时间的必要分配具有相互不同的两方面内容，而这又反过来赋予社会必要劳动时间两种不同的含义。

① 《马克思恩格斯全集》第25卷，第200页。

② 同上书，第221—222页。

一方面，在一定的生产条件下，某一类型的使用价值的生产需要一定数量的社会劳动时间。例如，让我们假设生产5万码亚麻布需要10万小时的社会劳动时间(直接或间接地)，那么平均来讲生产一码亚麻布需要2小时社会必要劳动时间。

但是假如表现出的对亚麻布的社会需求实际上只有4万码，那么在其他事情相同的情况下需要直接和间接分配给亚麻布生产的整个社会劳动时间将是8万小时。

这样我们可以看出社会必要劳动时间的两种含义。第一个意思是在给定的生产条件下代表消耗的实际劳动时间的总量(10万小时)。联系实际的总产品量(5万码)，这定义了每单位产品所需要的平均劳动时间(每码2小时)。

第二种含义，则是指在这一部门中为了满足表现出的社会需要而要求的整个劳动时间(8万小时)。

在商品生产中，社会必要劳动时间这两个方面有着进一步的含义。

开始时，第一个方面确定了产品的整个价值(10万小时)以及商品的单位社会价值。后者是生产一个单位的商品的抽象社会必要劳动时间的平均值。

这个单位社会价值成为调节价格的基础，马克思用这个词的意思是指作为商品的市场价格重心的价格。在《资本论》一、二卷中这个调节价格被认为是商品的直接价格(正比于单位社会价值的价格)。在第三卷中，在价值形式被进一步展开之后，生产价格取代了直接价格而成为市场价格的重心。为了阐述方便，让我们仍用直接价格作为调节价格，并进一步假设1元代表1小时的抽象劳动时间。由于一码亚麻布的单位社会价值是2小时,它的直接价格就是2元。

社会必要劳动时间的第二个方面规定了调节价格和市场价格之间的关系。

实际生产的亚麻布是5万码,代表了生产中创造的10万小时价值。这里的调节价格按照假设即为直接价格,为每码2元。现在假如在这个调节价格上。对这种产品的表现出的社会需求即有效需求只有4万码亚麻布,只代表着8万小时的劳动时间。整个用于亚麻布生产的实际劳动时间要大于满足有效需求所要求的社会必要的劳动数量,这个事实意味着商品的市场价格将低于每码2元的直接价格,例如可能为每码1.5元。因此实际生产出的5万码亚麻布市场上将只卖7.5万元,并且由于1元代表1小时的抽象劳动,这意味着在交换中实现的价值,以货币形式表示是7.5万小时。因此我们看到由于投入这一行业的实际劳动时间要大于满足有效需求的社会必要劳动时间,一种代表着10万小时价值的产品在市场上出集中得到只相当于7.5万小时的货币等价物。“这种比例的破坏使商品的价值,从而使其中包含的剩余价值不能实现……。”①

小结一下:社会必要劳动时间在第一种意义上确定整个价值和商品的单位社会价值,并且通过后者得到商品的调节价格。在第二种意义上社会必要劳动时间在另一方面又确定调节价格和市场价格之间的关系。如果要想确切理解社会劳动时间是怎样支配

① 《马克思恩格斯全集》第25卷,第717页。

和调节交换过程的，必须牢记这两层意思。后面我们会看到由于没有把社会劳动时间的这两个真实的方面区分开来，从而没有识别出马克思本人在这两方面所做的区分，使某些马克思主义者感到如此困惑以至于他们到头来把价值数量大小的概念（区别于价格）也一起丢掉了。

对新李嘉图主义者的批判

下面我将把由斯蒂德曼总结出的新李嘉图主义者的主要论点分为四个主要的类别，然后依次加以讨论。

关于冗余性的论点

下面的图 11.1 表示新李嘉图主义者提出的第一种主要论断，正如斯蒂德曼注意到的那样。它以“不同的形式，在过去的八十年间被不同的作者”提出过。斯蒂德曼并且声称在其中“从未发现有逻辑上的缺陷。”①显然这样大胆的说法应受到仔细的检验。

斯蒂德曼对此论点的解释如下：图中左边的方框代表实物生产数据和实际工资，这些“足以确定利润率……和所有的生产价格”，由标有(b)的路径表示，同时，“蕴含在不同商品中的劳动数量……只有当生产条件已知时才能决定其本身”，如路径(a)所示。因而由此立即得到一个结论就是劳动价值“在确定利润率（或生产

① 斯蒂德曼：《按照斯拉法思想研究马克思》。图 11.1 摘自该书第 48 页，引语出自第 49 页的注释 15。

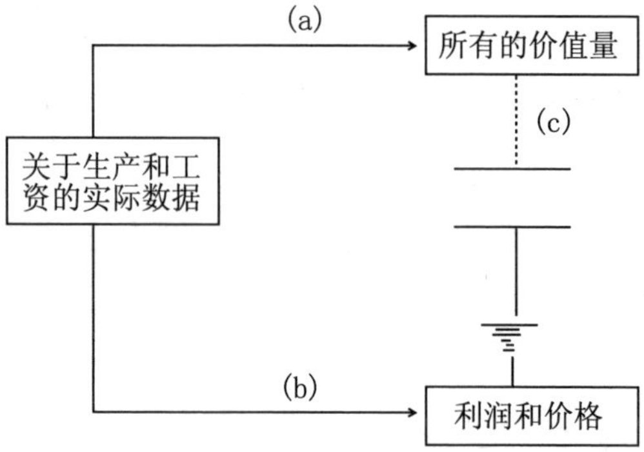

(a)
所有的价值量
(c)
关于生产和工资的实际数据
(b)
利润和价格

图 11.1

价格)中没有实质性作用”。[①] 换句话说,在分析交换关系时,价值是冗余的。

注意“确定”一词出现的次数很多:实际生产数据“确定”价值,并且与实际工资结合在一起也“确定”生产价格。那么什么确定实际生产数据?

在马克思那里答案很清楚:是劳动过程。正是人的生产性活动,劳动的实际付出,使“投入”转化为“产出”,只有成功地进行了这种劳动才谈得上任何实际生产数据。而且,如果劳动过程是生产商品的过程的话,那么这是一个价值以使用价值的形式物化的过程。这样“投入”和“产出”都是使用形式的物化价值,并且我们可以说在**真正**的过程中是价值“确定”“实际生产数据”。

我们也知道在实际的再生产过程中,使用价值的生产**先于**它们的交换。的确,交换本身是一个在生产这些使用价值时涉及的

① 斯蒂德曼:《按照斯拉法思想研究马克思》,第 14 页。

不同劳动时间彼此相对并通过货币价格的媒介最终把劳动的社会分工明确表达出来的过程。因此在双重意义上价值确定价格：价格是价值在交换中所采取的形式，并且这些价值的数量大小支配和调节它们价格形式的运动。后一说法当然还得进一步展开，因为我们不仅需要表明生产价格和利润要基于价值和剩余价格在循环过程中的表现，并且也需要表明前者的数量大小是由后者调节的。这个任务我们放在下一段。不管怎样，我们可以用图 11.2 来总结上面提出的论断，它和图 11.1 形成对照。

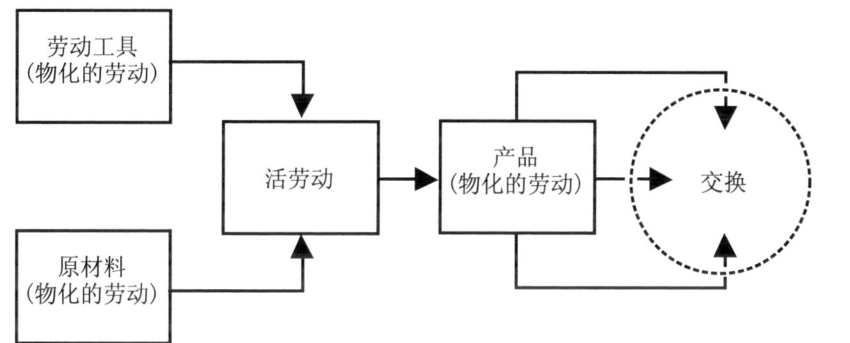

图 11.2

新李嘉图主义者怎么会忽略这样一种基本要点呢？我想原因是他们的分析有两个根本性的弱点。首先，尽管他们极力加以否认，[①]但总是倾向于把生产看作一种技术过程，当作实物数据，而不是人类劳动对象化在使用价值上的劳动过程。因此新李嘉图主

① 斯蒂德曼声称"在社会化的劳动过程中所有的生产都肯定是由工人进行的。"(第 17 页)。然而，尽管他认为这一说法的基本含义是十分明显的，却继续说"生产的物质条件"决定"包含在各种商品中的劳动数量"(第 14 页)。

义强调的重点是分配：一旦把劳动过程看成一种技术性过程的话，则只有“分配”才显得真正具有社会性。

其次，他们一般都混淆了实际过程和它在思想中的反映。正如我们所看到的，在实际过程中社会劳动时间在实际地调节着交换。实体数据不过是实际确定因素的概念性总结，如果我们随后用这些数据去在概念上计算价值，我们只不过是在思想中掌握了他们的实际数量而已。这样的计算在确定这些价值中的作用，不会比对地球质量的计算在确定地球及其质量中的作用更大。它不过是对既定的存在的确认而已。在唯物主义世界观中这是一个基本点，而新李嘉图主义者们八十年来一直未能区分出现实的和概念的确定因素，这暴露出他们长期仰仗的是唯心论的方法。

关于所谓不一致性

让我们暂时回到新李嘉图主义的叉形示意图（图 11.1）上去。这个示意图上从价值数量到利润和价格的路径(c)是点来表示它的冗余性。不仅如此，它还被断开，为的是表达新李嘉图主义者的下面这个断言：“一般地，不能由价值数量解释利润和价格……”。①

这个观点有两个基本的要素。当一个无非是再重述了所谓的冗余性，斯蒂德曼坚持认为由于他能由实际数据计算出价值和价格的大小，因而前者不能够决定后者。对他来讲，只有代数学才“解释”任何东西。我们已经揭示了这种推理方式的肤浅性。

---

① 斯蒂德曼：《按照斯拉法思想研究马克思》，第 49 页。

第二个要素更带有实质性，尽管它和第一个一样，很难说是什么新的东西，说到底，这一点和“转型问题”有密切关系。因此下面我将阐述这个问题本身和对它的处理，尽管我要用的主要结论是我在别处研究出来的而在这里只能概述一下。

基本课题是众所周知的。沿着斯蒂德曼本人的分析，我们对固定资本和联合生产进行抽象，[①]并且考虑代表一定的价值总和与剩余价值总和的给定的一批使用价值。然后，如果价格与价值成比例（为了阐述的方便，设 1 元代表 1 小时价值），这批使用价值在交换中将表示为直接价格和直接利润的总和。在这些情况下所有的货币数量正比于对应的价值数量，因此所有的货币比等于对应的价值比。在这种情形下，生产和流通之间的关系格外透明。

现在考虑同一批使用价值，因而同一价值与剩余价值的总和，以生产价格进行交换。换句话说，我们考虑价值本身的形式变化，从直接价格变到生产价格。因此生产价格变换了直接价格，并且由于后者本身是价值的转型，所以生产价格是两重转型了的价值。

价格总和与价值总和之间的关系决定货币价值。如果为了简化分析而使货币价值保持不变，生产价格的总和将等于直接价格的总和。换句话说，货币价格总和将在转型过程中保持不变。然而个别的生产价格（转型的直接价格）将不同于个别的直接价格。严格地说，应该把这些差别称为“生产价格对直接价格的偏离。”但

① 斯蒂德曼注意到这些一般的结论即使当我们从固定资本和联合生产进行抽象时也成立。因此这里我们将类似地限制我们的分析，而且除非较简单的问题得到了解决，否则无法对这两个问题进行适当的处理。“技术选择”问题将在下一小节中进行阐述。

这个词用起来很不方便，简单得多的方法是沿用马克思的用法称其为“价格与价值”和“利润与剩余价值”的偏离。因而我将坚持这种传统的说法，但是要清楚地了解我们所说的偏离是货币数量之间的偏离。

显然，仅仅交换比率的变化——通过这个交换某种给定的总产品进行了分配——不能够改变被分配了的使用价值的总和。从这立刻可以看出，正如马克思指出的那样，交换比率的变化既不能改变价值总额也不能改变剩余价值总额；它所能产生的只是这些总额的不同种类的划分。①

但不能得出结论说这些总额的货币表示是不变的：即使货币价值不变因而价格总额不变，转型的利润总额（对应于生产价格）一般地不同于直接利润总额。问题在于，既然流通既不创造也不消除价值（假设全部产品都卖出了），利润怎么会不同于剩余价值呢？

当一种商品以它的直接价格卖出时，卖者和买者分别以商品形式和货币形式交换相同的价值。但是当价格偏离价值时。在交换过程中就会发生价值的转移。例如，当一种商品以低于它的价值（即直接价格）出售时，卖这种商品的资本家以货币形式所收到的价值少于他以商品的形式给出的价值，反之对于买者来说，情况刚好相反。因此剩余价值从卖者转移到了买者。

为了理解这个问题的一般含义，首先让我们把全部社会生产分为三个大类（生产资料、工人的消费品以及资本家的消费品），然

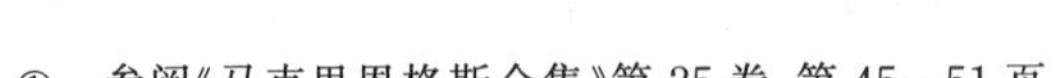

① 参阅《马克思恩格斯全集》第25卷，第45—51页。

后在此基础上，分析价格和价值偏离对在简单再生产中价值的转移所产生的影响。在这样做时，我们将分别考虑在使其他两类的价格精确等于价值的情况下，单独一类发生价格和价值偏离的作用。因此我们会暂时允许价格总额偏离价值总和，尽管我们会很快回到二者相等的情况中来，重要的是要注意这只不过是一种进行分析的方法，并不是对实际过程的描述。

假设第一类使其整个价格高于其整个价值，其他两个还是价格等于价值。那么第一类的利润中增加的部分会恰好等于价格总额上升的部分。这一类销售的生产资料，在简单再生产中其数量等于在所有三大类中所用掉的不变资本的数量。因此在第一类中价格的上升，和价格上升是一回事，会使所有三大类的全部成本价格产生完全相等的上升。但是如果成本价格总额的增加和价格总额的增加是一样的，那么作为两者之差的利润总额就完全没有变化。所以结论是虽然第一类能够通过改变它的价格而改变它自己的利润（在其他不变的情况下），但这不能以任何方式使利润总额发生变化。某一个资本家以利润形式在资本价值上所得的额外好处，会被整个资本家阶级以不变资本的形式在资本价值上的损失完全抵消。因此价值的转移发生在资本的循环之中，而在这个循环当中价值的净转移为零。

对第二类可进行类似的分析，它出售的是工人的消费品。在这里整个价格的上升最初是作为工人全体的直接买者付出代价。由于我们只考虑价值形式单独的变化，而劳动力的价值因而实际工资保持不变，因此工人生活资料的价格上升也就是资本家在所有三大类中为购买劳动力而预付的可变资本的上升。结果也是成本价格总额的上升精确地等于价格总额的上升，而整个利润则保持不变。第二类可改变自身的利润，但只有以其他两类的利润为代价，原因是以利润形式所获得的资本价值的增益同时也是整个资本家阶级以可变资本的形式在资本价值方面的损失。情况同样是价值转移保持在资本循环的内部，结果是净转移总是为零。

最后看第三类出售资本家的消费品的情况。这里整个价格的变化，如全部价格都低于价值而所有其他二类的价格保持不变，意味着它的利润等量地低于剩余价值，当然也在整个价格总额中引起同样的下降。到此为止，这种情况类似于前面的两种情况。但从这里再往前的分析就不同了，因为由于在第三类中利润低于剩余价值而产生的资本价值的损失，表现为买这些消费品的资本家在收益价值方面的增益。虽然这种资本价值的损失确实受到了在社会再生产中别的地方的相应收益的补偿，但是这种补偿效应从资本循环的视野中消失了，因此可以说它并不为利润下降的部分起“补上”的作用。这是价值在资本循环和收益循环之间的转移，这一转移是通过交换过程进行的，并且解释了为什么价格和价值偏离能够引起利润总额和剩余价值总额之间的偏离，同时又不破坏交换过程中的价值守恒定律。

上面的结果显然只是根据简单再生产的情况推导出来的。但是正如我在别处证明过的那样，它们也能扩展到包括扩大再生产的情况。而且在一般的情况下它们对所有的价格和价值偏离都适用，并不仅局限于由于生产价格的形成而产生的偏离。

在多数的社会再生产研究中，资本家收益的循环问题都没有明确地点出来。很自然在这些情况下价格偏离价值、一定的剩余产品因而给定的一批使用价值竟能自身表现为可变的利润就变得完全不可理解了。

然而，一旦全部社会循环被分析到了，神秘也就消失了。一旦价格和价值的偏离引起了资本循环和资本家收益循环之间的转移，这些转移本身就要表现为实际利润和直接利润两者之差。奇怪的是尽管这种现象对大多数有关这个问题的马克思主义的讨论来说明显地是个谜，但对马克思本人来讲却并不神秘："应该注意到资本转换成收益这种现象，因为它产生了利润增加的数量（或在相反的情况下减少的数量）独立于剩余价值的数量。"①

一旦掌握了价值和价值形式之间的差别，这就没有什么好奇怪的了。价值和剩余价值产生于生产，在流通中表现为货币数量。由于流通量要更为具体，它们的确定必然要比价值量的确定更为复杂，因为它们不仅表现价值的生产条件而且也表现其流通条件。这样，流通领域的相对独立性必然自身表现为价格量对价值量的相对独立性。换句话说，利润不仅依赖于剩余价值的多少，而且依赖于特殊的流通方式。

流通相对独立于生产的概念不仅意味着利润能独立于剩余价值而变化，而且意味着这种独立性是受到严格限制的。因此，有必要表明价值范畴本身是怎样限定它们的货币表现的变化范围的。

① 马克思：《剩余价值理论》第3分册，莫斯科，1971年，第347页。有趣的是马克思是在对级差地租而不是在对生产价格进行分析时发现这种现象的。马克思主义者常常忘记级差地租也意味着价格与价值的偏离，因为在它是永远确定（社会）价值的平均生产条件的同时，也是调节市场价格的边际生产条件。因此，即使当调节价格等于价值的时候，在这里它也等于在边际土地中的单位价值，并且必然不同于（高于）平均单位价值。所以调节价格偏离（平均）价值。

直观地看，在前面的讨论中显然实际利润对直接利润的整个偏差是两个因素联合作用的结果。首先，它取决于资本家消费品偏离其价值的程度，即取决于剩余价值在资本家中分配的方式以及个别的价格和价值偏离的组合方式。其次，它取决于这个剩余价值被资本家作为收益所消费的程度，也就是取决于这个剩余价值在资本与收益之间的分配。即使当价格偏离价值的时候，从资本循环向收益循环转移的规模也取决于收益循环的相对规模。当所有的剩余价值都被消费掉时，就像在简单再生产中那样，实际利润对直接利润的偏离会变为最大。另一方面。当所有的剩余价值都用于再投资的时候，如在最大扩大再生产时，资本家收益循环就不存在，相应地也就完全没有什么转移。在这种情况下全部实际利润必须等于全部直接利润而不管个别的价格和价值偏离的大小和性质如何。[①]

再做一点努力就能把关于利润总额的上述结果扩展到利润率的情况，记住：在这里所假设的全部资本在一个周期内周转的情况下，利润率的数值等于利润量被成本价格去除。另一方面，价格总额又是成本价格和利润总额之和。因而如果价格总额不变，个别的价格和价值的偏差使利润总额大于剩余价值，成本价格总额就将相应地小于 $C+V$。所以平均货币利润率由于分子较大而分母较小而大于价值利润率$\left(\frac{S}{C+V}\right)$。然而，两者之间的一般关系不

① 从数学上已知这个结论有很长时间了，尽管没有在概念上把握住这点，就像沿着冯·诺伊曼射线利润和剩余价值的等同性那样。参见 A. 赛克：《价值论和分配理论》（未发表的博士论文，哥伦比亚大学，1973 年，第 4 章，第 4 节），以及森岛：《马克思的经济学》，剑桥，1973 年，第 142 页。

外乎是整个利润和剩余价值的偏差的另一种表现而已，这种偏差上面已经分析过，并且受到同一根本确定因素的支配。[①]

所有这些论述都是基于任设的市场价格。如果现在我们自己限于生产价格的话，我们甚至能讲得更为精确。由于在考虑这些课题时利润和利润率联系得是如此紧密，因此足以精确地说明利润率。

开始时注意到对于给定的劳动过程条件来说，价值利润率 r^0 总能表示为剩余价值率的稳定（单调）递增函数。

$$r^0 = \frac{S}{C+V} \tag{1}$$

其中 S = 剩余价值，V = 劳动力价值。设 $L = V + S$ = 活劳动增加的价值（如果 N = 雇佣劳动工人的数量，h = 工作日小时数，那么 $L = N_h$）。再设 $k = \frac{C}{L}$ = 死劳动与活劳动之比。则有

$$r^0 = \frac{\frac{S}{V}}{\left(\frac{C}{L}\right)\cdot\left(\frac{L}{V}\right)+1} = \frac{\frac{S}{V}}{k\left(1+\frac{S}{V}\right)+1} \tag{2}$$

因为 k 取决于技术水平和劳动日长度 h，当这些劳动过程的条件给定时，r^0 将直接随剩余价值率而变化。因此价值利润率是剩余价值率的单调递增函数。[②]

① 要了解进一步的细节，可参见我的尚未发表的论文“从马克思到斯拉法的转变”（新李嘉图主义批判序言），1980 年 4 月。

② A. 谢克：“从马克思到斯拉法的转变”，第 III，3 节。

近年来有几位作者已经证明当直接价格转换为生产价格时，尽管转换了的货币利润率 r 一般将偏离价值率（我们已经看到怎样和为什么），然而这个转换了的比率同样也是剩余价值率的单调增函数。① 但是一旦承认价值利润率 r^0 和转换的货币利润率 r 都随着 $\frac{S}{V}$ 的增加而增加，则立刻就得知它们必须一块变动：当价值利润率在流通领域中上升（下降）时，转换了的利润率也上升（下降）。

图 11.3 表明这种内部固有的关系。为了说明起见，这里假定

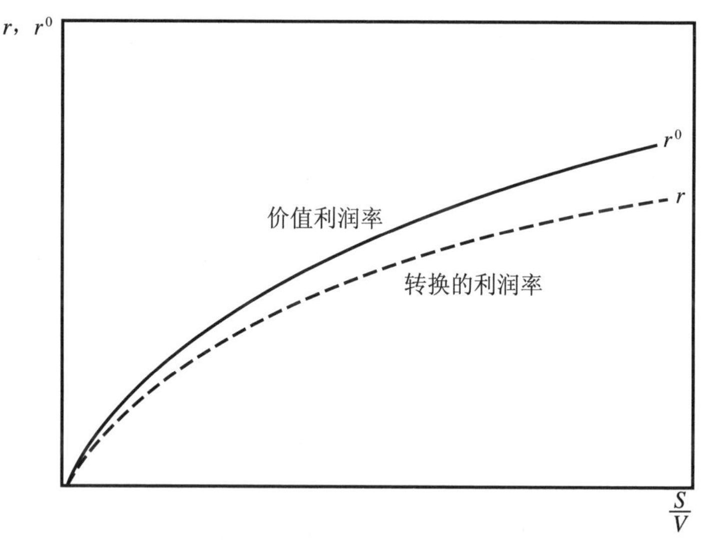

图 11.3

① A.赛克：《价值论和分配理论》第 4 章，第 4 节，以及森岛：《马克思的经济学》，第 64 页。

r^0 大于 r 虽然同样可以倒过来。[①]

有趣的是注意尽管马克思坚持认为利润率的平均化和个别生产价格的形成对个别的资本或资本的子集具有重大意义，他也坚持认为作为整个一个系统前面推导出的规律是基本不可改变的。在一封致恩格斯的信中，在表述了从转型过程中出现的基本现象之后，马克思进而总结了保留发展的东西。“进一步说，在价值转换为生产价格之后，以前提到的价值和剩余价值规律，对它们改变了的外在形式仍旧有效。”[②]

在所有的时候和所有的地方，价格都是价值的外部形式和价值在流通领域的反映。马克思指出，转型所起的作用是转换了这种外部形式，引进了一些新的确定因素和新的变化来源，但在这样做的同时却并没有改变其内部固有的联系。再回顾一下图 11.3，它完善地体现了这个概念：在相对独立的流通印象中，改变了的利润率好像是价值利润率的置换，实质上是同样确定的而只在精确数量上略有不同。流通领域的独立性表现在这种数量的置换上，另一方面，这种独立的受局限性本身恰恰又表明了一个事实，即正是价值范畴的结构（有机构成的类型以及剩余价值转化为收益的比例）对这种置换作用提出了限制。因此，价值形式的变化被证明

① r 对 $\frac{S}{V}$ 的函数关系的一般形状可以从森岛的《马克思的经济学》的图 2 中推画出来。而 r^0 与 $\frac{S}{V}$ 的关系，则简单地依从本文的方程（2）。在我的论文“从马克思到斯拉法的转变”中（第Ⅲ节和第Ⅳ节），对价值利润率 r^0 和转换的利润率 r 之间的理论关系和经验关系进行了更为详尽的处理。在总量水平上，这两个比率实际上变得无法区分。

② “马克思致恩格斯的信，1868 年 4 月 20 日”，英文版。

是以价值本身的根本结构为条件并受其限制的。

相对独立的观念，在限界之内的变化的观念，在新李嘉图主义的讨论中当然压根不会出现。考虑到他们欠正统经济学的债太多，这倒没有什么可奇怪的。结果是他们总是坚持认为流通中价值与其表现形式之间的差别意味着某种不一致性，意味着两者之间内部联系的完全切断。

斯蒂德曼注意到货币利润率一般不同于价值利润率。由此他断言“后者既不衡量资本主义经济中的利润率也不衡量在这种经济中积累的潜力……”[①]这种说法不是什么代数，而是他的方法发出的怪调。恰恰是由于他通常是用代数演算做庇护所而回避方法论问题，这种语调听起来就更显得十分愚笨。

对这个论题还要补充三点。首先，尽管我们表明个别的价格价值偏离并不改变总价值量调节总价格量，到此止步是不够的。一旦我们进入更为具体的分析，则个别的价格价值偏离以及价值转移本身也会变得十分重要。对于竞争现象、地区间与国际间的差别、发达和不发达等问题的分析来说，部分与整体的关系本身是至关重要的。[②] 只要我们考虑这些课题，依据个别价格价值偏离的方向（表明价值转移的方向）和数量（表明这种转移的可能大小）来探讨它的理论决定因素就变得重要了。

此外，我们也需要观察涉及的经验数值。实际上这第二个问题是隐含在理论决定因素的问题之中的，因为按照马克思的方法，

① 斯蒂德曼（见前引），第205页。

② 例如见我的论文“外贸和价值规律”，载于《科学与社会》，1979年秋（Ⅰ）和1980年春（Ⅱ）。文中我讨论了贸易的作用，资本流动和价值的地区转移。

理论的目的是掌握实际关系的结构,而这些只有通过对实际过程本身的研究才能完成。[①]

这又反过来导致第三个问题。理论必须结合“观察到的材料”才能发展,也正因为这些材料是物质现实,它能“去伪存真,直到最后以纯粹的形式确立规律”,[②]所以科学的抽象必须是马克思所说的“确定的抽象”。抽象必须是从现实的各方面的“最单纯的特性”中抽取出来的,是典型的表现。[③]

然而在资产阶级的社会科学中,抽象却倾向于理想化,而不是典型化。当马克思提到矛盾的再生产时,他指的是资本主义的商品生产,一种必然要通过试误法才能产生的再生产过程;这时他总是谈论一种带有倾向性的调节过程,在这个过程中一种类型的偏差错误不断以产生出相反类型的偏差错误。“整个这种无秩序的运动就是它的秩序。”[④]类似地,当他谈到资本主义竞争时,他指出这就像一场**战争**,“每个个别的资本就拼抢市场的最大可能的份额,挤掉它的对手并把它们从资本竞争的市场中排除掉。”[⑤]

另一方面新李嘉图主义者们却安全地缩在平衡分析之中,行

① 在“从马克思到斯拉法的转变”一文中,在理论和经验的基础上我提出典型的价格和价值的偏离是±20%(对市场价格和生产价格而言),典型的相关系数约93%。正如我在我的论文中注意到的那样,李嘉图似乎对这些关系的掌握要比新李嘉图主义者们高明得多!

② 同上书,第43页。

③ 同上。

④ 马克思:“雇佣劳动与资本”,《马克思恩格斯读物》,罗伯特·C.塔克编,纽约,1972年,第175页。

⑤ 马克思:《剩余价值理论》第二分册,英文版,第484页。

文论事都基于假定的"完全竞争。"[①]这些概念并不仅仅是使资本主义现实理想化，而是系统地从意识形态上掩盖了这种现实。他们在这些新李嘉图主义的分析中的自以为得意之处，再一次深刻地展示了这个思想流派的局限性。它之所以在反对新古典主义理论的斗争中取得那样大的成功，看来不仅是因为它比其对手要强一些，而且也因为它与之是如此地相似。记住了这一点，我们可转向新李嘉图主义者反对马克思的价值论的第三种主要的论点。

首要性论点

在上段中我提出价值利润率和货币利润率之间量的差别，没有也不应该掩盖两者之间更根本的定性和定量关系。斯蒂德曼自然看不到这点，因为他的方法并没有赋予他相对独立性的概念。对这一说法斯蒂德曼会做下面的回答："现在如果这些利润率有所不同，那么哪一个是有意义的？哪一个会影响到资本家的决策和行动？哪一个在竞争的经济条件趋向于平均化？答案是不言自明的：货币利润率影响决策并倾向于均等。马克思所用的'价值利润率'与资本家无关，也不为资本家所知……含义很清楚：$\frac{S}{(C+V)}$并不是资本主义经济中有意义的利润率，它不等于实际的货币利润率。"[②]

这里的论断有三个层次。第一，斯蒂德曼注意到所有实际决

① 阿姆斯特朗和A.格林："利润率下降的规律和寡头垄断：对赛克观点的评论"，《剑桥经济学报》，1979年，3，第69页。

② 斯蒂德曼，第30页。

策的做出都是依据的货币量。当然，马克思也是将此作为出发点的。货币价格和利润是再生产的直接调节因素，而价值规律的根本目标就是要发现它们的内在规律。

在下一层次，斯蒂德曼继续说由于价值利润率“不为资本家所知”。对他们“无关”，它“并不是资本主义经济中有意义的利润率”。只有“为资本家所知”的才是有意义的这一说法真是出乎寻常，因为这相当于说表象有意义而实质却无意义！斯蒂德曼一下子把所有的科学都丢到九霄云外去了。

还有第三个层次，这涉及更为深入的问题。让我们暂停一下，并问问看这些资本家事实上“知道”的是什么东西。

好了，资本家知道资本主义是一种无计划的社会，在其中他们自由地抱着赚取利润的希望而抓住机会生产商品。他们肯定知道他们无法保证一定能有利润，即使一次得手，也不能保证下一次。所以他们知道价格和利润在不停地波动，在任何时候都不会有均衡的利润率，生产价格也同样如此。由此可知价格、个别的利润率，甚至是平均利润率（资本家正是基于这些而决策的）绝不会等于生产价格和均衡利润率的，虽然斯蒂德曼是基于后两者而做出他的决策的。[①] 均衡利润率当然“不为资本家所知”，因此与他们“无关”，并按他自己的推论“并不是资本主义经济中有意义的利润率”。

① 他多次讲到由于直接价格不同于生产价格，依据直接价格的平均利润率（价值利润率）将不同于依据生产价格的平均利润率（均衡利润率）。但是他似乎未注意到这一点对于任两组不同的价格来讲都成立，因此一般说依据市场价格的平均利润率将不会等于均衡利润率。

对他来说幸运的是最后一个说法是错误的，但是这仅仅是因为他的论断本身是无意义的。然而如果有人换个提法说恰恰由于生产价格和均衡利润率支配和调节着不断波动的市场价格和利润率，它们虽然本身并不在流通中存在但却是重要的，那么同样可以说由于价值和价值利润率又在支配和调节着生产价格和均衡利润率，它们甚至更为重要。而这正是马克思一直要说的话。

有人可能会问：斯蒂德曼怎么会犯这样一个极蠢的错误？非常简单，因为他整个地陷于平衡概念之中。如果假定在私人独立掌握的劳动和劳动的社会分工之间不存在矛盾，因而劳动的结合是即刻的直接的，那么同样可以假定在流通中可直接具有生产价格和均衡利润率。但是这样一来就一起抹掉了资本主义的特殊矛盾。一旦你把倾向性调节让位于平衡，你就是从典型化的抽象转向了理想化的抽象，而这正是庸俗经济学的特点，并体现在斯蒂德曼如此倚重的基本数学公式中。

技术选择的论点

新李嘉图主义者的混淆倾向性调节和平衡以及基于完全竞争的分析方法，在分析所谓的技术选择问题时体现得更为牵强。由于在别的地方我已讨论过这一问题，这里我将仅限于提出中心论点。[①]

---

① 赛克："政治经济学和资本主义：关于杜布的危机理论的评注"，《剑桥经济学报》，1978 年 2 月号，第 233—251 页。还可参见围绕上述文章所展开的辩论，以及我的又一篇文章"马克思竞争理论和完全竞争：对所谓技术选择问题的进一步评论"，《剑桥经济学报》，1980 年，第 4 期，第 75—83 页。

斯蒂德曼在一开始注意到在某一特定的行业中，资本家常常有可能知道不止一种生产方法。他认为资本家要选择的是依据现存的工资和价格估计能得到最高利润率的那种方法。[①] 就像这些现存的价格总是精确等于生产价格一样，所有的利润率都精确等于均衡利润率，到处都是平衡。因为资本家选择的是具有最高利润率的方法，除非某种方法可以获得比他们自己目前的利润率还要高的利润率，否则不会被采用；并且由于现有利润同样地等于均衡利润率，因此只有新方法得到的利润率高于均衡利润率才会被采用。由此可以得出的结论是采纳一种新的方法。事实上是在现有的利润率（它们按假定都等于均衡利润率）上加上一种新的更高的利润率，因而最终的结果是提高了均衡利润率本身。

从新李嘉图主义者的观点看，这意味着如果我们了解行业中所有可能的方法，我们可以得到每个行业使用一种方法的不同的组合，并且断言在实践中按给定的实际工资而采用的特殊的组合将是会获得“最高可能的均衡利润率”的那种组合。[②] 所以，有关实际工资和可能的方法的组合的知识，就使斯蒂德曼自认有能力确定出会取得最高均衡利润率的组合。因此他得出结论，认为实际工资和所有可能的组合情况，“决定”均衡利润率和实际的组合（实际数据）。按他的说法，只有当实际组合给定了，价值才被“确定”。“这样，利润率的确定从逻辑上看要先于价值数量的确定”，而在“存在技术选择的情况下，任何想把关于利润率的理论建筑在

① 斯蒂德曼，第 64 页。

② 同上书，第 64 页。

关于价值数量的理论基础上的想法都是错误的”。[1]

整个这个分析是新李嘉图主义学派具有特征性的混淆之处的一个摘要。从一开始，只要了解到市场价格和利润率绝不会精确等于生产价格和均衡利润率，那么有关把问题归结为选择具有最高均衡利润率的组合的全部过程也就无从谈起了。例如，假设市场价格不同于生产价格，从而行业利润率也不同于新李嘉图主义所谓的均衡利润率。那么，恰恰由于依据价格所进行的计算不直接体现均衡利润率，在某一特定的行业某一新的方法能够提高行业利润率同时又降低均衡利润率。按一组价格获得高于平均利润率的生产方法，在另一组价格的情况下就并不一定如此。斯蒂德曼本人强调了这种面对生产价格和直接价格之间“不一致性”的可能性，却没有注意到它同样会发生于市场价格和生产价格之间。[2]然而，假如他注意到这点的话，他将会被迫按照他自己的逻辑得出结论说从两个方面讲生产价格和均衡利润率都是不起作用的：它们不仅“不为资本家所知”。而且如果在分析中过多应用的话还会导致虚假的结论。

在斯蒂德曼的逻辑中还有一个更基本的错误。考虑一下以下的事实：当资本家在对生产方法进行估价的时候，他们不仅仅基于工厂、设备、材料和劳动力的预期价格，而且也基于和这个方法相联系的劳动过程的预期表现（它将决定“投入”与“产出”之间的预

① 斯蒂德曼，第 65 页。

② 只是在最近的一些斯蒂德曼没有公开发表的论文中，他才开始注意到实际的市场价格和理论上的生产价格之间的差别会“对当代分析提出重要问题”。（斯蒂德曼：“目然价格、市场价格和货币资本的流动性”，1978 年，第 5 页。）

期关系），最后还基于估计的销售条件。因此，他们所估计的利润本身是基于潜在的生产中创造的价值和剩余价值，以及它们在流通中所估计的实现。所以我们可以说即使是在思想中也罢，到头来还是剩余价值调节利润。而且要使这潜在的东西实现，就必须生产出实际的价值和剩余价值，所以在实践中也是剩余价值调节利润。

最后我想说的是，甚至新李嘉图主义者所描述的估价方法的过程也是错误的。斯蒂德曼告诉我们说“每个行业都寻求采用使成本最小的生产方法。”①从表面上看，这个说法类似于马克思提出的竞争会驱使资本家增加劳动生产率以降低生产成本价格的观点。但是，当斯蒂德曼说到“成本”时，他指的是价格，即成本价格加利润。换句话说，新李嘉图主义的分析是基于把利润当作一种生产成本的做法。只要还利润以其本来面目，把它当作在所有的成本之外的东西，那么第一步就能看出新李嘉图主义所谓的由于上升的有机构成使利润率无法下降的说法也是错误的。② 结果，新李嘉图主义者对所谓技术选择问题的处理非但不是他们的最有力的论点，反而是他们所有论点中最弱的。

结论性评语

新近发生的情况使对马克思主义经济分析的兴趣重新高涨。

① 斯蒂德曼：《按照斯拉法思想研究马克思》，第 64 页。

② 要了解对这个说法更为详细的表述，见本书第 317 页注①所引述的论文。

但是这一过程也会产生它自身特有的问题，因为随着马克思主义经济学获得越来越多的尊敬，用“敬畏”的词句来表达它自己的诱惑也相应地增加了。而这些词句，到头来差不多总是错误的。

毫无疑问，马克思主义必须考虑到所有的现代发展。但是对它们的考虑绝不仅仅是采纳它们而已，而是涉及去掉它们借以表现的资产阶级的框架，检验其隐藏的前提，把它们重新置于马克思主义的领域（只有在可能的情况下）。这个马克思主义领域单单凭代数变换或正统经济学前提的社会学转换是无法形成的。我们必须而且确实也具有自己立足的基点。

我要争论的是（基于斯拉法的）新李嘉图主义传统也是颇受“器重”的，它的根源很容易从（左翼）凯恩斯主义中理出来，它在数理经济学中的藏身之处也不难发现。尽管如此，这一学派的论点不容忽视，必须把它的真正贡献与仅仅具有受人尊敬的假象的部分区分开来。本文中我要做的正是如此；但注意力主要集中在有关的中心议题上。涉及固定资本和联合生产问题的一些次要事情这里没有触及到，其原因部分是由于问题具有更大的难度，部分是由于新李嘉图主义者在这些课题方面惊人的薄弱。对这些问题的适当处理要求依据内部一致性和外部适应性来直接论述这些问题本身，而这样的研究远远超出了本文的范围。

新李嘉图主义者告诉我们说，马克思的价值概念不仅对分析资本主义是不必要的，而且和涉及的现实关系是不相容的。

为了批驳这些说法，首先我打算做的是表明劳动是怎样和为什么紧紧地和马克思的价值概念联系在一起，为什么价值量由抽象劳动时间量度。

有了这样的想法在脑子里，我转而对付新李嘉图主义者所提出的一个特殊的论述，如斯蒂德曼总结的那样，它有关价值概念的冗余性，它们和价格的不一致性，以及后者对前者所具有的首要性。在所有情况下我都使用他们使用的同样的代数公式，并且在这个框架中我表明有大量的新李嘉图主义者可能发现其结果的问题，其原因恰在于他们死抓住正统经济学的结构不放。价值的概念，包括价值的数量，指明了整个价格关系的定性和定量分析，揭示了新李嘉图主义者们只看到差别的地方的关系和因果。它启动和组织了分析，从而明确地展示了它的科学力量。

由于同样的原因，新李嘉图主义分析中的逻辑矛盾和不一致性也显得格外鲜明。例如，如果斯蒂德曼本人的逻辑是正确的话，将使得出结论说不仅价值和价值利润率，而且生产价格和均衡利润率“在资本主义经济中”是“无意义的”。当然他的逻辑是不正确的，对他的逻辑的纠正进一步确认了前者和后者。

然而在结束时我希望说明一个不同的看法。似乎对我来说，不管新李嘉图主义者的缺点怎么样，他们认真地面对了价值的数量和价值的形式的数量之间的关系问题。由于这种关系的复杂性，以及他们自己概念结构上的弱点，使他们错误地得出两种数量没有关系的结论。但是他们至少面对了这个课题，并公开得出了在马克思主义分析中价值的数量是必须认真考虑的结论。

用简单地否认这个问题的存在的办法来“挽救”马克思的确很容易！这样做占的大便宜是既能批判新李嘉图主义者的明显的概念弱点，而又不用去对付他们所提出的困难问题。然而结果是一样的，因为这里价值数量问题也是从马克思那里引起的，只不过它的存在被一股脑儿否定掉了而已。

希梅尔魏特和莫恩两人写的论文“真实抽象和异常假定”为这种处理方法提供了一个很好的说明。他们一让再让，全盘接受了新李嘉图主义的关于价值概念冗余和自相矛盾的观点，认为只要价值被视为“凝结的劳动”，这个观点就是“相当有根据的”。这样他们最终还是向新李嘉图主义的声讨全盘投降。

如果有人已经走得这么远了，但又希望保留价值的概念，则出路只有一条：对价值本身重新定义。而这正好构成他们看法的第二条主线。他们认为，价值是抽象的社会必要劳动时间，而“社会劳动时间只有在市场交换中才能确立”。因而，价值能够除价格外没有别的数值，因为只有当“商品实际上在市场中交换”的时候它才存在。

如果价值就是价格，剩余价值就是利润，则自然也不会有两个方面之间有任何脱节的问题了。他们说，马克思似乎不完全理解他的价值论的含义，所以才继续错误地“引述”价值和剩余价值，仿佛它们独立于其形式而存在似的。

除了他们明显地急于摆脱新李嘉图主义的结论外，在我看他们之所以否认在价值和实现了的价值之间有力的区分，是由于他们未能认识马克思的两个关键性的论点，即有关抽象劳动和社会必要劳动的提法。

首先，马克思认为在为直接使用才生产并只有当交换时才转化为商品的使用价值与为交换才生产因而作为商品生产的使用价值之间，存在着差别。他们的论点只能用于第一种情况，因此只是对非商品生产而言的。我们在前面第二节中讨论了这一点的意义。

伴随而来的是第二点:两种类型的社会必要劳动时间之间的区别。和第一点联系在一起,这一点提出的正是希梅尔魏特和莫恩回避的问题:价值与实现的价值之间的不同,以及它们相互的关系。

例如,假设我们考虑在给定的条件下生产出来的某种给定的产品,但按变化的一组相对价值出售(这基本上是我们前面已分析过的价格价值偏离的效果问题)。因此我们使所有的生产条件,实际工资等保持不变;变化的只是流通条件。那么正如我们知道的那样,即使在当价格总额保持不变的情况下,货币利润量也会变化。现在我们是否打算说没有别的,只是相对价格的变化就使剩余价值量或大或小?如果剩余价值就是利润的话,那么我们说不出任何能解释这一点的价值转移问题,而只有得出相对价格变动单独就能产生或消除剩余价值。

还有更好的情况。考虑社会产品很少卖出以至利润实际为负的一场危机(这是在资本主义中反复发生的真实现象)。那么在这种情况下我们是否打算说,尽管工人受剥削并生产出剩余产品,但剩余价值本身是负的?如果不允许我们追溯生产的价值和实现的价值之间的差别,那么剩余价值当然就不再和任何剥削率有联系。从而,它只不过是流通中的附带现象。因此,当初对新李嘉图主义的假投降到头来就变成了真正的溃败。

人名对照表

三 画

马利莫特，雅克 Malemort, Jalques

四 画

瓦尔纳，列昂 Walras, Léon
瓦格纳 Wagner, A.
巴兰，保罗 Baran, Paul
巴纳塞 Banathy
尤格拉，克莱门 Juglar, Clement
戈登 Gordon
乌昂 Uno, K.

五 画

卡特勒，安东尼 Cutler, Anthony
卡特弗里斯 Catephores, G.
卡弗 Carver
卡彻迪 Carchedi
卡莱茨基 Kalecki
布拉沃，迈克尔 Burawoy, Michael
布雷弗曼，哈里 Braveman, Harry
布罗迪 Bródy, A.
皮古 Pigau
皮林 Pilling
皮奥里 Piore
艾克纳 Eichner
艾格赖塔，米歇尔 Aglietta, Michel
弗拉丁 Fradin
尼古拉斯，马丁 Nicolaus, Martin

六 画

米克 Meek, R.
米克斯特 Mixter
亚历山大，哈蒙 Alexandér, Harmon
亚伯拉罕，吉尔伯特 Abraham, Gilbert
多布 Dobb
多林格 Doeringer, P.
达赫仁朵夫，雷夫 Dahrendorf, Ralf

七　画

阿尔萨瑟，路易斯　Althusser，Louis
阿姆斯特朗　Armstrong
阿什利　Ashley
阿明，萨米尔　Amín，Samir
库兹，海因茨 Kurz，Heinz
库恩，托马斯　Kuhn，Thomas
希尔弗丁，鲁道夫　Hilferding，Rudolf
希梅尔魏特　Himmelweit
克拉克　Clark，J. B.
李嘉图　Ricardo
麦克莱伦，戴维　Mclellan，David

八　画

罗宾逊，约翰　Robinson，John
罗索恩，鲍勃　Rowthorn，Bob
罗默，约翰　Roemer，John
罗斯多尔斯利　Rosdolsley，R.
帕尼茨，利奥　Panitch，Leo
帕西涅蒂　Pasinetti，L.
金　King，J. E.
金蒂斯，赫布　Gintis，Herb
波里比，埃德蒙　Berrebi，Edmond
波拉沃伊，迈克尔　Burawoy，Michael
庞巴维克　Bohm－Bawerk
法因　Fine
杰文斯　Jevons
林斯基，戈哈德　Lenski，Gerhard
明斯基　Minsky
佩龙，卢卡　Perrone，Luca
欣迪斯，巴里　Hindess，Barry
凯斯特勒，阿瑟　Koestler，Arthur

九　画

威克思　Weeks
威克斯蒂德　Wicksteed
威泽尔　Wieser
哈里斯　Harris
哈里森　Harrison
哈塞　Hassain，A.
科恩　Cohen，G. A.
施瓦茨，杰西　Schwartz，Jesse
费希尔　Fisher

十　画

莫恩，西蒙　Mohun，Simon
莫里斯希玛　Morishima，M.
埃奇沃思　Edgeworth
埃斯塔布利，罗杰　Establet，Roger
格林　Glyn
格斯坦　Gerstein
特博恩　Therborn
诺布尔，戴维 Noble，David
莱文，安德鲁　Levine，Andrew
爱德华兹，理查德　Edwards，Richard
班德约帕德海亚，普瑞迪普　Ban-

图书在版编目（CIP）数据

价值问题的论战 /（英）伊恩·斯蒂德曼等著；陈东威译. --北京：商务印书馆，2024. --（汉译世界学术名著丛书：120 年纪念版：珍藏本：增订本）.
ISBN 978-7-100-24092-5

Ⅰ. A811.66

中国国家版本馆CIP数据核字第20247WR809号

汉译世界学术名著丛书
（120 年纪念版·珍藏本·增订本）

价值问题的论战

〔英〕伊恩·斯蒂德曼
〔美〕保罗·斯威齐 等著
陈东威 译

商 务 印 书 馆 出 版
（北京王府井大街 36 号 邮政编码 100710）
商 务 印 书 馆 发 行
北京新华印刷有限公司印刷
ISBN 978－7－100－24092－5

2024 年 5 月第 1 版　　开本 710 × 1000　1/16
2024 年 5 月北京第 1 次印刷　　印张 21½
定价：118.00 元